Barbara Rias-Bucher

Bayerische Küche

Rezepte, Bräuche und Geschichten im Jahreslauf

Bassermann

Gerichte im Jahreslauf

Januar

Wenn es draußen kalt ist, wird drinnen gekocht. So zum Beispiel sahnige Heidenkornsuppe und knusprige Apfelkrapfen.

Gericht des Monats:
Herzhafter Semmelschmarren Seite 20

Februar

Kalt ist's immer noch, aber viel lustiger als im Januar. Den Fasching feiern die Bayern mit Weißwürsten, Krapfen, Strauben und Schürzkuchen. Gegen die Kälte hilft G'selchtes mit Kraut und Knödeln. Oder warmer Apfelstrudel zum Kaffee.

Gericht des Monats:
Faschingshuhn mit Kräutersauce Seite 46

März

Zum Auflockern der fleischlosen Fastenzeit brauchen die Bayern feinen Fisch und üppige Mehlspeisen.

Gericht des Monats:
Nürnberger Kräuter-Maultaschen Seite 72

April

Alles, was grün ist, paßt zum Frühling: Lachsforelle mit Kräutersauce, Huhn mit Endivien und Lamm mit Artischocken.

Gericht des Monats:
Kalbsbratl mit Brezenfüllung Seite 108

Mai

Im Wonnemonat fühlen sich alle Menschen und besonders die Feinschmecker sehr wohl: Frische Morcheln essen sie zum Kalbsbries und den Rhabarber als herrliche Torte.

Gericht des Monats:
Spargel mit Eiersauce Seite 138

Juni

Mit dem Sommer beginnt der Überfluß: Die Kräuter geben jetzt sogar ihre Blüten zum Salat, der Holler wird zu Kücheln gebakken, und mit dem Frühwirsing kommt die zarteste Versuchung, die es beim Kraut gibt.

Gericht des Monats:
Hollerkücherl Seite 170

Küchenkalender mit praktischen Tips zu Kochen und Haushalt, Ernährung und Gesundheit gibt es seit dem 16. Jahrhundert.

Juli

Der beste Monat, um kulinarische Bayern-Rätsel zu lösen. Zu entdecken sind: Bifflamot, grüne Kornsuppe und Obazda.

Gericht des Monats:
Pickelsteiner Seite 194

August

Im Ernte-Monat ist die alte Küche in Hochform: Fingernudeln, Schwammerlsuppe und Heidelbeerstrudel stärkten früher Bauer und Senn. Heute stärken sie unser Vergnügen an bayerischer Kochkunst.

Gericht des Monats:
Schwammerlsuppe Seite 208

September

Wer jetzt nicht satt wird, wird es niemals werden – sagen die Bayern. Und essen Wildente, Fleischknödel und Datschi.

Gericht des Monats:
Wildente mit Preiselbeeren Seite 248

Oktober

Die goldene Oktobersonne scheint in Bayern auf Kirchweihgans, Reiberknödel, Surbratl, Kartoffelgemüse und gebratene Quitten.

Gericht des Monats:
Gansjung Seite 266

November

In Bayern ist der November niemals grau: Gelber Kürbis, rotwangige Äpfel, schwarze Winterrettiche und elfenbeinernes Rübenkraut machen die Märkte bunt.

Gericht des Monats:
Rumfordsuppe Seite 292

Dezember

Zur Vorfreude gehören Nürnberger Elisenlebkuchen im Advent, zur Festtagsfreude Hirschragout oder Schweinsbraten – in Bayern macht Weihnachten viel Spaß.

Gericht des Monats:
Kletzenbrot Seite 330

Inhaltsverzeichnis

Monat für Monat

Die Küche

Bleib im Land und nähre dich redlich, sagen kulinarisch kreative Bayern im Januar. Denn jetzt bieten Märkte und Metzger alles Gute für typische Winter-Spezialitäten: Wurzeln und Kraut, Karotten und Endivien, Äpfel und Buchweizen, Schweinshaxen und Ochsenschwanz.

IM JANUAR

Wirsing und rote Rüben, Zwiebeln und schwarzer Rettich, Kartoffeln und Petersilienwurzeln kommen im Winter auf den Tisch. Heimisches Gemüse ist typisch für eine kräftige Küche, die so gut zum Winter paßt.

Was es im Januar

Endivien

Endivien, in Bayern »Andivi« oder »Antiffi« genannt, kamen den ganzen Winter über auf den Tisch – als Suppe, Gemüse und Salat. Einer der köstlichsten bayerischen Salate sind hauchfeine Endivienstreifen mit dünnen Kartoffelscheibchen gemischt. Das Rezept dazu finden Sie auf Seite 12.

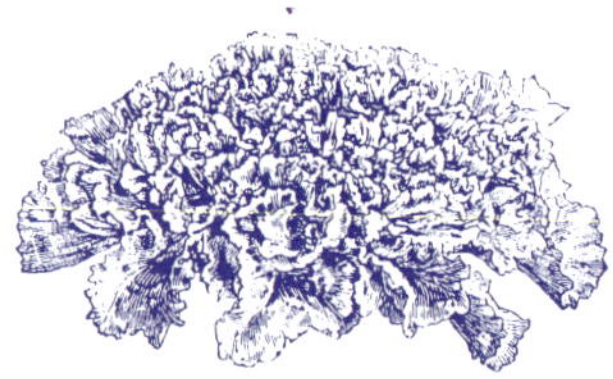

Sellerie

Sellerie ist heute eines der wichtigsten und vielseitigsten Wintergemüse mit viel B-Vitaminen, Kalium und Calcium. Die ätherischen Öle, die für den würzigen Geschmack sorgen, regen den Stoffwechsel an.

Wurzeln

Die Bayern lieben Wurzeln als Gemüse und Salat: Schwarzwurzeln, Pastinaken, Gelbe Rüben, Petersilienwurzeln und früher auch die Wurzeln von Wegwarten. Im Herbst holten die Hausfrauen das Gemüse in den Keller und gruben es in feuchten Sand ein. So blieb es den Winter über haltbar.

ALLES GUTES GIBT...

BUCHWEIZEN

Buchweizen heißt im Süden Deutschlands »Heidenkorn«. Einst zählte er zur kargen Küche der armen Leute. Den kulinarischen Pfiff brachten erst die Köchinnen aus Österreich und Böhmen: Bayerns Bürger lernten nun Rahmsuppen mit Heidenkorn (Seite 14) und lockere Aufläufe mit Obst kennen.

WEISSKRAUT

Weißkraut essen die Bayern das ganze Jahr über: die festen, runden und hellen Köpfe im Winter als Krautwickel, fleischlosen Braten und Salat. Im Juni gibt's die lockeren dunkelgrünen Köpfe und den fein aromatischen Spitzkohl im Frühsommer und Herbst als Gemüse.

PRODUKT	**GERICHT**	**SEITE**
Endivien	*Geschwollene mit Kartoffel-Endiviensalat*	*Seite 12*
Sellerie	*Schweinshaxe mit Gemüse*	*Seite 22*
Wurzeln	*Oberpfälzer Kartoffelstritzeln*	*Seite 16*
Buchweizen	*Heidenkornsuppe*	*Seite 14*
Weißkraut	*Krautwickel*	*Seite 18*

Heilig-Drei-König
Festtag in Bayern

Heilig-Drei-König ist etwas Besonderes in Bayern. In der Nacht zuvor, der letzten Rauhnacht, soll nach altem Volksglauben Frau Perchta toben: Die Alte erinnert an eine Mischung aus Frau Holle und Knecht Ruprecht, und die Volkskundler haben lange gestritten, ob sich unsere heidnischen Vorväter oder unsere christlichen Kirchenleute das Geschöpf ausgedacht haben. Bis vor etwa fünfzig Jahren sah man in der Perchta eine germanische Fruchtbarkeitsgöttin und Seelenführerin. Inzwischen weiß man, daß sie ein Gegenbild zur Gottesmutter Maria ist – ein böses Weib, das die Jugend verführt und aller Welt die Häßlichkeit des Lasters zeigt. Noch heute findet im Bayerischen und vor allem im Salzburger Land am Abend des 5. Januar ein Spektakel statt, der »Perchtenlauf«. Daß die Leute dabei soviel Lärm machen, ist so wenig »heidnisch« wie das Getöse beim Fußball: Krach macht einfach Spaß – das weiß jedes Kind.

Mit dem 6. Januar, dem Heilig-Drei-Königs-Tag, endet in Bayern die Weihnachtszeit. In vielen Familien ist der Nachmittag wunderbar gemütlich. Draußen ist es klirrend kalt, dick liegt der Schnee auf den Dächern, die Bäume sind von Rauhreif überzuckert. Drinnen bollert der Kachelofen oder die Zentralheizung. Jedenfalls ist es »bacherl warm«, also höchst angenehm. Die Lichter am Christbaum brennen zum letzten Mal: Morgen wird der Baum abgeräumt. Eltern und Kinder sitzen am Tisch, es duftet nach Kaffee und ein bißchen nach Kirche. Denn neben der Platte mit den letzten Plätzerln glimmen auf einem Teller kleine Weihrauchkegel, die Mutter oder Vater vormittags nach dem Gottesdienst gekauft haben. In der Dämmerung klingelt es an der Tür. Alle gehen öffnen, die Kinder natürlich zuerst. Die Weisen aus dem Morgenland sind da: Balthasar, der Mohr, hat das Bubengesicht mit Faschingsfarbe geschwärzt, Kaspar ist diesmal ein Mädchen und Melchior trägt den goldenen Stern aus Glanzpapier.

Sie fangen an zu singen – ein bißchen falsch, aber ziemlich rührend. Der kleine Balthasar rückt immer wieder die goldene Krone zurecht, die er für seinen Kopf etwas zu groß gebastelt hat. Als sie mit ihrem Lied »Wir sind die drei Könige aus dem Morgenland« fertig sind, kriegt jeder einen rotwangigen Weihnachtsapfel und ein glänzend poliertes Mark-Stück. Jetzt holt einer der Könige ein geweihtes Stück Kreide aus seinem weiten Umhang und schreibt »C + M + B« über die Tür, eingerahmt von den beiden Ziffernpaaren des Jahres. Und dann ziehen sie fort zum nächsten Haus.

Das ist Heilig-Drei-König in Bayern, wo es katholisch ist. Der Sternsinger-Brauch reicht weit zurück ins 16. Jahrhundert. Früher zogen Erwachsene und Kinder von Haus zu Haus, oft über so gewaltige Strecken wie von München nach Innsbruck. Natürlich waren sie wochenlang unterwegs, die Handwerksgesellen, die im Winter keine Arbeit hatten, die Tagelöhner, die ohnehin von der Hand in den Mund lebten, die schlecht bezahlten Lehrer und die Schüler, deren Eltern das Schulgeld nicht zahlen konnten. Die Sternsinger von damals verdienten durch Heilig-Drei-Königs-Spiele und Gesang einen Teil ihres Lebensunterhaltes. Die alten Abrechnungen zeigen es: Nicht Äpfel und Küchel haben die Leute von ihrem Publikum bekommen, sondern bare Münze. Erst viel später, im vorigen Jahrhundert, haben Lehrer und Erzieher mit ihren Zöglingen das eingeübt, was wir heute kennen: die Pflege eines schönen Brauches.

Geschwollene mit Kartoffel-Endiviensalat

Für 4 Personen
einfach

750 g festkochende Kartoffeln
1/2 Kopf Endivien- oder Friséesalat
1 große Zwiebel, 1/4 l Wasser
1 1/2 EL Instant Fleisch- oder Gemüsebrühe
1 1/2 EL körniger Senf
5 EL Essig, 4 EL Öl, Salz, weißer Pfeffer
4 Geschwollene (Wollwürste)
3 EL Milch, 1 TL Butter, 1 EL Öl

1

Kartoffeln waschen und in wenig Wasser gerade eben weich kochen. Dann abgießen, kalt abschrecken, schälen und in nicht zu dicke Scheiben schneiden.

2

Während die Kartoffeln garen, Endiviensalat waschen, trockenschwenken und in feine Streifen schneiden. Die Zwiebel schälen und fein hacken.

3

Für die Salatsauce Wasser mit Fleisch- oder Gemüsebrühe zum Kochen bringen. Den Topf von der Kochstelle nehmen. Senf, Essig und Öl in die Brühe rühren.

4

Die heißen Kartoffeln mit der Zwiebel und etwa zwei Drittel der Salatsauce vermischen. Mit Salz und Pfeffer kräftig abschmecken. Den Endiviensalat mit der restlichen Salatsauce mischen und ebenfalls mit Salz und Pfeffer würzen.

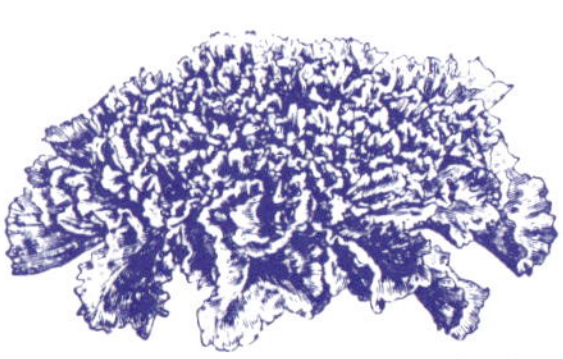

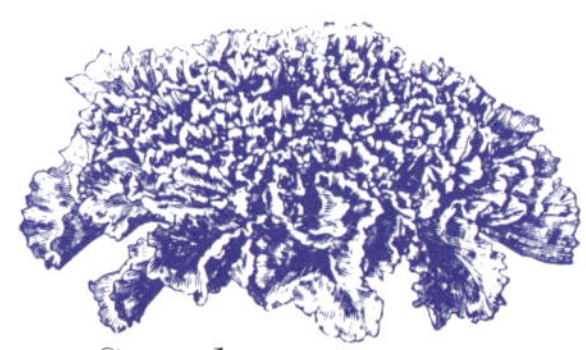

5

Beide Salate zugedeckt bei Zimmertemperatur etwa eine Stunde ziehen lassen, dann miteinander mischen.

6

Geschwollene in der Milch wenden und im heißen Fett bei mittlerer Hitze pro Seite etwa 3 Minuten braten, bis sie goldgelb sind.

REZEPTTIP: Es gibt in Bayern nicht nur eine Art von Kartoffelsalat. Die Grundmischung besteht aus Kartoffeln, Zwiebeln und konzentrierter Fleischbrühe. Die gelingt – ehrlich gesagt – am besten aus Instant-Brühe, egal ob vom Huhn, vom Rind oder von Gemüse. In die Brühe rühren Sie tüchtig süßen Senf, einen guten Schuß Essig und nicht allzuviel Öl. Und dann geht es, wenn Sie wollen, noch ans Mischen: Zu Kartoffeln, so weiß der Bayer, passen hauchfeine Salatgurkenscheibchen, Feldsalat und dünne Endivienstreifen. Welchen der Salate Sie zubereiten, hängt von der Jahreszeit ab. Im Winter schmecken Endivien und Feldsalat, im Sommer die Gurken. Und immer gibt es dazu die hervorragenden Begleiter: Würste, gebackenes Schnitzel oder gebackene Kalbshaxe, gebackener Karpfen oder gebackene Weißfische.

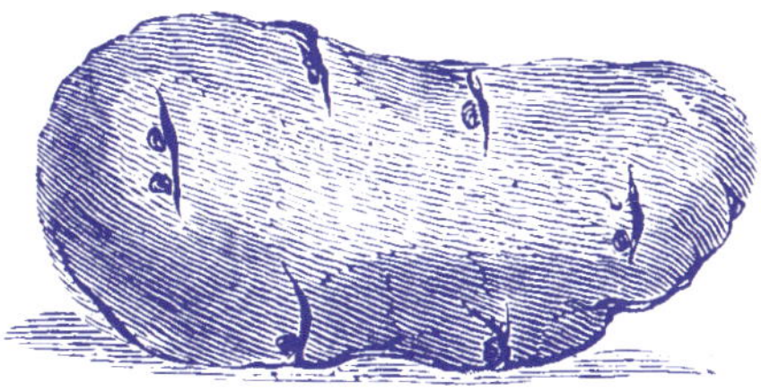

WURST-GESCHICHTEN

Manche Geschichten muß ich Ihnen einfach so erzählen, wie ich sie selbst gelesen oder gehört habe. Zum Beispiel die Geschichte über die Geschwollenen, auch Wollwürste genannt: Einem Metzger sollen beim Wurst-Machen die Därme ausgegangen sein. Kurz entschlossen hat er den Teig ohne Haut geformt und gebrüht – eine neue Wurst war entstanden. Und sie heißt Geschwollene, weil sie sich beim Braten etwas aufbläht, also anschwillt.

Interessant, daß auch die berühmte Münchner Weißwurst ihre Existenz einem Mangel an Wursthäuten verdanken soll: Am 22. Februar 1857, mitten im Fasching, fehlten dem Metzgergesellen Sepp Moser die dünnen Därme für Kalbsbratwürste. So füllte der Mann den Teig aus Rind, Speck, Kalb und Petersilie einfach in die nächstgrößeren Därme, und die hungrigen Gäste bekamen ihre Würste gleich aus dem Brühkessel.

Heidenkornsuppe

Für 4 Personen
schnell

1 1/2 EL Butter
75 g geschrotetes Heidenkorn (Buchweizen)
1 l Hühner- oder Gemüsebrühe
Salz, weißer Pfeffer
1 Messerspitze gemahlene Muskatblüte (Macis)
1 Bund Schnittlauch
100 g Endiviensalatblätter
4 EL süßer Rahm (süße Sahne), 1 TL Zitronensaft

1

Die Butter in einem Topf zerlassen, Heidenkornschrot darin bei mittlerer Hitze etwa eine Minute unter Rühren rösten.

2

Brühe zugießen und dabei weiterrühren, bis die Suppe glatt ist. Mit Salz, Pfeffer aus der Mühle und Muskatblüte würzen, aufkochen und zugedeckt bei schwacher Hitze 10 Minuten garen.

3

Schnittlauch in feine Röllchen schneiden und zum Bestreuen beiseite stellen Endiviensalat in hauchfeine Streifen schneiden.

4

Endivienstreifen, Rahm und Zitronensaft in die Suppe rühren und noch einmal erhitzen, aber nicht mehr aufkochen. Heidenkornsuppe auf vorgewärmten Tellern verteilen und mit dem Schnittlauch bestreuen.

Korn aus dem Osten

Im Süden Deutschlands heißt Buchweizen »Heidenkorn«. Dafür gibt es zwei Erklärungen: Erstens brachten es die Tataren, die »Heiden« aus Zentralasien, im 14. Jahrhundert bei ihren Kriegszügen nach Rußland mit. Von dort breitete sich der Anbau langsam in ganz Mittel- und Nordeuropa aus. Zweitens wächst Buchweizen auf kargen Böden – zum Beispiel auf ehemaligem Heideland.

***K**altes Bayern: Winterlich bizarr schmücken ein kahler Birnbaum und der scharfe Schattenriß einer Bank die weiße Hauswand.*

OBERPFÄLZER KARTOFFELSTRITZELN

Für 6 Personen
Für Gäste

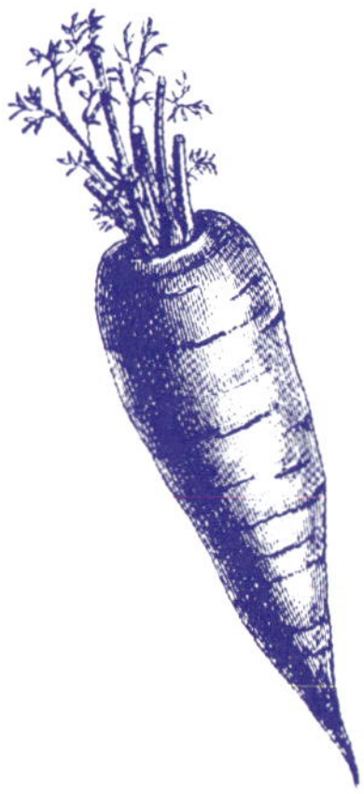

800 g mehligkochende Kartoffeln
1 dünne Stange Lauch (Porree)
1 großer Bund Petersilie
1 große Gelbe Rübe (Möhre)
1 EL Butterschmalz
Salz, 1 TL Zitronensaft, 100 g Mehl
1 Ei, Mehl zum Ausrollen
200 g saurer Rahm (saure Sahne)
schwarzer Pfeffer, 1/4 l warme Milch

1

Kartoffeln waschen und mit der Schale in wenig Wasser weich kochen. Abgießen, kalt abschrecken, schälen und mit dem Kartoffelstampfer fein zerdrücken. Abkühlen lassen.

2

Lauch putzen, längs halbieren und fein zerkleinern. Petersilie hacken, Gelbe Rübe raspeln. Butterschmalz erhitzen. Lauch darin bei mittlerer bis schwacher Hitze glasig braten. Von der Kochstelle nehmen, Petersilie und Gelbe Rübe untermischen. Mit Salz und Zitronensaft würzen. Abkühlen lassen.

3

Kartoffelpüree mit einer Prise Salz, Mehl und Ei verkneten. Falls der Teig an den Händen klebt, etwas Mehl daruntermischen.

4

Ein Küchentuch mit Mehl bestäuben. Den Teig zu einer Rolle formen und in 12 Stücke schneiden. Jedes Stück messerrückendick ausrollen, mit saurer Sahne bestreichen und mit der Gemüsefüllung belegen. Stücke einmal zusammenklappen und dachziegelartig in eine ofenfeste Form mit niedrigem Rand setzen. Die Milch an den Seiten dazugießen.

5

Form in den kalten Backofen (mittlere Schiene) stellen. Ofen auf 200 Grad (Umluft 180 Grad, Gas Stufe 4) schalten. Die Stritzeln etwa 40 Minuten backen, bis sie oben schön gebräunt sind.

Von Goassbratl und Gänsdatscher

Alle köstlichen bayerischen Kartoffelgerichte stammen aus der Oberpfalz, zum Beispiel die berühmten Reiberknödel aus rohen Kartoffeln. Oder Kartoffel-Fingernudeln, die Sie heute auch in Top-Restaurants zum Lammbraten bekommen. Die Oberpfälzer haben auch die Volksausgabe des edlen Gratin Dauphinois erfunden: Rohe Kartoffelscheiben werden mit Salz, Pfeffer, Kümmel und Wasser im Ofen gebacken. »Goaßbratl« nennen sie es in stolzer Überteibung, denn, obwohl kein »Ziegenbraten«, schmeckt es genauso gut zu einer großen Schüssel Salat.

Eine deftige Mischung aus Pfannkuchen und Kartoffelpuffer heißt »Gänsdatscher«: geriebene Pellkartoffeln werden mit einem dicken Eierkuchenteig vermischt und als kleine Fladen in der Pfanne gebacken. Ähnlich, nur etwas schneller und einfacher als die Kartoffelstritzel im Rezept links, geht der »Schneiderfleck«: Die Teigstücke werden kleiner geschnitten und ungefüllt mit Fett und Milch gebraten. Dazu essen die Bayern Kompott oder Apfelmus, Sauerkraut oder Salat.

Keinem dieser Gerichte werden Sie anmerken, daß sie aus wirtschaftlicher Not entstanden sind. Im 17. und 18. Jahrhundert waren die Leute zwischen Donau, Böhmerwald, Fichtelgebirge und Nürnberg bitterarm. Kartoffeln, die kargere Böden und schlechteres Wetter als Getreide vertragen, sicherten ihnen die Überlebensgrundlage.

KÜCHENTIP: Für die meisten Gerichte brauchen Sie mehlige Kartoffeln: Reiberknödel zum Beispiel halten mit festkochenden oder neuen Kartoffeln gar nicht zusammen. Deshalb sind Kartoffeln in Bayern auch ein richtiges Herbst- und Winteressen. Nur in diesen Monaten gibt es die wirklich stärkereichen Knollen. Ausnahmen: Kartoffelsalat und Kartoffelgemüse gelingen am besten mit festkochenden Sorten.

KRAUTWICKEL

Für 6 Personen
preiswert

500 g mehligkochende Kartoffeln
100 g gekochter Schinken
2 mittelgroße Zwiebeln
1 Knoblauchzehe, 3 EL Öl
1/4 l Gemüse- oder Fleischbrühe (Instant)
1 großer Bund Petersilie
1 TL getrockneter Thymian
abgeriebene Schale von 1/4 Zitrone
Salz, schwarzer Pfeffer
Cayennepfeffer, geriebene Muskatnuß
1 Kopf Weißkohl (ca. 1 kg)
100 g Crème fraîche
1 Bund Schnittlauch

1

Für die Füllung die Kartoffeln schälen, waschen und würfeln. Schinken, Zwiebeln und Knoblauch fein zerkleinern.

2

In einem Topf einen Eßlöffel Öl erhitzen. Schinken, Zwiebeln und Knoblauch darin glasig braten. Kartoffeln und fünf Eßlöffel Brühe zugeben. Kartoffeln aufkochen und zugedeckt in etwa 15 Minuten weich garen. In der Garflüssigkeit fein zerdrücken.

3

Petersilie fein hacken und untermischen. Füllung mit Thymian, Zitronenschale, Salz, Pfeffer, Cayennepfeffer und Muskat würzen.

4

Kohl putzen, in reichlich sprudelnd kochendem Wasser fünf bis sechs Minuten kochen, bis sich die Blätter leicht ablösen lassen. Herausnehmen und etwas abkühlen lassen. Die Blätter oben am Strunk abschneiden.

5

Zwölf Blätter vorsichtig ablösen und die dicken Rippen flachschneiden. Die sechs größeren Blätter nebeneinander ausbreiten und die sechs kleineren darauflegen. Füllung darauf verteilen. Blätter an den Seiten über der Füllung nach innen falten, wie Rouladen aufrollen und mit Küchengarn umwickeln.

6

Das restliche Öl erhitzen. Krautwickel darin bei mittlerer Hitze rundherum anbraten. Den Rest der Brühe zugießen, aufkochen und die Krautwickel zugedeckt bei schwacher Hitze zehn Minuten schmoren.

7

Den Rest des Kohls achteln und in Streifen schneiden. Mit der Crème fraîche rundherum an den Seiten der Krautwickel verteilen, mit Salz und Pfeffer würzen, erneut aufkochen und zugedeckt bei schwacher Hitze weitere zehn Minuten garen. Krautwickel und geschmortes Kraut auf heißen Tellern verteilen und mit Schnittlauchröllchen bestreuen.

Sparsam durch den Winter

Krautwickel sind typisch für die Winterküche: Weißkraut, Rotkraut und Wirsing gehören zu den Gemüsen, die nach der Ernte im Herbst eingelagert wurden und bis ins Frühjahr zur Verfügung standen. Seit ein paar hundert Jahren machen Frauen daraus mit Fleischresten, Brot und/oder Kartoffeln ein Essen, das uns immer noch schmeckt.

Natürlich gab es Krautwickel nicht nur in Bayern, sondern immer und überall, wo man sich Fleischrouladen einfach nicht leisten konnte. Oder wo man Sparsamkeit eine Tugend nannte: Auch begüterte Frauen fanden Resteverwertung nämlich ganz normal. Früher wurde selbst in reichen Häusern Übriggebliebenes nicht einfach weggeworfen, sondern nochmal zubereitet – oft höchst phantasievoll verfeinert. Erst als Mitte der 60er Jahre der Überfluß in die Küchen und auf die Tische kam, wurde das mit Arme-Leute-Küche gleichgesetzt und als »Sünde« wider die Feinschmeckerei verteufelt.

Herzhafter Semmelschmarren

Für 4 Personen
ohne Fleisch

8 Semmeln vom Vortag (Brötchen)
3/8 l Milch
1 kleiner Bund Schnittlauch
4 Eier, Salz
geriebene Muskatnuß
50 g Butterschmalz

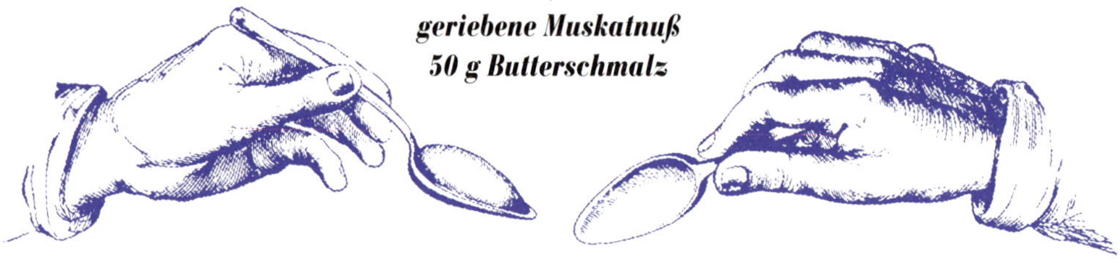

1

Semmeln in dünne Scheiben schneiden und mit der lauwarmen Milch übergießen. Etwa 30 Minuten quellen lassen, bis die Milch aufgesogen ist.

2

Schnittlauch fein zerkleinern. Mit Eiern, Salz und geriebener Muskatnuß zu den eingeweichten Semmeln geben und verkneten.

3

Die Hälfte des Butterschmalzes in einer großen Pfanne erhitzen. Die Hälfte des Teiges darin glattstreichen und zugedeckt bei schwacher Hitze etwa 10 Minuten backen, bis er an der Unterseite fest ist. Mit einer Gabel in Stücke teilen und bei mittlerer Hitze unter häufigem Wenden goldbraun backen.

4

Schmarren auf eine Platte geben und zugedeckt im Backofen warm halten, bis die zweite Portion im restlichen Butterschmalz gebacken ist. Dazu paßt Salat, Sauerkraut oder auch Apfelkompott.

REZEPTTIP: Für süßen Schmarren geben Sie statt Schnittlauch und Muskat etwas abgeriebene Zitronenschale und einen Teelöffel Vanillezucker zum Teig. Dann den Schmarren wie oben backen, mit 50 g Zucker vermischen und im vorgeheizten Backofen bei 50 Grad fünf Minuten ziehen lassen. Mit Puderzucker bestreuen und zu Kompott essen.

Schmarren kommt von schmieren

Wenn Sie heute im bayerischen Gasthaus einen Schmarren bestellen, bekommen Sie fast immer Kaiserschmarren – lockere, goldgelbe Stückchen mit reichlich Puderzucker, ein paar Rosinen, vielleicht auch Mandeln und einem wunderbaren Butteraroma. Das ist eine der feinsten Mehlspeisen, die uns die gutbürgerliche Küche des vergangenen Jahrhunderts geschenkt hat. Manche sagen, ein Koch wollte den Schmarren Elisabeth von Österreich widmen, der Kaiserin, die wir vor allem als herziges Maderl aus den berühmten Romy-Schneider-Filmen kennen. Doch Sisi lehnte ab. Sie war Zeit ihres Lebens auf Diät und interessierte sich nicht fürs Essen – schon gar nicht für üppige Mehlspeisen. Da hat der Koch den Schmarren einfach ihrem Gatten, Kaiser Franz Joseph, gewidmet.

Diese schöne Geschichte halten Historiker für frei erfunden. Der Kaiserschmarren sei mal ein »Kaserschmarren« gewesen, das Alltagsessen auf der Alm. Der Senn, in Österreich auch »Kaser« genannt, habe dafür Pate gestanden. In der »Urfassung« war der Kaiserschmarren also genauso deftig wie der Semmelschmarren. Beide sind entstanden aus dem Getreidebrei, dem eingeweichten Brot oder dem Hirsemus, das die Bauern jeden Tag aßen. Hausfrauen, die nicht sparen mußten, brachten dann Abwechslung ins tägliche Essen. Sie machten den dicken Brei mit Eiern nahrhafter und buken ihn in reichlich Schmalz oder Butter – das Wort »Schmarren« ist verwandt mit dem Mittelhochdeutschen »smer« für »Fett«. Noch heute sagen wir, daß wir eine Türe »schmieren«, wenn wir sie ölen, damit sie nicht quietscht.

Der herzhafte »Urschmarren« war stets für Leute bestimmt, die so schwere Arbeit leisten mußten wie die Bauern: für Senn und Sennerin eben, für Holzfäller und Tagelöhner. Schmarren, so heißt es im Volksmund, vertreibt Bauchweh. Das leuchtet ein, denn mit einer ordentlichen Portion Schmarren im Bauch ist man schön satt und zufrieden.

Schweinshaxe mit Gemüse

Für 4 Personen
braucht Zeit

1 hintere Schweinshaxe (ca. 1 kg) mit Schwarte
Salz, schwarzer Pfeffer
1/2 l Fleischbrühe
1 Zwiebel, 1 TL Kümmelkörner
750 g festkochende Kartoffeln
250 g Knollensellerie
3 mittelgroße Gelbe Rüben (Möhren)
250 g Lauch (Porree)

1

Schwarte und Fettschicht der Haxe vom Metzger rautenförmig einschneiden lassen. Haxe rundherum mit Salz und Pfeffer einreiben und zwei Stunden zugedeckt ziehen lassen.

2

Die Hälfte der Brühe aufkochen und über die Haxe gießen. Geschälte, geviertelte Zwiebel und Kümmel zugeben. Bräter zugedeckt in den kalten Backofen (untere Schiene) stellen. Ofen auf 200 Grad (Umluft 180 Grad, Gas Stufe 4) schalten. Haxe zugedeckt bei schwacher Hitze 45 Minuten schmoren.

3

Inzwischen Kartoffeln, Sellerie und Möhren schälen, waschen und würfeln. Lauch putzen, waschen und in Stücke schneiden.

4

Haxe aus dem Bräter nehmen, Gemüse einfüllen, mit Salz und Pfeffer würzen. Haxe auf das Gemüse legen. Restliche Brühe an den Seiten zugießen. Bei 220 Grad (Umluft 200 Grad, Gas Stufe 5) ohne Deckel in etwa einer Stunde weich garen. Die Haxe dabei zwei- bis dreimal wenden.

5

Haxe mit Gemüse im abgeschalteten Ofen warm halten. Sauce aus dem Bräter in einen Topf gießen und auf der Kochstelle bei starker Hitze in etwa zehn Minuten dick einkochen. Dazu passen Knödel.

Der Schweinsbraten

Schweinshaxe und Schweinsbraten sind heute bayerisches Nationalgericht. Wunderbar knusprig, mit aromatischer Sauce und lockeren Knödeln ist es in vielen Familien ein typisches Sonntagsessen. Dabei wanderte das »Bratl« erst nach dem Zweiten Weltkrieg aus der bäuerlichen Sonntagsküche in die bürgerlichen Speisezimmer. Davor waren dort Spanferkel, Zicklein und Kalbshaxe die richtigen Festessen. Denn wer es sich leisten konnte, junge Tiere zu schlachten und sie nicht zum Fettansetzen, Milchgeben oder Arbeiten großzuziehen, war entweder wohlhabend oder leistete sich zu besonderen Gelegenheiten ein besonderes Mahl. Deshalb finden Sie in alten bayerischen Kochbüchern alle möglichen Zubereitungsarten für die verschiedenen Fleischsorten. Nur einen »ordinären« Schweinsbraten suchen Sie vergebens – der lockte nämlich niemanden zur Sonntagstafel.

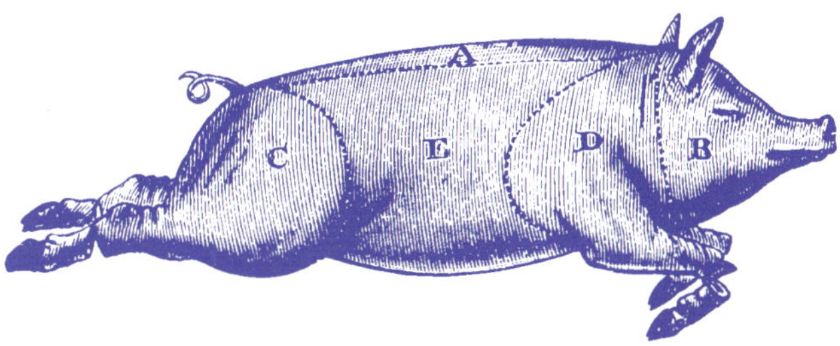

So beliebt: Knödel

Sie sind so beliebt, weil sie die Sauce aufsaugen – egal ob aus gekochten oder rohen Kartoffeln, mit Mehlteig und gerösteten Semmelwürfeln zubereitet oder aus Semmelschnitten mit Eiern geknetet. All diese Varianten finden Sie in diesem Buch. Aber abgesehen von der Nützlichkeit des Knödels in der Sauce – er ist schon eine ganz besondere Sache. Sonst wäre sicher auch nie die Frage aufgetaucht, warum Knödel rund sind. Das ist kein Witz: Ernsthafte Gelehrte haben sich darüber Gedanken gemacht und eine Lösung gefunden. Rundgeformtes soll im Volksglauben Glück verheißen. Deshalb hat man auch Brotteig nicht nur in Fladen, sondern auch in runden Semmeln gebacken. Auch gibt es noch eine ganz nüchterne Erklärung: Einen Teig machen, der sich geformt nicht im Kochwasser auflöst, locker ist und deshalb gut schmeckt, setzt mehr Kochkunst voraus, als einen Mehlbrei zu mischen. Die Bayern beherrschen das. Und lieben ihre Knödel genauso wie den Schweinsbraten.

Rindfleisch mit Kruste

Für 6 Personen
braucht Zeit

1 Zwiebel, 1 Bund Suppengrün
1 Lorbeerblatt
1 TL schwarze Pfefferkörner
1 kg Rindfleisch (flache Schulter), Salz
2 Schalotten oder kleine Zwiebeln
1/2 Bund Petersilie, 2 kleine Eier
100 g Semmelbrösel, 1 EL Crème fraîche
1/8 l Brühe vom Fleisch, 1 Bund Schnittlauch

1

Zwiebel schälen, Suppengrün putzen. Beide Zutaten mit dem Lorbeerblatt, Pfefferkörnern und einem Liter Wasser in einem großen Topf aufkochen.

2

Rindfleisch in die Brühe geben und bei mittlerer Hitze langsam bis knapp unter den Siedepunkt erhitzen. Kochlöffel zwischen Topf und Deckel legen und das Fleisch so fast zugedeckt bei schwacher Hitze zweieinviertel Stunden gar ziehen lassen.

3

Backofen auf 240 Grad (Umluft 220 Grad, Gas Stufe 5) vorheizen. Schalotten und Petersilie sehr fein hacken. Mit Eiern, Semmelbröseln und einer kräftigen Prise Salz zu einem streichfähigen Teig vermischen.

4

Fleisch aus der Brühe nehmen und in eine ofenfeste Form mit niedrigem Rand legen. Die abgemessene Brühe um das Fleisch gießen. Den Semmelbröselteig auf dem Fleisch verteilen.

5

Form in den heißen Backofen (mittlere Schiene) stellen. Fleisch etwa acht Minuten backen, bis die Kruste goldgelb ist. Dazu passen Pellkartoffeln oder Kartoffel-Endiviensalat (Seite 12), Preiselbeerkompott und frisch geriebener Kren (Meerrettich).

KÜCHENTIP: Sie brauchen ein flaches Stück vom Rind, das sich beim Garen nicht wölbt. Sonst rutscht die Kruste beim Überbacken in die Sauce.

Zur Hochzeit immer nur das Beste

Am Hochzeitsessen können Sie leicht erkennen, welche Gerichte über viele Generationen als besonders gut galten. Noch heute essen zum Beispiel viele Franken zur Feier dieses Tages gekochtes Rindfleisch mit Semmelknödeln, Kren und Preiselbeerkompott – manche vielleicht sogar die feine Version mit Bröselkruste aus einem alten Nürnberger Kochbuch. Bis vor wenigen Jahren gehörte Rindfleisch auch zur bayerischen Bauernhochzeit. Wie alle Lebensmittel, die sonst nur die Städter aßen, war es eine willkommene Abwechslung zu »G'selchtem mit Kraut« und wurde zum Mittelpunkt des Festschmauses erkoren. Die Brühe, in der das Fleisch garte, kam mit Nudeln, kleinen Knödeln und Würsten als erster Gang auf den Tisch. Wer seine Gäste verwöhnen und sich selbst viel Ehre antun wollte, servierte zwei Suppen. Danach gab es Kuttlfleck (Seite 28) oder ein Ragout mit viel Sauce. Das Rindfleisch aus der Brühe mit Gemüse und Kren war der nächste Gang. Schließlich folgten verschiedene Braten, süße Nachspeisen, Kuchen und Torten.

Beim Festessen ließen sich die Hochzeiter, die es sich leisten konnten, nicht lumpen: Zu jeder Bauernhochzeit wählten sie ein paar Lebensmittel aus den bürgerlichen Haushalten – zum Beispiel Geflügel, Kalbfleisch und Reis. Denn in jedem Dorf war eine Frau zuhause, die als Köchin oder Dienstmädchen in der Stadt arbeitete. Und die kochte dann zur Hochzeit das Besondere, das sie bei der »Herrschaft« kennengelernt hatte.

Übrigens trugen die Köchinnen von allem so reichlich auf, daß die Gäste des Brautpaares nicht nur bei Tisch satt wurden, sondern auch noch genügend zum Mitnehmen hatten: »B'schoadessen« hießen die begehrten Reste, und das bayerische »B'schoadtüchel« ist danach benannt - es war ein Tuch, in das die Gäste vor allem übriggebliebene Küchel und Kuchen gewickelt haben. Dieser Brauch war sehr nützlich. Denn manche Gäste kamen von weit her, um das Brautpaar zu ehren und brauchten Proviant für die Heimreise. Andere standen nicht gerade auf der Sonnenseite des Lebens und konnten sich nur bei solchen gemeinsamen Festen richtig satt essen. So haben sie mit dem B'schoadessen ihren Speisezettel einige Tage bereichert.

HECHTENKRAUT

Für 4 Personen
besonders fein

2 Schalotten, 2 EL Öl
500 g Sauerkraut, 1/8 l Apfelsaft
4 EL trockener Weißwein
1 Lorbeerblatt, 2 Wacholderbeeren
Salz, weißer Pfeffer
700 g Hechtfilet
1 EL Zitronensaft, 1 kleiner Bund Petersilie
200 g süße Sahne
2 EL Semmelbrösel, 30 g Butter

1

Schalotten fein hacken. Einen Eßlöffel Öl in einem großen Bräter erhitzen, die Schalotten darin glasig braten. Sauerkraut, Apfelsaft, Wein, Lorbeerblatt und Wacholderbeeren zugeben, mit Salz und Pfeffer würzen. Aufkochen und zugedeckt bei schwacher Hitze 30 Minuten garen.

2

Backofen auf 220 Grad (Umluft 200 Grad, Gas Stufe 5) vorheizen. Hechtfilets in etwa drei Zentimeter breite Stücke schneiden, trockentupfen und mit Salz und Pfeffer würzen. Petersilie fein hacken.

3

Sahne zum Kraut gießen, Petersilie untermischen. Fischstreifen auf das Kraut legen und mit Zitronensaft beträufeln. Semmelbrösel darüberstreuen. Butterstückchen darauflegen.

4

Bräter in den Ofen (mittlere Schiene) stellen. Hechtenkraut etwa 20 Minuten backen, bis es eine goldgelbe Kruste hat.

BEILAGENTIP: Zum Hechtenkraut schmecken am besten Salzkartoffeln.

Zwiebeln und Wurzeln machen bayerische Suppen aromatisch und runden die dunkle Sauce beim Schweinsbraten ab.

KUTTLFLECK

Für 2 Personen
besonders fein

300 g vorgekochte Kalbskutteln
50 g durchwachsenes Wammerl (Räucherspeck)
1 Zwiebel, 1 Knoblauchzehe
1 EL Butterschmalz, 1 1/2 EL Mehl
Salz, weißer Pfeffer
2 Gewürznelken, 1/4 l Fleischbrühe
2–3 EL Zitronensaft
abgeriebene Schale von 1/4 Zitrone
1 Prise gemahlene Muskatblüte (Macis)
3 EL süßer Rahm (süße Sahne)
2 EL gehackte Petersilie

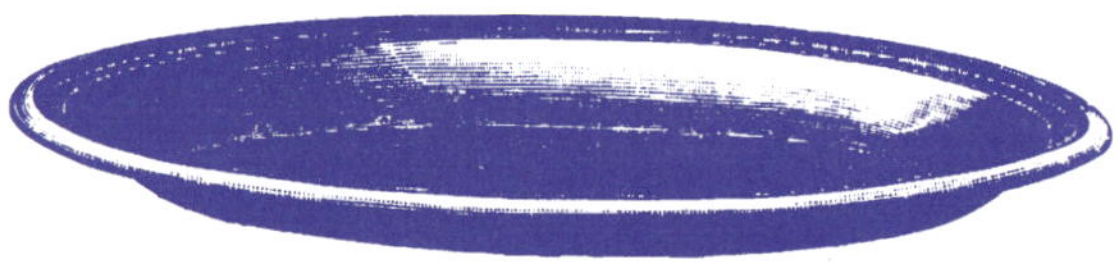

1

Kutteln waschen und in sehr feine Streifen schneiden. Wammerl, Zwiebel und Knoblauch fein zerkleinern.

2

Butterschmalz erhitzen. Wammerlmischung darin bei schwacher Hitze braten, bis alles glasig ist. Kutteln zugeben und etwa 15 Minuten mitbraten, dabei immer wieder umrühren.

3

Mehl darüberstäuben und bei starker Hitze unter Rühren etwa eine Minute anrösten. Salz, Pfeffer und die Gewürznelken zugeben. Brühe langsam zugießen und dabei weiterrühren, bis die Sauce glatt ist. Einmal aufkochen und zugedeckt bei schwacher Hitze etwa 30 Minuten garen.

4

Kutteln mit Zitronensaft, Zitronenschale und Muskatblüte abschmecken. Rahm und Petersilie unterrühren und den Kuttlfleck sehr heiß servieren. Dazu schmecken Salzkartoffeln oder Kartoffelbrei und Salat.

EINKAUFSTIP: Kutteln bekommen Sie vorgekocht beim Metzger – manchmal nur auf Bestellung. Am besten schmecken Kalbskutteln.

EINE VERGESSENE SPEZIALITÄT

Der Kuttlfleck gehört zur bayerischen Küche wie Leberknödel und saures Lüngerl. Den Eindruck gewinnt man jedenfalls, wenn man Kochbücher des vergangenen Jahrhunderts durchstöbert. Kutteln gehörten in der Oberpfalz auch zum Hochzeitsessen. Doch heute essen sie die Bayern kaum noch. Und das kam so:

Kutteln, also Gekröse, haben im Laufe der Jahrhunderte mehrmals Küchen und Tische gewechselt. Bis weit in die Renaissance gehörten sie zur höfischen Tafel – genau wie Herz und Leber, Bries und Euter, Zunge und Hirn, Milz und Nieren. Max Rumpolt, berühmter Koch des Mainzer Fürstbischofs, preist seine Bavesen mit Kalbsnieren als ein »herrliches Essen für König und Kaiser«.

Als dann allmählich die Bürger das Essen der Edlen übernahmen, waren Innereien bei Hofe nicht mehr gefragt – ausgenommen Herz und Zunge. Nur: Was der Adel nicht aß, schmeckte dem reichen Bürger bald auch nicht mehr, und die Innereien wanderten von den Palästen schließlich in die Hütten. Wie Tiermaul und -füße überließ man sie den kleinen Leuten, die sich nichts Besseres leisten konnten: den Tagelöhnern und armen Bauern auf dem Land, den Dienstboten und Arbeitern in der Stadt. In einem sehr erfolgreichen bürgerlichen Kochbuch, das 1837 in der neunten Auflage erschien, stellt die Autorin, Maria Catharina Daisenberger, fest: »Die Lungen sind fast nahrlos, desgleichen die Milz, Leber, Nieren und Gedärme«. Trotzdem gibt sie viele Rezepte dafür an, denn ihr Kochbuch war ja »für alle Stände« bestimmt.

Erst in unserem Jahrhundert, als große Köche kleine Küchen interessant verfeinerten, kamen Milzwurst, Ochsenmaulsalat (Seite 237) und Kälberfüße (Seite 236) wieder zu kulinarischen Ehren. Nur bei Kutteln bleiben die Bayern stur, weshalb Sie Kuttlfleck auch kaum auf den Speisekarten finden werden. Da hilft also nur eines: Selberkochen!

OCHSENSCHWANZRAGOUT

Für 4 Personen

preiswert

1,2 kg Ochsenschwanz
Salz, schwarzer Pfeffer
2 Tomaten, 1 kleine Zwiebel
1 Knoblauchzehe, 3 EL Öl
1 TL Paprikapulver
abgeriebene Schale von 1/2 Zitrone
4 Lorbeerblätter, 3 EL Zitronensaft
1/2 l Wasser, 1/2 l trockener Rotwein
150 g Schalotten, 100 g saurer Rahm (saure Sahne)
1 EL gehackte Petersilie

1

Ochsenschwanz vom Metzger in etwa vier Zentimeter lange Stücke teilen lassen. Mit Salz und Pfeffer einreiben. Die Tomaten abziehen und halbieren. Stielansätze entfernen. Zwiebel und Knoblauch schälen und fein hacken.

2

Öl in einem Bräter erhitzen. Fleischstücke rundherum braun anbraten und herausnehmen.

3

Zwiebel, Knoblauch, Paprikapulver und abgeriebene Zitronenschale im Bratfett unter Rühren einige Sekunden anrösten. Schwanzstücke wieder in den Bräter legen. Tomatenhälften, Zitronensaft und Lorbeer zugeben, die Hälfte Wasser und Wein zugießen und den Bratfond damit lösen.

4

Bräter schließen und in den kalten Backofen (untere Schiene) stellen. Ofen auf 160 Grad (Umluft 150 Grad, Gas Stufe 2) schalten. Ochsenschwanz zweieinhalb bis drei Stunden schmoren. Dabei nach und nach den Rest Wasser und Wein an den Seiten zugießen. Schalotten schälen, zum Fleisch geben und weitere 30 Minuten schmoren. Das Fleisch aus der Schmorflüssigkeit nehmen und noch heiß von den Knochen lösen.

5

Bräter mit der Schmorflüssigkeit auf die Kochstelle setzen. Nach Wunsch die Sauce bei starker Hitze unter Rühren dickflüssig einkochen. Fleischstücke in der Sauce erhitzen. Zum Schluß die saure Sahne untermischen. Mit Petersilie bestreut anrichten. Dazu schmecken Bauernknödel (Seite 221) und Gurkensalat.

KÜCHENTIP: Nehmen Sie fleischige Stücke vom oberen Teil des Ochsenschwanzes. Die unteren Teile mit wenig Fleisch und viel Knochen eignen sich nur für Brühen und Saucenfonds. Das Fleisch läßt sich am besten ablösen, solange es noch sehr warm ist.

BAYERISCHES RINDVIEH

In den bayerischen Kochbüchern des 19. und frühen 20. Jahrhunderts finden Sie viel mehr Gerichte mit Rindfleisch als mit Schwein. Noch zur Goethezeit zogen Rinderherden durch Deutschland – als lebender Fleischvorrat. Die Tiere wurden bei Bedarf geschlachtet und an Ort und Stelle verkauft. Das gute, teure Muskelfleisch bekamen die wohlhabenden Kunden – jahrhundertelang war Rinderbraten »Herrenspeise«. Wer wenig Geld hatte, nahm fettes Kochfleisch, Füße, Schwanz und Innereien.
Ab Mitte des vorigen Jahrhunderts gab es reichlicher Rindfleisch – für alle. Denn die Bauern begannen, Viehzucht zu betreiben. Wie früher ließen sie die Rinder zwar auf den Weiden grasen, solange es die Witterung erlaubte. Im Juni mähten sie, wie seit Jahrhunderten üblich, das Gras für den Heuvorrat im Winter. Aber sie bauten auch Klee und Luzerne als Zusatzfutter an. So brachten sie viele Tiere über den Winter, die sie sonst im Herbst wegen Futtermangels hätten schlachten müssen.

Apfelkrapfen

Für 4 Personen
preiswert

4 Scheiben tiefgefrorener Blätterteig
Mehl zum Ausrollen
4 säuerliche Äpfel (Ingrid Marie oder Boskoop)
Saft von 1/2 Zitrone
60 g Zucker, 2 TL Zimtpulver
2 Eigelb, 2 EL süßer Rahm (süße Sahne)

1

Blätterteigscheiben nebeneinanderlegen und auftauen lassen. Auf Mehl dünn ausrollen und aus jeder Teigplatte mit einem Glas vier Kreise ausstechen. Teigreste aufeinanderlegen, erneut ausrollen und mit einem Teigrädchen zu knapp fingerbreiten Streifen schneiden.

2

Äpfel schälen, Kerngehäuse mit einem Apfelausstecher entfernen. Äpfel in fingerbreite Scheiben schneiden und mit dem Zitronensaft beträufeln. Zucker und Zimt mischen, Eigelb und Sahne verrühren.

3

Eine runde Auflaufform mit halbhohem Rand abwechselnd mit Apfel- und Blätterteigscheiben füllen. Jede Apfelschicht mit Zimtzucker bestreuen, die Blätterteigscheiben mit der Eigelbsahne bestreichen. Die oberste Apfelschicht gitterförmig mit den Teigstreifen belegen. Den Rest der Eigelbsahne daraufstreichen.

4

Form in den kalten Backofen (mittlere Schiene) stellen. Ofen auf 180 Grad (Umluft 160 Grad, Gas Stufe 3) schalten. Apfelkrapfen etwa 40 Minuten backen, bis die Oberfläche goldbraun ist.

SERVIERTIP: Die Krapfen schmecken auch warm zum Kaffee.

Gebäcknamen

Diese üppige Nachspeise aus einem Kochbuch des vorigen Jahrhunderts heißt auch im Original »Krapfen«. Denn obwohl schon damals höchst raffiniert und verfeinert, wurden Desserts aus dem Backofen, Kleingebäck und Kuchen oft noch genauso genannt wie die einfachen alten Gebildbrote und ländlichen Festtagsgebäcke: Die Apfelkrapfen hier (Seite 32) sind kein Schmalzgebäck mehr, sondern fast schon eine Torte. Beim Strudel wurde die Teighülle immer zarter, die Füllung immer erlesener. Ein »Brot« konnte ein Kastenkuchen mit Nüssen und Schokolade sein. Knusprige Kekse hießen »Laiberl«, flache Kuchen mit Obst und/oder Quarkbelag »Datschi« oder »Platz«. Noch heute werden die alten Gebäcknamen überall in Bayern verwendet.

Menü des Monats

Heidenkornsuppe
Rindfleisch mit Kruste
Apfelkrapfen

Die Küche

Die Narren sind los, und die Winterdämonen warten darauf, ausgetrieben zu werden. Das machen die Bayern auf eine besonders nette Art: Sie backen ganz viele Schmalzküchel und essen sie gleich auf. Da alle Geister wild auf Kuchen sind, ziehen sie verärgert ab. So einfach ist das Geisteraustreiben in Bayern!

im Februar

Den Feldsalat nennen die Bayern »Nisslsalat«. Für die dunkelgrünen würzigen Blätter ist es im Februar noch kalt genug. Denn wenn die Sonne wärmer scheint, wächst er aus und schmeckt nicht mehr.

WAS ES IM FEBRUAR

SEMMELN

Ohne Semmeln geht es in Bayerns Küche nicht. Geröstet veredeln sie Suppen, eingeweicht binden sie Knödelteige und Pflanzel. Semmelbrösel geben Fisch und Fleisch die knusprige Kruste. Mit Butter gehören sie zu Obstknödeln und süßen Topfennockerln.

WEINBERL

Weinberl gehören in Guglhupf, Hefezopf, Osterfladen und in viele süße Nudeln aus dem Schmalz. Sie geben dem alt-ehrwürdigen Kletzenbrot einen fein-exotischen Hauch. Früher haben bayerische Köchinnen auch oft Zibeben genommen – das sind große Rosinen aus der Türkei und aus Kreta.

SENF

Bayerischer Senf aus Eigenproduktion ist eine Delikatesse, dazu preiswert und höchst einfach zu machen. Senfpulver bekommen Sie in Bio- und Naturkostläden, auf großen Wochenmärkten und in vielen Feinkostgeschäften. Wichtig: Braunes Senfpulver ist viel schärfer als gelbes.

ALLES GUTES GIBT...

ZWIEBELN

Zwiebeln finden Sie fast in jedem herzhaften bayerischen Gericht. Kein Wunder, denn früher wuchsen sie in jedem Garten – egal ob beim Bauern auf dem Land oder im Bürgergarten vor der Stadt. Für alle, die sich keine »Exoten« wie Zitronen, Muskat und Pfeffer leisten konnten, waren Zwiebeln die einzige Würze.

ROTE RÜBEN

Traditionell essen die Bayern im Herbst und Winter Rote Rüben als Salat: gekocht, in Scheiben geschnitten, mit gehackten Zwiebeln, Kümmel, Essig und Öl. Oder mit Kren ein paar Tage einlegt – wie im Rezept auf Seite 38. Die kleinen, zarten Sommer-Knollen mit Blättern schmecken auch gut als Rohkost mit Kräutern und Vinaigrette.

PRODUKT	**GERICHT**	**SEITE**
Semmeln	*Krautbratl*	*Seite 50*
Weinberl	*Münchner Apfelstrudel*	*Seite 52*
Senf	*Weißwürste mit selbstgemachtem Senf*	*Seite 40*
Zwiebeln	*Kartoffelküchel*	*Seite 42*
Rote Rüben	*Bayerischer Wurzelsalat*	*Seite 38*

Bayerischer Wurzelsalat

Für 4 Personen
besonders typisch

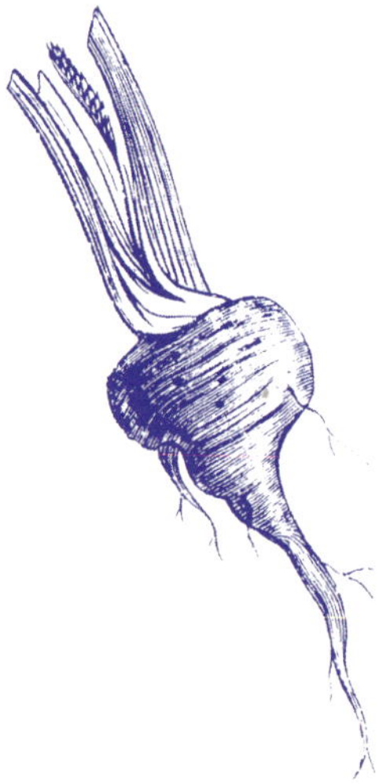

2 kleine Rote Rüben (Rote Bete)
2 kleine festkochende Kartoffeln
4 Schwarzwurzeln, 2 Eier
1/2 Bund Petersilie
2 Sardellenfilets, 1 rote Zwiebel
100 g Topinamburknollen
200 g Knollensellerie
2 EL Orangensaft
2 EL Essig, 4 EL Öl, Salz
schwarzer Pfeffer aus der Mühle

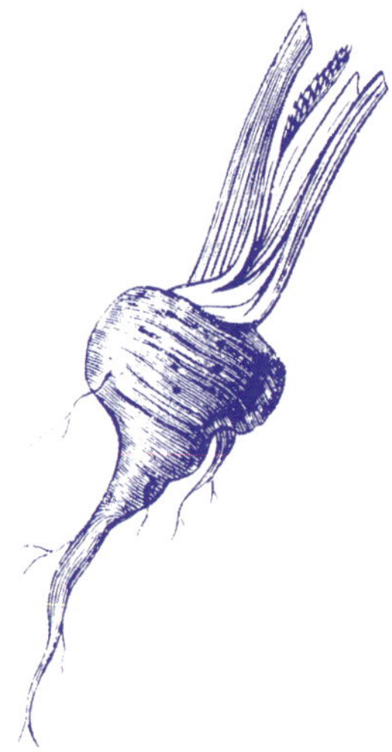

1

Rote Rüben, Kartoffeln und Schwarzwurzeln in wenig Wasser weich kochen. Eier in acht Minuten hart kochen. Alles abgießen, Eier abschrecken und pellen. Das Gemüse in kleine Würfel schneiden. Eier und Petersilie hacken.

2

Sardellenfilets kalt abspülen, damit sie nicht zu salzig sind, trockentupfen und ebenfalls hacken. Zwiebel schälen und in dünne Ringe schneiden.

3

Topinamburknollen schälen, waschen und in dünne Scheiben schneiden. Geschälten Sellerie raspeln. Beide Gemüse mit Orangensaft mischen.

4

Gekochtes und rohes Gemüse mit Zwiebelringen, Sardellen, Essig und Öl mischen, mit Salz abschmecken und auf einer Platte anrichten. Eier und Petersilie darüber verteilen. Mit Pfeffer würzen.

TIP: Sie können die vitaminreichen Topinamburknollen auf Märkten, bei guten Gemüsehändlern und in Bioläden kaufen. Und natürlich selbst anbauen: Die besten Sorten sind die frühe »Bianka«, »Gute Gelbe« oder die späte »Rote Zonenkugel«.

MILZSCHNITTENSUPPE

Für 4 Personen
besonders fein

100 g Milz, 1 EL Butter
1 Ei, Salz
1 EL gehackte Petersilie, 1 TL getrockneter Majoran
4 Scheiben Toastbrot
1 EL Butterschmalz
1 l Hühner- oder Gemüsebrühe (aus Extrakt)
2 EL Schnittlauchröllchen

1

Die Milz waschen und im Blitzhacker fein zerkleinern oder mit einem Messer schaben. Butter schaumig rühren. Milz, Ei, Salz, Petersilie und Majoran untermischen. Auf zwei Toastscheiben streichen. Die anderen beiden Scheiben darauflegen und festdrücken. Schnitten diagonal in Viertel schneiden.

2

Butterschmalz in einer Pfanne erhitzen. Milzschnitten darin bei schwacher bis mittlerer Hitze pro Seite etwa drei Minuten backen.

3

Die Brühe erhitzen und auf vorgewärmte Teller verteilen. Milzschnitten in die Brühe legen und mit Schnittlauchröllchen bestreuen. Die Suppe sofort servieren, sonst werden die Milzschnitten zu weich.

EINKAUFSTIP: Milz mögen die Bayern gerne – in der Suppe oder in der Wurst. Bei jedem Metzger bekommen Sie eine dicke Kalbfleischwurst mit Milzstückchen. Die Hausfrau kauft fingerbreite Scheiben, paniert sie wie ein Schnitzel und backt sie in der Pfanne. Dazu gibt es Kartoffelbrei und Salat.

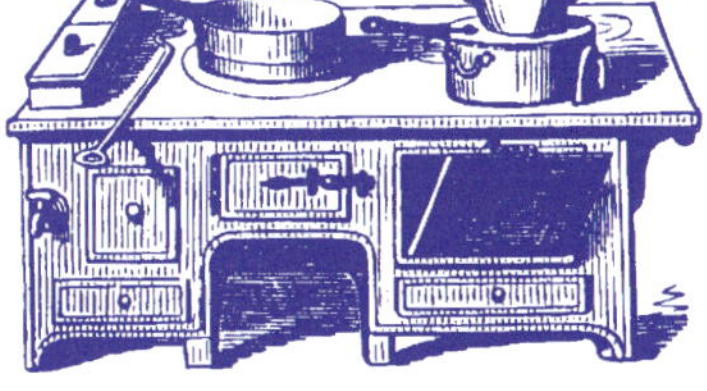

Weisswürste mit selbstgemachtem Senf

Für 10 Personen
Für Gäste

150 ml Weißweinessig
1/4 l Apfelwein (Cidre)
1 Zwiebel, 2 Lorbeerblätter
50 g gelbes Senfmehl
50 g rotes oder braunes Senfmehl
50 g Zucker, 2 EL gelbe Senfkörner
1 TL Salz, 4 Gewürznelken
25–30 Weißwürste, 15–20 Laugenbrezeln

1

Für den Senf Essig und Apfelwein mit Zwiebelscheiben und Lorbeerblättern aufkochen. Zugedeckt bei schwacher Hitze 30 Minuten kochen. Durch ein Sieb in eine Schüssel gießen.

2

Senfmehl und Zucker unter den Sud rühren. Senfkörner und Salz untermischen. Senf mit den Gewürznelken in ein Glas geben. Gut verschließen und im Kühlschrank zwei Tage durchziehen lassen.

3

Für die Weißwürste in einem sehr großen Topf reichlich Wasser zum Kochen bringen. Würste hineingeben und im offenen Topf knapp unter dem Siedepunkt etwa 15 Minuten erhitzen. Heiß mit Senf servieren.

*BEILAGENTIP: **Resche Brezeln schmecken immer zu Weißwürsten. Typisch dazu sind auch »Riemische«, »Remische« oder »Römische«, knusprige Roggenbrötchen mit Kümmel, die Sie in Bayern bei jedem Bäcker kaufen können. Die Bedeutung des Wortes läßt sich nur vermuten: Die kleinen feinen Semmeln heißen so wie das Mehl, aus dem sie gebacken werden. »Riemisch« oder auch »Römisch« war das beste Roggenmehl – fein gemahlen und frei von Kleie.***

Weisswürste essen wie die Bayern

Beim Weißwurst-Essen können Sie den Bayern und den Fremden gut voneinander unterscheiden. Wer im Wirtshaus nachmittags um drei »zwei Paar Weißwürste« bestellt und dazu noch einen Kartoffelsalat als Beilage – der kommt von irgendwo, aus Bayern bestimmt nicht. Das gilt auch für denjenigen, der eine Weißwurst in Scheibchen geschnitten aufs Brot legt und mit scharfem Senf garniert: Der tolerante Bayer grinst sich eins, wenn er den Fremden dabei beobachtet. Der Urbayer grantelt eher, wenn einer die kostbare Münchner Weißwurst derart verschandelt. Denn die Weißwurst und ihr Genuß unterliegen ehernen Gesetzen:

Erstens darf sie das »Zwölf-Uhr-Läuten nicht erleben«. Früher, als man Lebensmittel noch nicht ausreichend kühlen konnte, mußte das so sein: Die Würste aus frischem Schweine-, Rind- und Kalbfleisch, Speck, Petersilie und feinen Gewürzen werden bei 70 Grad etwa 20 Minuten »gebrüht«. Solche Brühwürste waren früher leicht verderbliche Köstlichkeiten: Die Metzger stellten sie morgens her, und die Bayern hatten sie bis Mittag aufgegessen. Die meisten Bayern halten das heute noch so – einfach, weil die Würste frisch aus dem Kessel am besten schmecken. Freilich gibt es seit Jahren selbst in Bayern die Sitte, als Abschluß einer Party um Mitternacht Weißwürste zu servieren. Doch vermutlich war der erste Gastgeber, der auf diese Idee kam, kein Bayer.

Zweite Regel: Weißwürste dürfen Sie nicht paar-, sondern immer nur stückweise bestellen. Damit zollen Sie ihnen die stille Verehrung, die ihnen als kostbarstes Juwel bayerischer Wurstkunst gebührt. Außerdem sind die flaumigen Dinger – man sieht es ihnen nicht an! – eine recht deftige Sache, die man nicht so runterputzen kann wie vier Paar »Wiener«.

Die dritte der Regeln betrifft das fachgerechte Verzehren der bayerischen Spezialität: Sie werden entweder »ausgezuzelt«, also vom Ende her ausgesaugt, wobei man sie hin und wieder in Senf taucht. Das sieht nicht besonders hübsch aus, ist aber urbayerisch. Gottlob gibt es noch eine feine und trotzdem bayerische Art: Die Wurst in der Mitte quer halbieren. Jede Hälfte der Länge nach bis auf die Haut aufschneiden. Und jedes dieser Viertelchen nun mit Hilfe des Messers aus der Haut streifen, in Senf tauchen und mit der Gabel essen.

Bei der vierten und letzten Regel geht es um die richtigen Begleiter: Zu Weißwürsten schmeckt nur der süße, grobkörnige Weißwurstsenf. Der selbstgerührte Senf (Seite 40), ein altes bayerisches Rezept, ist besonders würzig, süß und scharf zugleich. Er paßt wunderbar zur milden Wurst.

Kartoffelküchel mit Wammerl

Für 4 Personen
preiswert

250 g mehligkochende Kartoffeln
1 Zwiebel
50 g durchwachsenes Wammerl (Räucherspeck)
150 g Mehl, 1/4 l Milch
Salz, geriebene Muskatnuß, 3 Eier
4 EL Butterschmalz, Kokosfett oder Öl

1

Kartoffeln waschen und ungeschält in wenig Wasser weich kochen. Kalt abschrecken, schälen und abkühlen lassen. Auf der Rohkostreibe fein reiben.

2

Zwiebel hacken, Speck würfeln. Beide Zutaten mit Mehl, Milch, Salz, Muskat, Eiern und Kartoffeln vermischen.

3

In einer Pfanne Fett erhitzen. Pro Küchel zwei Eßlöffel Teig in die Pfanne geben. Küchel zugedeckt bei schwacher Hitze auf der Unterseite etwa 10 Minuten backen, bis sie sich leicht vom Pfannenboden lösen.

4

Kartoffelküchel wenden und in der offenen Pfanne weitere fünf bis sieben Minuten backen. Herausnehmen und im Backofen warm halten. Den restlichen Teig ebenso backen.

KÜCHENTIP: Ohne Wammerl sind die Kartoffelküchel ein Fastenessen aus Franken, dem Land der feinen bayerischen Kartoffelgerichte. Sie gelingen am besten mit Pellkartoffeln vom Vortag.

Labsal der Bayern und Sehnsucht der Fremden: Münchner Weißwurst mit „Riemischen“, reschen Kümmelsemmeln.

Fränkischer Karpfen

Für 4 Personen
besonders typisch

1 Schalotte oder Lauchzwiebel
1 Essiggurke
1/2 Bund Petersilie
200 g Crème fraîche
100 g Magerjoghurt
Salz, weißer Pfeffer
3 EL Zitronensaft
1 Karpfen (ca. 1,2 kg)
1 EL scharfer Senf
50 g Mehl, 1/8 l Öl zum Backen

1

Für die Sauce Schalotte oder Lauchzwiebel, Essiggurke und Petersilie fein zerkleinern. Mit Crème fraîche und Joghurt mischen. Mit Salz, Pfeffer und ein paar Spritzern Zitronensaft abschmecken.

2

Karpfen vom Fischhändler längs teilen und entgräten lassen. Fischhälften rundherum trockentupfen. Senf mit dem restlichen Zitronensaft verrühren, Fischhälften damit auf beiden Seiten bestreichen. Kräftig mit Salz und Pfeffer würzen.

3

Zum Braten eine große Pfanne oder einen Bräter nehmen, in dem die Fischhälften nebeneinander Platz haben. Öl darin erhitzen.

4

Fischhälften im Mehl wenden und in das heiße Öl legen. Bei mittlerer bis schwacher Hitze pro Seite etwa fünf Minuten backen, bis der Fisch goldbraun und gerade eben durchgegart, aber noch richtig saftig ist. Herausnehmen, auf eine Platte legen und mit Zitronenscheiben und Petersiliensträußchen garnieren. Den Karpfen heiß mit der Sauce servieren.

BEILAGENTIP: Zum gebackenen Karpfen ißt man in Franken Kartoffelsalat, den Sie mit Salatgurkenscheiben, Feld- oder Endiviensalat (Seite 12) vermischen können. Salzkartoffeln als Beilage sind nicht original, aber gut.

Spiegelkarpfen aus dem Aischgrund

Im Flußtal der Aisch – dem Aischgrund, wie die Franken sagen – gibt es etwa 1500 Teiche, in denen ein spezieller Spiegelkarpfen mit sehr wenigen Schuppen, hohem Rücken und stumpfer Schnauze gezüchtet wird. Nach drei Jahren hat dieser berühmte Aischgründer Karpfen ein Gewicht von gut zweieinhalb Pfund erreicht. Den Franken ist er dann so lieb und wert, daß sie ihn gleich bei den Züchtern abholen und in die eigene Küche bringen. Außerhalb Frankens finden Sie Aischgründer Karpfen auch im Fischladen nicht.

Nehmen Sie für das Rezept links den üblichen Spiegelkarpfen. Der schmeckt genauso gut, wenn man den Unterschied zum edlen Aischgründer Bruder nicht kennt. Nur klein muß der Karpfen sein: Er soll etwa 1,2 Kilogramm wiegen. Größere schmecken nicht so gut und kleinere haben zu viele Gräten.

Die fränkische Karpfenzucht ist übrigens sehr alt: Im Jahre 1217 erwarben Zisterzienser-Mönche aus dem Kloster Waldsassen das Gut Tirschenreuth und legten dort zwei Teiche von jeweils etwa 150 Tagwerk an. Im 14. und 15. Jahrhundert kümmerten sich neben den Geistlichen auch weltliche Grundherren um den Ausbau der Teichwirtschaften. Ackerbau und Viehzucht allein brachten den Bauern nämlich nicht genug Ertrag. Erst durch die Karpfenzucht konnten die Leute angenehm leben.

TIP: Von September bis April gibt es Karpfen im Fränkischen. Die Gastwirte in der Gegend um Neustadt an der Aisch, im Steigerwald und im Aischgrund servieren außer gebackenem und »blau« gesottenem Karpfen etwa 16 weitere Spezialitäten – darunter höchst Delikates wie Räucherkarpfen und Karpfenfilets in Weinsauce, aber auch so merkwürdige Sachen wie Karpfensuppe mit Nudeln.

Faschingshuhn mit Kräutersauce

Für 4 – 6 Personen
braucht Zeit

1 Huhn (ca. 2 kg)
je 1 Bund Petersilie und Suppengrün
1 Pastinaken- oder Petersilienwurzel
1 Zwiebel, 4 weiße Pfefferkörner
1 Lorbeerblatt, Salz
1 Schalotte, 1 Knoblauchzehe
1 EL Butter, 1 TL Mehl
1/2 TL Zucker, 1 TL getrockneter Thymian
1 TL getrockneter Estragon
abgeriebene Schale von 1 Zitrone
1 Eigelb, 100 g Crème fraîche
2 EL Weißweinessig
weißer Pfeffer, 1 Bund Schnittlauch

1

Huhn innen und außen abspülen. Eineinhalb Liter Wasser aufkochen, Huhn zugeben und zum Kochen bringen. Zugedeckt bei schwacher Hitze 45 Minuten garen. Petersilie, Suppengrün und Pastinakenwurzel grob zerkleinern. Zwiebel halbieren. Alles mit Pfefferkörnern und Lorbeer zum Huhn geben.

2

Brühe salzen, Huhn weitere 45 Minuten knapp unter dem Siedepunkt garen, bis es weich ist. Herausnehmen, häuten und in sechs bis acht Stücke schneiden. Die Stücke in der vorgewärmten Servierschüssel zugedeckt warm halten.

3

Brühe durch ein Sieb gießen und soviel Fett wie möglich abschöpfen. Für die Sauce einen Achtelliter Brühe abmessen. Den Rest für eine Suppe verwenden. Schalotte und Knoblauch sehr fein hacken und in der heißen Butter glasig braten. Mehl, Zucker, Thymian, Estragon und Zitronenschale zugeben.

4

Abgemessene Brühe unter Rühren zugießen und aufkochen, bis die Sauce glatt ist. Bei schwacher Hitze einige Minuten kochen.

5

Eigelb mit Crème fraîche und etwas heißer Sauce verrühren. Die Mischung in die Sauce im Topf rühren und erhitzen, aber nicht mehr aufkochen, sonst gerinnt das Eigelb. Mit Essig, Salz und Pfeffer aus der Mühle abschmecken. Schnittlauch fein zerkleinern und untermischen. Sauce über das Huhn geben.

BEILAGENTIP: Zum Faschingshuhn passen Spätzle (Seite 242, Zwiebeln und Käse weglassen) oder Reis und Salat.

Hühner für die hohen Herren

Der Rezeptname ist kein Witz: Faschingshühner gab es tatsächlich. Vor Aschermittwoch schlachteten die Bauern noch einmal, um die Eierproduktion für die eierlose Fastenzeit zu drosseln. Früher bekamen Adel und Geistlichkeit diese Hühner für ihre Faschingsmähler – bis etwa ins 17. Jahrhundert konnte man den sozialen Stand auch an der Art des Fleisches ablesen, das der Mensch aß. Anfang des letzten Jahrhunderts verwischten sich diese Grenzen ganz, und jeder, der es sich leisten konnte, hatte sein Huhn im Topf. Trotzdem war es lange Zeit noch etwas Besonderes. Zur billigen Massenware wurden Hühner erst, als man vor etwa 30 Jahren begann, sie zu Fleischproduzenten zu degradieren und massenhaft in »Farmen« zu sperren.

KÜCHENTIP: Kräuter für den Winter sind alle, die sich gut trocknen lassen: Thymian, Majoran, Oregano und Beifuß eignen sich. Estragon entfaltet sein Aroma getrocknet sogar noch stärker als frisch. Bayerische Hausfrauen nehmen es so genau allerdings nicht: In alten und neuen Kochbüchern finden Sie als Trockenkräuter auch Basilikum, Kerbel, Petersilie und Schnittlauch, die nur frisch wirklich gut schmecken.

Apfel-Sauerkraut mit G'selchtem

Für 4 Personen
preiswert

2 große Zwiebeln, 300 g Sauerkraut
2 mittelgroße säuerliche Äpfel (Cox Orange oder Boskoop)
40 g Butter, Salz
250 g Grieß, 2 EL Öl
1 TL edelsüßes Paprikapulver
1 TL Kümmelkörner
1/8 l Gemüsebrühe (Instant)
400 g G'selchtes (gepökelter Schweinebauch)
1 Semmel (Weizenbrötchen), 1 Ei
1 TL getrockneter Majoran
1 kleine mehligkochende Kartoffel
schwarzer Pfeffer
1 EL gehackte Petersilie

1

Für das Kraut die Zwiebeln schälen und fein hacken. Sauerkraut abtropfen lassen und grob zerschneiden. Äpfel vierteln, schälen und vom Kerngehäuse befreien. Für die Knödel einen Viertelliter Wasser mit Butter und Salz aufkochen und über den Grieß gießen. Zugedeckt stehen lassen, bis die anderen Zutaten vorbereitet sind.

2

In einem Topf einen Eßlöffel Öl erhitzen. Die Hälfte der Zwiebeln darin bei schwacher Hitze glasig braten. Sauerkraut, Paprikapulver, Kümmelkörner und Brühe zugeben. Das Fleisch auf das Kraut legen. Alles aufkochen und zugedeckt bei schwacher Hitze 40 Minuten schmoren.

3

Inzwischen reichlich Salzwasser zum Kochen bringen. Semmel würfeln und im restlichen Öl bei schwacher Hitze rundherum knusprig braten. Mit den restlichen Zwiebeln, Eiern und Majoran zum Grieß geben und mit den Händen zu einem glatten Teig verkneten. Mit nassen Händen acht Knödel formen, in das leicht sprudelnd kochende Wasser legen und etwa fünf Minuten leicht kochen lassen, bis sie an die Oberfläche steigen.

4

Knödel bei schwacher bis mittlerer Hitze in 25 Minuten knapp unter dem Siedepunkt gar ziehen lassen. Dabei einen Kochlöffel zwischen Topf und Deckel legen, damit der Topf nur halb geschlossen ist.

5

Inzwischen Kartoffel schälen, waschen, fein reiben und unter das Kraut mischen, damit es sämig wird. Zugedeckt bei mittlerer bis schwacher Hitze garen, bis die Knödel fertig sind. Mit Salz und einer kräftigen Prise Pfeffer aus der Mühle abschmecken.

6

Fleisch in Scheiben schneiden und mit dem Kraut auf heißen Tellern verteilen. Knödel mit einem Schaumlöffel aus dem Wasser nehmen und daneben anrichten. Die Petersilie über Kraut und Knödel streuen.

REZEPTTIP: Aus übriggebliebenen Knödeln machen bayerische Hausfrauen ein feines kleines Essen: Kalte Knödel in etwa fingerdicke Scheiben schneiden und in heißem Öl auf beiden Seiten bei mittlerer Hitze braten, bis sie eine Kruste haben. Ein oder zwei Eier mit Salz, Pfeffer und Muskat verquirlen und über die Knödelscheiben gießen. Zugedeckt bei schwacher Hitze etwa zwei Minuten braten, bis die Eier gestockt sind. Mit dem Pfannenwender in Stücke teilen und noch etwa eine Minute rösten. Mit Schnittlauch bestreut zu Salat servieren. Das geht mit allen Knödeln, ob aus Grieß wie oben, aus Kartoffeln, Semmeln oder Mehlteig. Nur kalt müssen die Knödel sein, damit sie sich gut aufschneiden lassen.

KRAUTBRATL

Für 4 Personen
einfach

2 Semmeln (Weizenbrötchen)
1 kleiner Kopf Weißkraut (ca. 800 g)
1 Zwiebel
150 g durchwachsenes Wammerl (Räucherspeck)
1 EL Butter, 5 EL Brühe
3 Eier
Salz, weißer Pfeffer
geriebene Muskatnuß
abgeriebene Zitronenschale

1

Semmeln wie für Frikadellen in Wasser einweichen und gut ausdrücken. Kraut vierteln, Strunk und welke Blätter entfernen. Viertel waschen, trockenschwenken und fein hobeln. Zwiebel hacken, Wammerl würfeln.

2

Die Hälfte der Butter in einer großen Pfanne zerlassen. Zwiebel und Speck darin bei mittlerer bis schwacher Hitze glasig braten.

3

Kraut mit Brühe zugeben und zugedeckt etwa sechs Minuten dünsten, bis es fast gar ist, dabei einige Male umrühren. In einer Schüssel etwas abkühlen lassen.

4

Semmeln, Eier, Salz und Gewürze zugeben und vermischen. In eine Gratinform geben, restliche Butter in Stücke schneiden und auf dem Krautbraten verteilen.

5

Form in den kalten Backofen (mittlere Schiene) stellen. Ofen auf 200 Grad (Umluft 180 Grad, Gas Stufe 4) schalten. Krautbraten etwa 40 Minuten backen. Dazu schmecken Pellkartoffeln.

Das Krautbratl ist ein richtiges Bauernessen mit Semmeln, Kraut und G'selchtem. Dazu kommen eine Zwiebel, ein paar Eier und ab geht es ins Rohr. Die bayerische Bauernküche ist einfach, kräftig und ohne Schnörkel – wie jede andere Küche auf dem Lande auch. Eine Bäuerin kaufte keine Lebensmittel, sie kochte stets das, was im Garten oder auf dem Feld wuchs. Sie holte die Eier aus dem Stall, melkte die Kühe, rührte Butter, setzte Topfen (Quark) und Käse an. Eier legte sie in Kalk ein, damit sie sich den Winter über hielten. Außerdem wurde dreimal im Jahr ein Schwein geschlachtet. Dabei gab es Mettensuppe und Knöcherlsulz (Seite 294), bei reichen Bauern auch eine Schlachtplatte. Die Leute machten Würste, das Fleisch wurde für den Vorrat eingesalzen oder geräuchert.

Die Frauen hatten natürlich keine Muße, sich in der Küche was Neues auszudenken. Sie mußten im Winter drei, im Sommer fünf Mahlzeiten für Familie, Knechte und Mägde auf den Tisch bringen, den gesamten Haushalt erledigen, das Vieh versorgen, bei der Ernte mithelfen, ihre Kinder kriegen und großziehen. Neues wollten die Leute, die hungrig um den Tisch saßen, auch gar nicht – ihnen ging es ums Sattwerden. Schließlich mußten sie nach dem Essen wieder raus und Schwerstarbeit leisten: beim Ernten im Sommer, beim Dreschen im Herbst und Winter, beim Pflügen im Frühjahr und beim Holzhauen im Herbst.

Bei alledem mußte die Bäuerin auch noch sparen: Geflügel zum Beispiel aßen die Bauern nicht selber, sondern verkauften es. Genau wie die Eier: Das Geld, das die Bäuerin dafür auf dem Markt bekam, gehörte ihr. Dafür kaufte sie beim »fliegenden Händler« alles, was sie selbst und ihre Leute nicht herstellen konnten: Nadel und Faden, Leder für Schuhe oder einen neuen Kochtopf. Und sicher ab und zu ein neues Band für die Sonntagstracht.

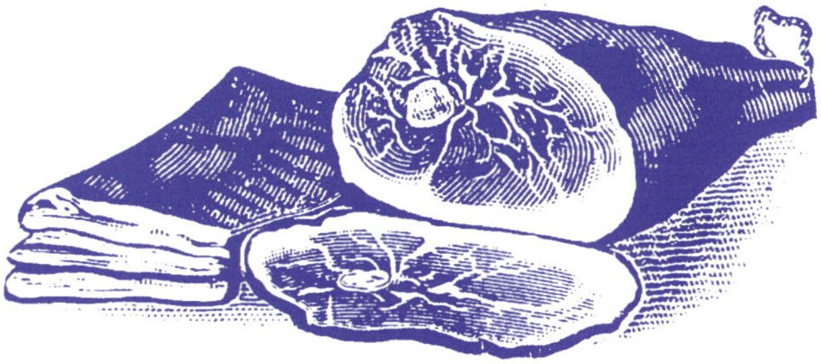

Münchner Apfelstrudel

Für 6 Personen
besonders typisch

Für den Teig:
250 g Mehl, 1 Prise Salz
1/8 l lauwarmes Wasser
5 EL Öl, 1 Eigelb
Für die Füllung:
1,5 kg säuerliche Äpfel, 1 Zitrone
100 g Zucker, 2 TL Zimtpulver
2 EL Rum oder Apfelsaft, 50 g Rosinen
100 g gehackte Haselnußkerne
40 g Butter, 250 g saurer Rahm (saure Sahne)
75 g Semmelbrösel
Zum Backen:
30 g Butter, 3 EL süßer Rahm (süße Sahne)
1/8 l Milch

1

Für den Teig alle Zutaten verkneten. Der Teig soll glatt sein, beim Eindrücken mit dem Finger elastisch nachgeben und nicht kleben. Zu einem Kloß formen, in Pergamentpapier wickeln und in einen Topf legen, den Sie zuvor mit heißem Wasser ausgespült haben. Teig darin zugedeckt ruhen lassen, bis die Füllung zubereitet ist.

2

Geschälte Äpfel in dünne Schnitze teilen. Mit etwas abgeriebener Zitronenschale, Zitronensaft, Zucker, Zimt, Rum oder Apfelsaft, Rosinen und Nüssen vermischen. Butter zerlassen, aber nicht bräunen. Sauren Rahm und Semmelbrösel bereitstellen.

3

Die Butter zum Backen in Stücke teilen und mit dem süßen Rahm in eine ofenfeste Form mit niedrigem Rand geben.

4

Ein Küchentuch auf der Arbeitsfläche ausbreiten und mit Mehl bestäuben. Teig in drei Stücke schneiden. Jedes Stück auf wenig Mehl ausrollen, hochheben und über beide Handrücken legen. Nun die leicht gewölbten Hände auseinanderführen und so die Teigplatte vorsichtig und gleichmäßig dehnen.

5

Die Teigplatte glatt auf dem Küchentuch ausbreiten. Den Rand rundherum nach außen ziehen, bis der Teig möglichst dünn ist. Mit etwas flüssiger Butter bestreichen und mit Semmelbröseln bestreuen. Je ein Drittel der Apfelmischung und der sauren Sahne darauf verteilen. Dabei am Rand zwei Zentimeter frei lassen, damit die Füllung beim Rollen nicht herausquillt.

6

Die Teigplatte an den Schmalseiten über der Füllung nach innen falten. Küchentuch am unteren Rand leicht anheben, Strudel aufrollen, mit dem Tuch anheben und in die Form gleiten lassen.

7

Die restlichen Teigstücke ebenso füllen, aufrollen und nebeneinander in die Form geben. In den kalten Backofen (mittlere Schiene) stellen und bei 200 Grad (Umluft 180 Grad, Gas Stufe 4) etwa eine Stunde und zehn Minuten backen. Dabei zwei- bis dreimal mit der Flüssigkeit am Boden der Form bestreichen. Milch um die Strudel gießen. Strudel im abgeschalteten Backofen fünf Minuten ziehen lassen.

SERVIERTIP: Warm als süßes Hauptgericht oder üppiges Dessert servieren. Kalten Strudel bestreut man dünn mit Puderzucker und ißt ihn wie Kuchen zum Kaffee.

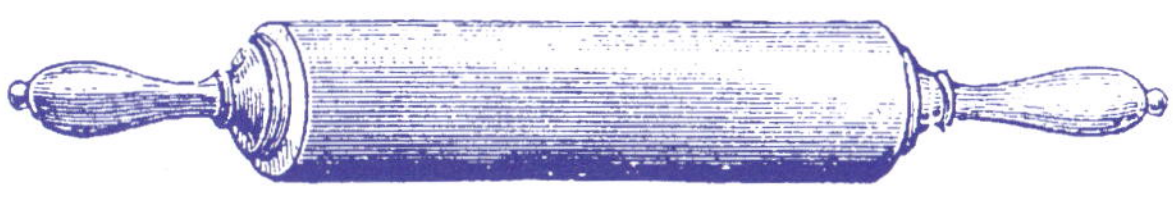

Mit Österreich eng verbunden

Die Bayern fühlen sich den Österreichern so eng verbunden, daß sie ihnen den Strudel einfach geklaut und als kulinarische Eigenschöpfung ausgegeben haben – der »Wiener« wurde zum »Münchner Apfelstrudel«. Aber das macht nichts, denn die Österreicher hatten ja auch nur abgekupfert: von Arabern und Türken, die als erste die Süßigkeit aus papierdünnem Teig, Nüssen und feinen Gewürzen gegessen haben – vermutlich schon vor der Jahrtausendwende.

Schürzkuchen

Für 25–30 Stück
besonders typisch

300 g Mehl, 40 g Zucker
1 Prise Salz
abgeriebene Schale von 1/2 Orange
150 g süßer Rahm (Schlagsahne)
3 Eigelb
Butterschmalz zum Fritieren
feiner Zucker oder Puderzucker zum Bestreuen

1

Mehl mit Zucker, Salz, Orangenschale, Sahne und Eigelb vermischen und mit den Händen zu einem Teig verkneten, der sich gut ausrollen läßt. 15 Minuten zugedeckt ruhen lassen.

2

Teig auf Mehl etwa einen halben Zentimeter dick ausrollen und mit dem Teigrädchen in etwa acht Zentimeter lange und drei Zentimeter breite Rauten schneiden. Etwa in die Mitte jeder Raute einen drei Zentimeter langen Längsschnitt machen. Die untere Teigecken der Rauten durch diesen Schnitt stecken.

3

Fett zum Fritieren erhitzen. Schürzkuchen darin portionsweise in etwa drei Minuten ausbacken, bis sie goldbraun und schön aufgegangen sind. Mit einem Schaumlöffel herausnehmen und auf Küchenpapier abtropfen lassen. Heiß mit Zucker bestreuen und zum Servieren gerade eben abkühlen lassen.

Schürzkuchen gab es in Bayern zu Lichtmeß, wenn ein neues Arbeitsjahr begann. Die Nordfranken nannten es »schürzen«, wenn die Dienstboten sich einen anderen Arbeitsplatz suchten.

Puderzuckrige Krapfen gehören noch heute zum Fasching, Brezeln waren früher in Bayern und anderswo typisches Fastengebäck.

Faschingskrapfen

Für 12 Stück
braucht Zeit

500 g Mehl, 1 Würfel Hefe (ca. 40 g)
1/4 l Milch, 50 g Zucker, 80 g Butter, 1 Prise Salz
3 zimmerwarme Eigelb
2 EL Weinbrand oder Milch
abgeriebene Schale von 1/4 Zitrone
Mehl für die Arbeitsfläche
3 EL dicke Aprikosenkonfitüre
750 g Butterschmalz zum Fritieren
feiner Zucker oder Puderzucker

1

Mehl in eine Schüssel geben. In die Mitte eine Mulde drücken. Darin die zerbröckelte Hefe mit zwei Eßlöffel lauwarmer Milch, einem Teelöffel Zucker und etwas Mehl vom Rand auflösen. Diesen Vorteig zugedeckt bei Zimmertemperatur 15 Minuten ruhen lassen.

2

Butter in der restlichen Milch zerlaufen lassen. Vorteig mit dem gesamten Mehl verrühren. Milch-Mischung, Salz, Eigelb, Weinbrand und Zitronenschale zugeben. Mit den Knethaken des Handrührgerätes etwa zehn Minuten durchrühren, bis der Teig ganz glatt ist, glänzt und sich vom Schüsselrand löst.

3

Zugedeckt etwa 45 Minuten gehen lassen, bis sich sein Volumen etwa verdoppelt hat. Dabei einmal mit einem Kochlöffel leicht durchrühren, damit der Teig sehr feinporig wird.

4

Arbeitsfläche mit Mehl bestäuben. Den Teig in zwei Portionen teilen. Jede Portion auf der bemehlten Arbeitsfläche zu einer knapp fingerdicken Platte ausrollen. Auf der einen Platte mit einem Glas Teigkreise von etwa sieben Zentimeter Durchmesser markieren. In die Mitte der Kreise je einen haselnußgroßen Klecks Konfitüre geben.

5

Die zweite Teigplatte darüberlegen und rund um die Füllung etwas andrücken. Krapfen mit dem Glas ausstechen und auf ein bemehltes Nudelbrett legen. Den restlichen Teig zusammenkneten und ebenso verarbeiten. Krapfen mit einem angewärmten Tuch bedeckt etwa 20 Minuten bei Zimmertemperatur ruhen lassen.

6

Fett zum Fritieren erhitzen und die Faschingskrapfen nacheinander backen. Zuerst mit der Oberseite nach unten im heißen Fett zugedeckt etwa drei Minuten backen, bis sie unten schön braun sind. Wenden und weitere drei bis vier Minuten backen. Herausnehmen und auf Küchenpapier abtropfen lassen. Gerade eben abgekühlt mit Zucker oder Puderzucker bestreuen.

KÜCHENTIP: Den typischen weißen Rand bekommen Krapfen, wenn sie so leicht sind, daß sie nur knapp bis zur Hälfte im Fritierfett schwimmen. Deshalb den Teig vor dem Backen gut gehen lassen und nicht zuviel Konfitüre einfüllen.

SÜSS UND ÜPPIG

Krapfen sind das bekannteste Fasnachtsgebäck überhaupt. Deshalb haben sich Volkskundler Gedanken über ihre Bedeutung gemacht. Manche meinen, Krapfen symbolisieren die Sonne – vielleicht, weil sie so rund sind? Andere glauben, Krapfen seien bereits zur Römerzeit ein Speiseopfer an die Götter gewesen. Nun haben uns die Römer viel Schriftliches hinterlassen – über ihre Kriege, ihren Staat, ihre Philosophie, ihre Religion. Über Krapfen erzählen sie nichts. Sicher ist, daß es die »schmalzigen Küchel« bei uns schon im 16. Jahrhundert gab. Bäuerinnen buken sie zu Fasnacht für Knechte und Mägde. Klöster verteilten sie an arme Leute, die sich an dem süßen, fettreichen Gebäck richtig sattessen konnten. Äbte, Bischöfe und Stadtverwaltungen stifteten zu Fasnacht Krapfen für alle. Natürlich waren Krapfen etwas Besonderes. Einfach, weil es sie früher nur zu besonderen Gelegenheiten gab.

Strauben

Für 4 Personen
preiswert

60 g Butterschmalz, Salz
1 EL Zucker, 1/2 TL Zimtpulver
150 g Mehl, 4 Eier
1 Messerspitze Backpulver
Butterschmalz, Kokosfett oder Öl zum Fritieren
Puderzucker zum Bestäuben

1

Einen Viertelliter Wasser mit Butterschmalz und einer Prise Salz aufkochen und kochen lassen, bis das Fett zerlaufen ist. Zucker und Zimt unterrühren.

2

Den Topf von der Kochstelle nehmen und das Mehl unter Rühren hinzugeben. Wieder auf der Kochstelle bei schwächster Hitze so lange weiterrühren, bis sich die Masse zu einem Kloß zusammenballt und Sie auf dem Topfboden eine weißliche Schicht sehen.

3

Den Teig in eine Schüssel geben. Ein Ei mit den Knethaken des Handrührgerätes unter den heißen Teig mischen. Teig abkühlen lassen, dann nacheinander die restlichen Eier unterrühren. Mit dem letzten Ei das Backpulver daruntermischen.

4

Zwölf Stücke Pergamentpapier (etwa zehn mal zehn Zentimeter) schneiden und mit etwas Öl bestreichen. Teig in einen Spritzbeutel mit großer Tülle geben und als Kringel auf das Papier spritzen.

5

Fett zum Fritieren erhitzen. Jeweils zwei bis drei Teigkringel mit dem Papier nach oben in das heiße Fett gleiten lassen.

6

Strauben bei mittlerer Hitze auf der Unterseite in etwa vier Minuten goldgelb backen, wenden und in weiteren vier Minuten fertig backen. Mit dem Schaumlöffel herausnehmen, auf Küchenpapier abtropfen lassen und gerade eben abkühlen lassen. Mit Puderzucker bestreut servieren.

RAUHE KÜCHLEIN

Überall heißt dieses wunderbare Brandteiggebäck Spritzkuchen – nur die Bayern sagen Strauben dazu. Denn »straub« bedeutet »rauh«: zum Beispiel heißen »Hände wie ein Reibeisen« auf bayerisch »straube Hände«. Die Küchlein werden beim Backen tatsächlich etwas grobporiger als glatte Krapfen oder Ausgezogene.

Süße Küchel aus dem Schmalz gab es im Fasching übrigens jede Menge – die Frauen müssen ständig beim Backen gewesen sein! Das Küchel-Holen bei Freunden, Bekannten und Fremden war nämlich beliebtes Gesellschaftsspiel. Offenbar ging es dabei nicht nur ums gemeinsame Essen: Eine Predigt aus dem 16. Jahrhundert warnt den Familienvater – der damals noch das Sagen hatte – davor, die Küchel von vermummten Gestalten bei Frau und Töchtern im Schlafzimmer holen zu lassen. Noch mehr als 300 Jahre später beklagt auch der Garmischer Magistrat die »unsittlichen Späße« vermummter »Individuen«.

REZEPTTIP: Nicht jedes Faschingsgebäck wurde im Schmalz fritiert. In einem bayerischen Kochbuch des 19. Jahrhunderts habe ich »Süße Fasnachtsküchel« aus dem Backofen gefunden: Drei Eigelb mit je zwei Löffeln Zucker, Rosenwasser und süßem oder saurem Rahm, einem Löffel Hefe und soviel Mehl vermischen, »daß selbes auf dem Nudelbrett kann gearbeitet und ausgewalzet werden«. Genauer konnte Maria Daisenberger, die Autorin, die Mehlmenge nicht angeben. Denn damals waren die Löffel noch unterschiedlich groß, und die Eier wurden nicht nach Größen sortiert verkauft. Jede Hausfrau knetete festen Teig ohnehin auf dem Nudelbrett und gab Mehl oder Flüssigkeit nach Bedarf zu. Der Hefeteig wurde nun in zwei Portionen geteilt und jeweils zu »Flecken«, also Teigplatten, ausgerollt. »Lege diese Flecke wieder aufeinander, und walz sie nochmal aus«, fährt Frau Daisenberger fort, »schneide große oder kleine viereckige Stückeln, lege sie auf ein Blech, bestreiche sie mit Eidotter, lasse sie aufgehen und backe sie in nicht zu heißem Rohre, bestreue sie mit Zucker und gebe sie warm.«

Fasching in München – das ist heute der Tanz der Marktfrauen auf dem Viktualienmarkt und das bunte Treiben in der Innenstadt am Faschingsdienstag. Während der ganzen närrischen Zeit gibt es eine Menge Kostümbälle. Die schönsten waren früher, vor 20 Jahren, im »Regina«, einem damals bekannten Münchner Hotel. Faschingsfans trafen sich dort im kühlen Bierkeller zum Weißwurstessen, schwitzten in den »Thermen« beim Tanz, um sich dann wieder im Bierkeller beim Bier zu treffen. Lang ist es her, das »Regina« hat schon vor Jahren seine Pforten geschlossen. Auch den Faschingszug gibt es in München schon lange nicht mehr. Richtig durchsetzen konnte sich der Import vom Rhein sowieso nicht.

Einst war der Fasching ohnehin eine ernst-feierliche Sache: Mit der Fastenzeit begann im Rathaus ein neues Geschäftsjahr. Ein paar Tage vorher trafen sich die Ratsherren zum gemeinsamen Essen – das Fischessen am Aschermittwoch erinnert noch heute an diese Zeit vor etwa 750 Jahren. München war mit dem Festessen wahrscheinlich etwas später dran: Der erste schriftliche Hinweis auf diese Herrenfasnacht am Sonntag Estomihi, dem heutigen Faschingssonntag, stammt aus dem Jahr 1343.

Beim Essen blieben die Männer erst mal unter sich. Danach kamen ihre Frauen dazu, und es wurde langsam lustiger. Spielleute zur Unterhaltung und Musikanten für die Tanzmusik zogen auf. Nur: Das waren noch geschlossene Gesellschaften, in denen nur die reichen und wichtigen Leute zusammen feierten.

Das Volk begann seine Rolle im Fasching etwa 100 Jahre später zu spielen. Jetzt ging es auch hoch her: Stellen Sie sich dabei nicht einen unserer öffentlichen Faschingsbälle vor (die sind erst knapp 200 Jahre alt) – auch das gewagteste Fest ist vermutlich nur eine müde Angelegenheit gegen das gefährliche Spiel von Scherz und Aggression, das die Menschen im 15. und 16. Jahrhundert liebten. Aus gutem Grund verbot die Obrigkeit immer wieder das verhüllende Tragen von Gesichtsmasken. Waffen waren beim Faschingstreiben ebenfalls verboten – erstaunlich in einer Zeit, da jeder freie Mann zumindest einen Dolch zur Selbstverteidigung mit sich trug.

Den Fasching selbst, die Zeit der Narren, der Freude und der Bosheit, ließen die Oberen zu. Auch die katholische Kirche griff nie ein – im Gegenteil: Die Leute sollten Lasterhaftigkeit, Völlerei und Spott bis zum Überdruß genießen, damit sie umso lieber zur normalen Ordnung zurückkehrten.

Im 15. Jahrhundert gab es erstmals auch die häßlichen und furchterregenden Masken: Der Bauer als geiler Tölpel, die alte Vettel, die Hexe und der Teufel. Hier wurden nicht heidnische Dämonen ausgetrieben, sondern ganz reale Ängste bekämpft. Beim Spott über den dummen Bauern vergaß man die soziale Ungerechtigkeit, die man selbst ertragen mußte. Die häßliche Alte stand für die Angst vor Alter und Tod, die Hexe für die Frau als Verführerin, von der Kirche über Jahrhunderte unermüdlich beschworen und bekämpft. Und wenn der Teufel das Böse in die Welt gebracht hatte – wie sollte der schwache Mensch da widerstehen?

Fasching – eigentlich eine todernste Sache? Natürlich nicht, obwohl die schönen und traurigen Masken des Karnevals von Venedig dafür sprechen würden. In Bayern war alles ein bißchen derber als in der Stadt des Dogen – und ein bißchen lustiger. Es gab reichlich zu essen und zu trinken, die letzten Hühner, Rinder und Schweine vor der Fastenzeit waren geschlachtet, die Würste im Kessel, die Küchel im Schmalz. Alle hielten mit und konnten sich austoben, bis der Faschingsprinz sein Zepter wieder abgeben und die Leute dem »Fleisch« Lebewohl sagen mußten. Denn »Karneval« heißt vermutlich »das Fleisch wegnehmen«, und das Wort »Fasching« bedeutet »Zechen vor der Fastenzeit«.

MENÜ DES MONATS

Bayerischer Wurzelsalat
Faschingshuhn mit Kräutersauce
Schürzkuchen und Kaffee

DIE KÜCHE

Jetzt lösen Krokusse die Schneeglöckerl ab, Vöglein jubilieren und die Bayern gehen auf den Wochenmarkt. Dort gibt es nämlich die richtigen Kräuter für ihre Gründonnerstagssuppe und alle frischen Gemüse, die das Fasten vor Ostern in Bayern kulinarisch so kurzweilig machen.

IM MÄRZ

Von Semmeln können die Bayern nie genug kriegen: Sie machen damit Suppe, Knödel und Strudel. Die Bäcker vereinen längst so Altehrwürdiges wie Riemische, zeitlose Mohnsemmeln und neumodische Sesambrötchen.

Was es im März

Topfen

Topfen nennen die Bayern jeden Quark. Richtiger bayerischer Topfen ist aber etwas trockener als normaler Quark. Wer ihn nicht bekommt, nimmt für die Rezepte in diesem Küchenkalender einfach Magerquark und gießt die Flüssigkeit ab.

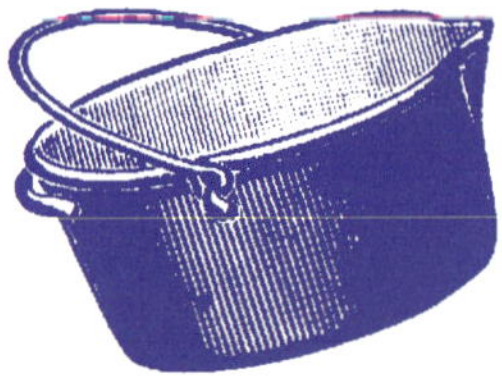

Kräuter

Kerbel, Sauerampfer, Brennesseln, Dill, Petersilie, Schnittlauch und der erste Borretsch kommen in die Kräutersuppe am Gründonnerstag. Die meisten bayerischen Hausfrauen holen sich das Grün vom Markt, manche können schon im eigenen Garten ernten.

Pastinaken

Pastinaken haben die Menschen schon gesammelt, lange bevor es die Bayern gab. Als Mönche die herben Wildpflanzen zum zart-aromatischen Gemüse veredelt hatten, entdeckten die Bayern ihre Leidenschaft für die kleinen Wurzeln. Das war vor etwa 1000 Jahren.

ALLES GUTES GIBT...

PETERSILIE

Der Petersilie wurden einst sehr häßliche Dinge nachgesagt: Wenn sie nach dem Säen nicht aufgeht, stirbt jemand. Und wenn sie besonders hoch wächst, stirbt auch jemand. »A so a Schmarrn«, haben sich die Bayern gesagt, viel Petersilie gesät und den Volksglauben widerlegt.

STRUDEL

Viele bayerische Hausfrauen sparen heute Zeit und Arbeit beim Strudelbacken und holen sich den fertigen Strudelteig aus der Kühltheke des Supermarktes. Den abgepackten Teig müssen Sie nur noch auseinanderfalten und dünn ausziehen.

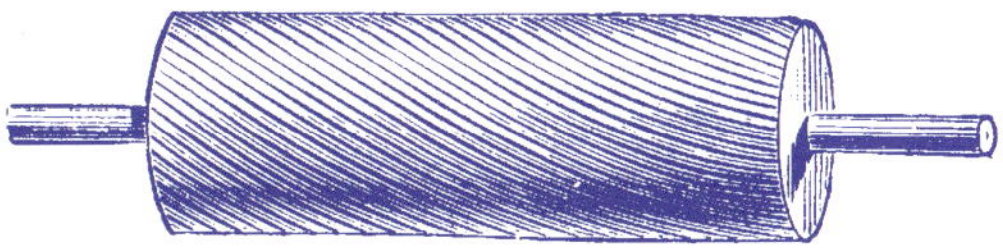

Produkt	**Gericht**	**Seite**
Petersilie	*Nürnberger Kräuter-Maultaschen*	*Seite 72*
Strudel	*Krautstrudel*	*Seite 70*
Topfen	*Süße Topfennudeln*	*Seite 83*
Kräuter	*Gebrannte Kräutersuppe*	*Seite 66*
Pastinaken	*Wurzelsuppe*	*Seite 68*

Gebrannte Kräutersuppe

Für 4 Personen
besonders typisch

70 g Butter
1 kleine Zwiebel, 50 g Mehl
3/4 l Fleisch-, Geflügel- oder Gemüsebrühe
Salz, schwarzer Pfeffer
Cayennepfeffer
1 Handvoll junge Brennesselblättchen
2 Handvoll Kerbel, Dill und Petersilienblättchen
1 großer Bund Schnittlauch
1/4 l Milch, 125 g Crème fraîche
1 TL Zitronensaft, geriebene Muskatnuß

1

Butter erhitzen, aber nicht bräunen. Fein gehackte Zwiebel und Mehl darin bei schwacher Hitze unter Rühren goldgelb rösten.

2

Brühe langsam zugießen und dabei weiterrühren, bis die Suppe glatt ist. Mit Salz, Pfeffer und Cayennepfeffer kräftig würzen, unter Rühren aufkochen und zugedeckt bei schwacher Hitze etwa zehn Minuten garen.

3

Kräuter fein zerkleinern. Milch und Crème fraîche in die Suppe rühren und erhitzen, aber nicht mehr aufkochen. Kräuter unterrühren. Suppe mit Zitronensaft und Muskatnuß abschmecken.

Vom Mus zur Suppe

Einst kochten die Bäuerinnen aus Mehl oder Schrot mit Wasser ein dünnes Mehlmus. Dazu gab es Kartoffeln oder Knödel, die man hineintunkte – »einbrockte«, wie die Bayern sagen. Wer es sich leisten konnte, röstete das Mehl in Schmalz und rührte einen Schuß Milch darunter. Betuchte Köchinnen reicherten die Brennsuppe schließlich mit frischer Frühjahrsbutter, dickem Rahm, vielen Kräutern und ein paar Gewürzen an und machten daraus eine der bayerischen Suppen, die so schön typisch und dabei so modern sind.

Frühlingskräuter

Zur traditionellen bayerischen Kräutlsuppe gehören neun der zartesten Frühlingspflanzen: Brennessel, Gundermann, Schafgarbe, Brunnenkresse, Sauerampfer, Erdbeerblätter, Gänseblümchen, Löwenzahn und Rapunzel. Alle bringen Heil und Segen. Manches klingt so schön, daß man es einfach glauben muß. Zum Beispiel, daß Brennesseln vor Geldmangel bewahren. Daß Schafgarbe, zwischen elf und ein Uhr mittags gesammelt, vor allen Krankheiten bewahrt. Oder daß Gundermann, die Rankenpflanze mit den zarten blau-violetten Blütenkelchen, die Milch der Kühe reichlich fließen läßt. Erdbeerblätter empfahl die alte Volksmedizin gegen Bleichsucht: Weil die Pflanze blutrote Früchte trägt, sollten die Blätter Blutarmut kurieren – ein bildhaftes Denken, das wir heute eher komisch finden. Manches aber ist medizinisch verbürgt: Brunnenkresse und Sauerampfer schützen durch ihren hohen Vitamin-C-Gehalt vor Infektionen und verscheuchen die Frühjahrsmüdigkeit.

Gänseblümchen, heißt es, sind aus den Tränen der Jungfrau Maria gewachsen, als die heilige Familie vor Herodes nach Ägypten fliehen mußte. Rot angehaucht sind manche Blüten, so meint man, weil der kleine Jesus sie geküßt hat. Kein Wunder, daß Gänseblümchen zaubern können: Ihre Blüten zupfen Verliebte, um den Stand der Beziehung zu testen: »Er (sie) liebt mich, liebt mich nicht…«. Und die Blätter hat man gegen Fieber, Zahnschmerzen und alle möglichen anderen Zipperlein gegessen. Auch Löwenzahn war der Muttergottes geweiht. Er wurde als Gemüse- und Heilpflanze geschätzt und in den Garten gepflanzt.

Rapunzel, das letzte der Traditions-Suppenkräutlein, kennt heute kaum noch jemand: Nicht unser winterlicher Feldsalat war damit gemeint, sondern eine Art Glockenblume mit fleischigen Wurzeln und zarten Blättern, die man auch als Salat oder Gemüse wie Spinat zubereitet hat.

Wurzelsuppe

Für 4 Personen
ohne Fleisch

400 g Knollensellerie, Petersilienwurzel,
Gelbe Rüben (Möhren) und Pastinakenwurzel
1 Semmel (Weizenbrötchen)
1/2 Bund Schnittlauch, 3 EL Öl
1 TL Mehl, 3/4 l Fleisch- oder Gemüsebrühe
125 g süßer Rahm (süße Sahne)
1 Eigelb, Salz, weißer Pfeffer

1

Gemüse waschen, schälen oder schaben. Zuerst in dünne Scheiben, dann in streichholzdünne Stifte schneiden. Semmel in dünne Scheiben schneiden. Schnittlauch fein zerkleinern.

2

Einen Eßlöffel Öl in einem Topf erhitzen. Gemüsestifte darin bei mittlerer Hitze unter Rühren anbraten, bis sie leicht gebräunt sind. Mehl unterrühren, Brühe unter Rühren zugießen. Aufkochen und zugedeckt bei schwacher Hitze etwa 10 Minuten garen.

3

Inzwischen das restliche Öl in einer großen Pfanne erhitzen. Semmelscheiben nebeneinander in die Pfanne legen und bei schwacher Hitze goldbraun braten. Dabei einmal wenden.

4

Eigelb mit Sahne und etwas Suppe vermischen und in die Suppe rühren. Mit Salz und Pfeffer abschmecken. Semmelscheiben auf Tellern verteilen, Suppe darübergeben. Mit Schnittlauch bestreuen.

Von Wurzeln und Gewürzen

Die Wurzelsuppe vereinigt alle Wintergemüse, die Bürger und Bauern einst in ihrem Wurz- oder Krautgarten angebaut haben. »Wurz« war früher der Sammelbegriff für Wurzeln und Kraut, Gewürze und Küchenkräuter. Auch bestimmte Gemüsesorten wie Lauch und Gurken hat man zunächst nur zum Würzen verwendet.

***L**ebensmittel aus der alten Bauernküche finden Sie heute wieder auf dem Markt. Schöne Preisschildchen laden zum Kaufen ein.*

Krautstrudel

Für 6 Personen
ohne Fleisch

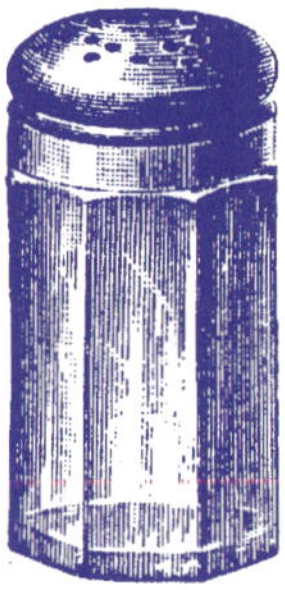

150 g Weizenmehl Type 1050
150 g Roggenvollkornmehl
1 TL Salz, 2 Eier, 2 EL Öl
1 kleiner Kopf Weiß- oder Blaukraut (ca. 750 g)
1 große Zwiebel, 40 g Butterschmalz
1/2 EL Kümmelkörner
1 TL edelsüßes Paprikapulver
1 Bund Petersilie
Mehl zum Ausrollen, Fett für die Form
1/8 l Milch, 100 g Crème fraîche

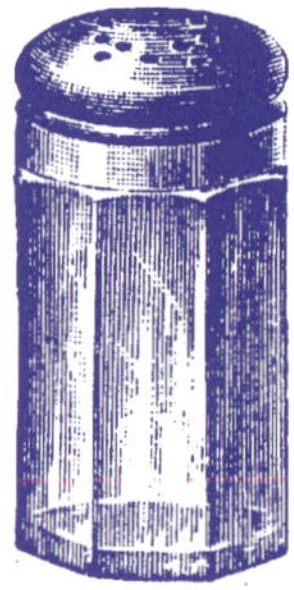

1

Beide Mehlsorten, Salz, Eier, Öl und vier Eßlöffel Wasser in einer Schüssel vermischen. Mit den Knethaken des Handrührgerätes zu einem bröckeligen Teig verrühren. Dann mit den Händen kräftig durchkneten, bis er geschmeidig ist; dabei gegebenenfalls noch einen Teelöffel Wasser unterkneten. Teig in Folie gewickelt eine Stunde bei Zimmertemperatur ruhen lassen.

2

Kraut vierteln, welke Blätter, Strunk und besonders dicke Blattrippen entfernen. Krautviertel waschen und fein hobeln. Zwiebel fein hacken.

3

Ein Drittel des Schmalzes erhitzen. Zwiebel darin bei schwacher Hitze glasig braten. Kraut, Kümmel, Paprika und zwei Eßlöffel Wasser zugeben, aufkochen und zugedeckt 20 Minuten schmoren.

4

Deckel abnehmen und das Gemüse bei starker Hitze unter Rühren schmoren, bis alle Flüssigkeit verdampft ist. Petersilie fein zerkleinern und untermischen. Alles mit Salz kräftig abschmecken und abkühlen lassen.

5

Arbeitsfläche mit Mehl bestäuben. Teig in vier Stücke teilen. Jedes Stück messerrückendick ausrollen. Mit dem restlichen zerlassenen Butterschmalz bestreichen und mit der Krautmischung belegen.

6

Teigplatten aufrollen und mit einem scharfen Messer in etwa fünf Zentimeter dicke Scheiben schneiden. Mit der Füllung nach oben in eine gefettete, ofenfeste Form mit niedrigem Rand setzen.

7

Milch und Crème fraîche erhitzen und über die Strudel gießen. Form in den kalten Backofen (mittlere Schiene) stellen. Strudel bei 200 Grad (Umluft 180 Grad, Gas Stufe 4) etwa 45 Minuten backen, bis sie oben schön gebräunt sind.

KÜCHENTIP: Mit Weißkraut sehen die Strudel sehr schön aus, mit Blaukraut schmecken sie besonders kräftig.

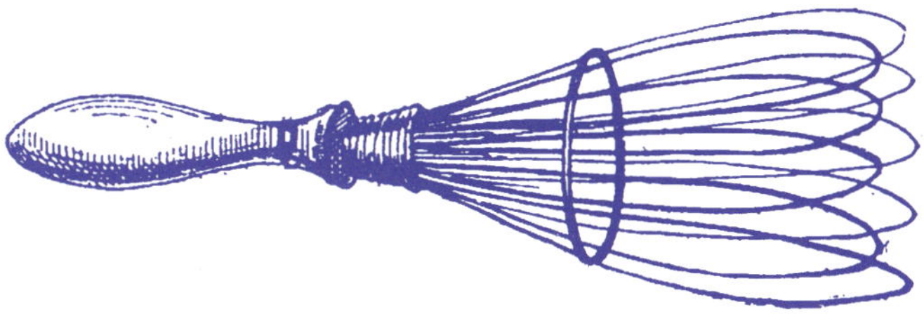

VOM FEINSTEN

Nochmal bayerische Bauernküche – vom Feinsten. Solche Rezepte verdanken wir den Frauen, die vom ihrem heimischen Bauernhof weg als Köchinnen und Dienstmädchen in die Stadt gegangen sind. Dort konnten sie ihr großes Wissen mit viel Kochfantasie verbinden. Denn ihre »Herrschaft« hatte genügend Muße für den Genuß beim Essen. Wenn Gäste kamen – in reichen Bürgerhäusern fanden große Gesellschaften statt – wurde die Hausfrau für ihre gute Köchin gelobt. Die Frau unten in der Küche durfte und sollte deshalb so richtig aufkochen. Sie wurde besser bezahlt als andere Angestellte und als Geheimtip gehandelt.

Anfang des 19. Jahrhunderts begannen immer mehr dieser Frauen, ihre Rezepte aufzuschreiben – davor waren es nur Hofköche und Damen der guten Gesellschaft gewesen. In den bürgerlichen Kochbüchern wurde aus der einmal so einfachen Bauernküche eine delikate und kulinarisch noch heute hochinteressante Sache.

Nürnberger Kräuter-Maultaschen

Für 4 Personen
Für Gäste

250 g Mehl, 1 TL Salz, 2 EL Öl
1/8 l kaltes Wasser
2 Semmeln (Weizenbrötchen)
1 Handvoll Petersilie
1 Bund Lauchzwiebeln
70 g Butter, 2 Eier
geriebene Muskatnuß, weißer Pfeffer
100 g Semmelbrösel

1

Mehl, Salz, Öl und etwa zwei Drittel des Wassers in einer Schüssel vermischen. Mit den Knethaken des Handrührgerätes gut rühren. Dann mit den Händen zu einem geschmeidigen Teig kneten. Dabei nach Bedarf tropfenweise das restliche Wasser unterkneten. Der Teig soll so weich sein, daß Sie ihn gut ausrollen können. Teig in Folie gewickelt eine Stunde bei Zimmertemperatur ruhen lassen.

2

Inzwischen Brötchen in lauwarmem Wasser einweichen und gut ausdrücken. Petersilie fein hacken. Lauchzwiebeln putzen und mit allen saftigen grünen Blättern fein zerkleinern.

3

Zwei Eßlöffel Butter in einer Pfanne erhitzen. Semmeln, Petersilie und Zwiebel bei mittlerer bis starker Hitze unter häufigem Rühren schmoren, bis alle Flüssigkeit verdampft ist. In einer Schüssel ganz abkühlen lassen. Flüssigkeit, die sich dabei bildet, abgießen.

4

Den Teig in zwei Portionen teilen. Zwei Küchentücher mit wenig Mehl bestäuben. Teig darauf zu etwa messerrückendicken rechteckigen Platten ausrollen. 30 Minuten trocknen lassen.

5

Eier, Salz und je eine kräftige Prise Muskat und Pfeffer unter die Füllung mischen. Füllung mit einem Messer auf die Teigplatten streichen. Dabei einen knapp fingerbreiten Rand lassen.

6

Teigplatten aufrollen. Auf den Rollen etwa vier Zentimeter breite Stücke mit kleinen Messereinschnitten markieren. Einen Kochlöffelstiel in beide Hände nehmen, auf die Markierung legen und die Maultasche von der Teigrolle »schneiden«, indem Sie den Stiel kräftig nach unten drücken.

7

In einem großen Topf reichlich Wasser mit Salz zum Kochen bringen. Maultaschen zehn bis 15 Minuten kochen lassen.

8

Restliche Butter in einer Pfanne zerlassen. Semmelbrösel darin leicht bräunen. Die Kräuter-Maultaschen mit einem Schaumlöffel herausnehmen, gut abtropfen lassen und auf heißen Tellern anrichten. Semmelbrösel darüber verteilen.

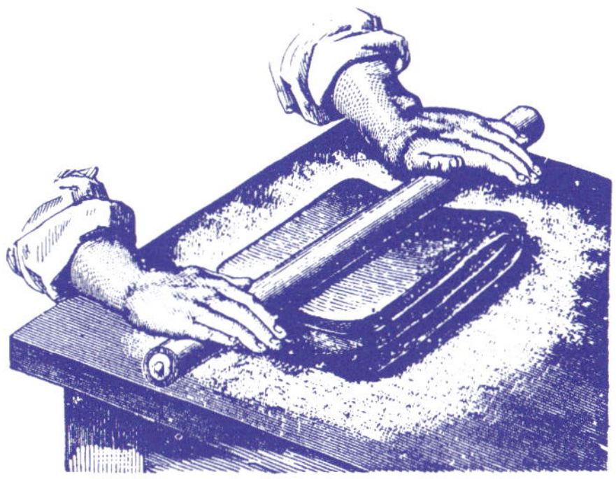

Das Grüne am Gründonnerstag

Kräuter-Maultaschen und Grüne Kornsuppe essen die Bayern am Gründonnerstag. Dabei soll das »Grün« bei diesem wichtigen Tag der Karwoche eigentlich gar nicht die Farbe bedeuten, sondern die Unschuld. Am Gründonnerstag verzieh die Kirche den Sündern: Wer wegen einer Sünde Buße tun und zum Beispiel während des Gottesdienstes vor der Kirchentür hatte stehen müssen, durfte nun in den Kreis der Gläubigen zurückkehren. Er oder sie war wieder »grün«, das heißt frei von Sünden – »grün hinter den Ohren« oder »ein grüner Junge« sein kommt noch daher. Nun, wir Menschen denken in Bildern und holen uns am »grünen« Tag eben etwas Grünes auf den Tisch. Und das seit mehr als 500 Jahren: Im 13. Jahrhundert tauchte zum ersten Mal das Wort »Gründonnerstag« auf.

Getreidepflanzel

Für 4 Personen
ohne Fleisch

1 Zwiebel, 1 TL Butter
200 g grob geschroteter Weizen, Grünkern oder Hafer
3/8 l kaltes Wasser
2 Eier, 1/2 Bund Petersilie
Salz, weißer Pfeffer, geriebene Muskatnuß
2 EL Butterschmalz, Kokosfett oder Öl

1

Zwiebel fein hacken und in zerlassener Butter bei schwacher Hitze glasig braten. Schrot unter Rühren einige Sekunden mitrösten. Wasser zugießen, aufkochen und Schrot zugedeckt bei schwacher Hitze zehn Minuten garen.

2

Topf von der Kochstelle nehmen und in kaltes Wasser tauchen, damit sich das Schrot vom Topfboden löst. Abkühlen lassen.

3

Eier, fein gehackte Petersilie, Salz, je eine kräftige Prise Pfeffer und Muskat zum Schrot geben und alles zu einem Teig vermischen.

4

Fett in einer großen Pfanne erhitzen. Teig zu zwölf Pflanzeln formen und portionsweise bei mittlerer bis schwacher Hitze auf der Unterseite etwa zehn Minuten braten, bis sie sich leicht vom Pfannenboden lösen. Wenden und auf der zweiten Seite weitere sechs bis acht Minuten braten. Mit Salat, Kraut oder Apfelmus servieren.

Pflanzelkunde

»Pflanzel« oder »Pflanzerl« sind moderne Wörter, gebildet aus dem alten »Pfanzelt«, das es noch im 19. Jahrhundert gab. Pfanzelt wiederum kommt von »Pfannen-Zelten«. So nannte man einen flachen Kuchen, der in der Pfanne gebacken wird – das alte Wort »Lebzelten« erinnert noch daran. Schließlich wurde aus dem »Pfanzelt« ein »Pflanzel«; vermutlich, weil es viel leichter auszusprechen ist.

Fastenzeit ist Körnerzeit für die Bayern: Getreidepflanzel gehören zu den typischen fleischlosen Gerichten der Karwoche.

FASTENZEIT

Im Land der Bayern macht die Fastenzeit richtig Spaß: Erstens fließt vor Ostern das Starkbier in Strömen. Zweitens haben Mönche und Nonnen auch sonst viel getan, damit sich die insgesamt etwa 130 Fastentage pro Jahr ohne kulinarisches Problem bewältigen lassen.

Im Kloster galten viel strengere Regeln beim Essen als draußen in der Welt: Fleisch gab es nur an den 35 Festtagen im Jahr. Doch die frommen Brüder und Schwestern mochten nicht ständig Erbsen, Bohnen und Brot essen. Deshalb begannen Klostergärtner schon vor der Jahrtausendwende, aus wilden Pflanzen mit strengem Geschmack zartes und aromatisches Gemüse zu züchten. Gurken und Kürbis, Kohlrabi, Gelbe Rüben, Lauch, milde Zwiebeln, Rettich und viele Blattgemüse verdanken wir ihrer Kunst. Um die fränkische Fischzucht haben sich zuerst Mönche gekümmert: Bereits im 13. Jahrhundert legten sie Teichwirtschaften an. Die in Bayern so begehrten köstlichen Süßwasserfische gelangten aus diesen Fischgründen direkt auf die Tische der Äbte, adligen Grundherren und reichen Bürger.

Nicht nur draußen, auch drinnen waren die Ordensleute kreativ. Die meisten Fischgerichte und die üppigen süßen Mehlspeisen wie zum Beispiel Topfennudeln (Seite 83) stammen aus den Klosterküchen. Ein klösterlicher Küchenchef entwickelte die Urform des »Falschen Hasen«: Damals, vielleicht im 14. Jahrhundert, war es ein Teig aus Fisch, gemahlenen Mandeln und exotischen Gewürzen, geformt wie ein Hase, ein fetter Kapaun oder gar ein Kalbskopf. Diese »Holbraten« sollten die kulinarische Illusion des Genusses ohne Verzicht schaffen – ähnlich wie heute alkoholfreies Bier oder »Fleisch« aus Pflanzen.

Die Klosterküche hat die Kochkunst stark beeinflußt, und die Köche der Fürsten und die Köchinnen der reichen Bürger lernten daraus. Hausfrauen und Bäuerinnen, die aus dem Vollen schöpfen konnten, ebenfalls. Sie alle entwickelten die fleischlose Küche im Laufe der Zeit zu hoher Perfektion. Denken Sie in der bayerischen Fastenzeit ruhig an edlen Waller im Wurzelsud (Seite 80) oder knusprig gebackene Weißfische (Seite 78). Denken Sie auch an Knödel und Küchel, fränkische Kartoffelgerichte und altbayerische Mehlspeisen, an die ersten frischen Kräuter, an zarte Radieschen und Spinatblätter, an Hopfensprossen und Spargel. All das gehört dazu.

Verboten war Fleisch von »vierfüßigen Tieren«, Wild und die meisten Geflügelarten – und das bis heute übrigens. Wasservögel dagegen, von denen man wußte oder (gerne) annahm, daß sie sich nur von Fischen ernähren, galten als Fastenspeisen. Genau wie Fischotter und Biber, Schnecken, Frösche und Schildkröten – Rezepte dafür finden Sie noch in den Kochbüchern des vergangenen Jahrhunderts.

Für uns so wichtige Lebensmittel wie Eier, Käse, Topfen, Butter und Schmalz dagegen ließ die Kirche offiziell nicht zu. Aber das war den Leuten doch zu hart: Aus dem 15. Jahrhundert sind viele Briefe an den Papst überliefert. Darin bitten Städte, Klöster, Pfarreien und Fürsten für ihre Bürger und Untertanen um Milderung der Vorschriften. Der Heilige Vater möge auch an den Fasttagen Butter, Milch und alle Speisen erlauben, die mit Milch zubereitet werden. Fast immer erfüllte Rom die Bitten – schriftlich bestätigt in einem »Butterbrief«. Nur bei Käse und Eiern lockerten sich die Gebote erst mit der Reformation.

Seitdem unterschieden sich offizielle Fastenmähler von Herzog, Adel, hoher Geistlichkeit und Ratsherren kaum von anderen Festessen. Es gab Austern und sahnige Karpfensuppen, Krebspastete und gebratenen Lachs, Aalragout, Hechtwürstchen und Kräuteromeletts. Gemüse wurde in Milch gekocht oder mit Fischfarce gefüllt, Hülsenfrüchte fein püriert und wie Koteletts geformt. Salate, Käse, Süßigkeiten, Obst, Torten und Kuchen kamen auf den Tisch.

Auch die reichen Bürger mußten nicht darben. Ihre Fastentafel konnte so aussehen: Fischsuppe mit Champignons, Kartoffelkrapfen mit Käse gefüllt, Fisch mit Eiersauce und Spargel oder Backfisch mit Salat. Zum Dessert gab es Schokoladenauflauf oder Mandeltorte, Eis, Plätzerl und Obst.

Weiter unten auf der sozialen Leiter konnte es allerdings ein bißchen karg werden. Bäuerinnen ließen das G'selchte im Kraut und die Eier im Schmarren weg. Städter mit schmalem Geldbeutel ersetzten billiges Ochsenfleisch, Kutteln und Lüngerl durch Salzhering und Stockfisch.

GEBACKENE WEISSFISCHE

Für 4 Personen
besonders typisch

4 küchenfertige Weißfische (je ca. 250 g)
1 kleine Zwiebel, 1/2 Bund Petersilie
Salz, weißer Pfeffer aus der Mühle
2 EL Zitronensaft, 80 g Mehl
2 EL Öl, 40 g Butterschmalz, 1 Zitrone
8 Zweige krause Petersilie zum Garnieren

1

Weißfische innen und außen kalt abspülen, trockentupfen und auf die Arbeitsfläche legen. Auf beiden Seiten mit einem scharfen Messer in etwa fingerbreiten Abständen einschneiden.

2

Geschälte Zwiebel fein reiben, Petersilie sehr fein hacken. Beide Zutaten mit Salz, Pfeffer und Zitronensaft vermischen. Fische damit füllen und im Mehl wenden.

3

Öl und Butterschmalz erhitzen; am besten in zwei Pfannen, die jeweils so groß sind, daß zwei Fische nebeneinander Platz haben. Fische darin bei mittlerer Hitze pro Seite etwa fünf Minuten braten. Herausnehmen und auf heißen Tellern anrichten. Mit Zitronenvierteln und Petersilienzweigen garnieren. Dazu passen Salzkartoffeln oder Kartoffelsalat und grüner Salat.

EINKAUFSTIP: Unter fränkischen Feinschmeckern sind »Meefischle«, die wunderbar knusprig gebratenen Fische aus dem Main, ein Geheimtip. Sehr kleine Exemplare, die es im Frühjahr gibt, werden schwimmend in Fett ausgebacken. Außerhalb Frankens müssen Sie Weißfische beim Fischhändler vorbestellen. Die vielen Gräten stören übrigens gar nicht, wenn Sie die Fische – wie im Rezept beschrieben – einige Male tief einschneiden.

FRIKASSÉE VOM AAL

Für 4 Personen
Für Gäste

800 g frischer Aal in vier Zentimeter langen Stücken
1/4 TL geriebene Muskatnuß
2 EL milder Kräuteressig
1/8 l trockener Weißwein
1/8 l Fleisch- oder Gemüsebrühe
2 Schalotten oder kleine Zwiebeln
1 großes Stück Zitronenschale
1 EL Kapern, 1/2 EL frische Rosmarinblätter
1 1/2 EL Butter, 1 EL Mehl
1/8 l süßer Rahm (süße Sahne)
1 EL gehackte Petersilie, Salz
1 Messerspitze gemahlene Muskatblüte (Macis)
weißer Pfeffer aus der Mühle

1

Aal mit Muskatnuß, Essig und Wein in einer Schüssel zugedeckt 30 Minuten ziehen lassen. Abgießen, die Marinade auffangen und mit der Brühe mischen.

2

Schalotten, Zitronenschale, Kapern und Rosmarinblätter getrennt fein hacken. Butter in einem Topf erhitzen, Schalotten darin glasig braten. Mehl zugeben und goldgelb rösten. Brühemischung unter Rühren zugießen und aufkochen, bis die Sauce glatt ist. Fünf Minuten leise köcheln lassen.

3

Aalstücke, Zitronenschale und Rosmarin in die Sauce geben. Einmal aufkochen und zugedeckt knapp unter dem Siedepunkt 20 Minuten garen.

4

Topf von der Kochstelle nehmen. Rahm mit Petersilie, Kapern und etwas heißer Sauce verquirlen. Alles in die Sauce im Topf rühren und erhitzen, aber nicht aufkochen. Mit Salz, Muskatblüte und Pfeffer aus der Mühle abschmecken.

BEILAGENTIP: Dazu passen Kartoffelbrei oder neue Kartoffeln und Salat.

Waller im Wurzelsud

Für 6 Personen
besonders fein

150 g Butter, 1 Bund Petersilie
abgeriebene Schale von 1/4 Zitrone
1,2 kg Wallerfilet
1 Stange Lauch (Porree), 2 Gelbe Rüben (Möhren)
1 Stück Knollensellerie (ca. 200 g)
2 l Wasser, 1/4 l trockener Weißwein
1/8 l Weißweinessig, 1 EL Salz
2 Päckchen Fischgewürz
2 Zitronenscheiben

1

Butter zerlassen, leicht bräunen und warm halten. Petersilie fein hacken und mit der Zitronenschale mischen. Fischfilet in vier Stücke schneiden. Lauch putzen, Möhren und Sellerie schälen. Gemüse zerkleinern, mit Wasser, Wein, Essig, Salz, Fischgewürz und Zitronenscheiben in einem großen Topf aufkochen.

2

Waller in den Sud legen und im offenen Topf langsam zum Sieden bringen. Fischstücke darin etwa fünf Minuten gar ziehen lassen. Dabei darauf achten, daß der Sud immer nur perlt, nicht sprudelt.

3

Fischstücke auf vorgewärmten Tellern anrichten und mit einem Eßlöffel Sud beträufeln. Wurzelgemüse aus dem Sud und die Petersilienmischung über dem Fisch verteilen. Butter dazu servieren.

Fisch der Fürsten

Waller oder Wels war einst während der Fastenzeit ein fürstliches Essen. Denn der große Raubfisch lebt in Flüssen, die früher zum Privatbesitz eines Adligen gehörten. Die Fischer arbeiteten in dessen Auftrag und so zu allererst für seine Küche. Das Zeitalter der Grundherrschaft ist zwar vorbei, doch an der Fürstlichkeit eines Waller-Essens hat sich nichts geändert. Der Edelfisch ist nämlich so rar, daß Sie ihn geradezu fürstlich bezahlen müssen. Gute Alternativen sind Karpfen oder Forelle.

Bayerische Rouladen

Für 4 Personen
braucht Zeit

4 Scheiben Rinderroulade (je ca. 180 g)
Salz, weißer Pfeffer
4 kleine Scheiben gekochter Schinken
1 kleine Gelbe Rübe (Möhre)
1 Schalotte, 1 Knoblauchzehe
4 Blättchen Salbei
1/2 Bund Petersilie, 1 EL Mehl
2 EL Butterschmalz, Kokosfett oder Öl
1/2 TL getrockneter Majoran
200 ml Fleischbrühe
4 EL trockener Weißwein
2 EL Crème fraîche, 1 EL Schnittlauchröllchen

1

Fleisch trockentupfen und mit dem Handballen flachdrücken. Mit Salz und Pfeffer würzen, mit dem Schinken belegen.

2

Möhre, Schalotte und Knoblauch schälen und fein zerkleinern. Salbei und Petersilie hacken. Alles auf den Fleischscheiben verteilen. Zu Rouladen aufrollen und mit Küchengarn umbinden. Im Mehl wenden.

3

Rouladen im heißen Fett bei starker bis mittlerer Hitze braun anbraten. Majoran, Brühe und Wein zugeben, Bratensatz damit lösen. Rouladen aufkochen und zugedeckt bei schwacher Hitze eineinhalb Stunden garen.

4

Fleisch herausnehmen und auf vorgewärmten Tellern warm halten. Crème fraîche zum Bratensaft geben. Sauce bei starker Hitze unter Rühren cremig einkochen, über den Rouladen verteilen und mit Schnittlauch bestreuen.

BIERSUPPE

Für 4 Personen
besonders typisch

1 gestrichener EL Mehl
1/8 l Milch
2 Eier
60 g Zucker
abgeriebene Schale von 1/2 Zitrone
1 Messerspitze gemahlene Muskatblüte (Macis)
3/4 l dunkles Bier

1

Mehl und Milch in einen Topf geben und mit den Quirlen des Handrührgerätes verrühren. Eier, Zucker, abgeriebene Zitronenschale und Muskatblüte untermischen.

2

Topf auf die Kochstelle setzen. Bier unter ständigem Rühren zugießen und die Suppe dabei gerade so lange erhitzen, bis sie dampft und dick wird. Nicht aufkochen, sonst gerinnen die Eier.

3

Biersuppe in vorgewärmte Suppentassen geben und sofort servieren. Dazu passen Plätzerl oder anderes süßes Gebäck.

TIP: Diese süße Suppe ist nichts für Kinder, denn der Alkohol im Bier verdampft beim kurzen Erhitzen nicht.

Süsse Topfennudeln

Für 4 Personen
preiswert

500 g Schichtkäse, 1 Ei, 125 g Zucker
abgeriebene Schale und Saft
von 1/4 Zitrone
Salz, 125 g Grieß, 25 g Mehl
1–2 TL Zimtpulver
50 g Butter, 75 g Semmelbrösel

1

Schichtkäse auf einem Sieb abtropfen lassen. Mit Ei, zwei Eßlöffeln Zucker, Zitronenschale und Saft, einer Prise Salz, Grieß und Mehl zu einem glatten Teig verrühren.

2

Zugedeckt 30 Minuten ruhen lassen. Inzwischen restlichen Zucker mit Zimt mischen. Reichlich Wasser mit Salz zum Kochen bringen.

3

Vom Teig mit zwei Teelöffeln kleine Klößchen abstechen, ins kochende Wasser geben und bei schwacher Hitze etwa 15 Minuten schwach kochen lassen. Den Deckel nur halb auf den Topf legen.

4

Butter zerlassen, Semmelbrösel darin bei mittlerer Hitze goldbraun rösten. Topfennudeln mit einem Schaumlöffel herausnehmen und in eine vorgewärmte Schüssel geben. Zuerst die gerösteten Semmelbrösel, dann den Zimt-Zucker darüber verteilen.

BEILAGENTIP: Topfennudeln schmecken besonders gut mit Zwetschgen-, Rhabarber- oder Kirschkompott.

Keine Fasten-Diät

Bayerische Fastenspeisen und eine moderne Diät sind nicht dasselbe, wie Sie unschwer an diesen wunderbar-üppigen Topfennockerln erkennen können. Die Nockerl entsprechen präzise den kirchlichen Fastengeboten, doch jeder Diät-Fan würde sie glatt als »Sünde« bezeichnen. Ein Vorschlag zur Lösung des Problems: Bezichtigen wir uns beim Essen nicht mehr der Sünde!

Münchner Prinzregententorte

Für 16 Stücke
braucht Zeit

12 Eier, 400 g Zucker, 250 g Mehl
Fett und Mehl zum Backen
140 g Zartbitter-Schokolade
250 g weiche Butter, 6 Eier
150 g Zucker, 400 g Schokoladenglasur

1

Backofen auf 200 Grad (Umluft 180 Grad, Gas Stufe 4) vorheizen. Die Eier trennen. Eiweiß steif schlagen. Zucker nach und nach unterschlagen. Eigelb nacheinander unter den Eischnee rühren. Mehl darauf sieben und mit einem Schneebesen unterziehen.

2

Das Bodenblech einer Springform von 26 Zentimeter Durchmesser fetten und dünn mit Mehl bestäuben. Etwa zwei Eßlöffel Teig darauf glattstreichen. Das Blech auf den Rost in den Backofen (mittlere Schiene) legen. Tortenboden etwa zehn Minuten backen, bis er hellgelb ist. Herausnehmen, etwa zwei Minuten abkühlen lassen, vom Blech lösen. Auf diese Weise weitere 15 bis 16 Tortenböden backen.

3

Für die Creme Schokolade schmelzen und lauwarm abkühlen lassen. Butter schaumig rühren, Schokolade eßlöffelweise untermischen. Eier und Zucker über dem Wasserbad zu einer dicken Creme aufschlagen und eßlöffelweise unter die Schokoladenbutter mischen.

4

Die völlig abgekühlten Tortenböden mit der Creme bestreichen und aufeinanderlegen. Den letzten, unbestrichenen Boden obenauf legen. Die Torte mit Schokoladenglasur überziehen. Vor dem Servieren etwa einen Tag durchziehen lassen.

KÜCHENTIP: Gebackene Tortenböden nicht zu lange auf dem Bodenblech lassen. Sonst werden sie trocken und könnten beim Ablösen brechen.

Der Prinzregent und die Torte

Nur nette Leute kriegen in Bayern etwas Gutes gewidmet: Graf Rumford (Seite 292) zum Beispiel hat für die armen Münchner eine Suppe erfunden, die noch heute seinen Namen trägt. Prinzregent Luitpold, geboren am 12. März 1821, hat das Herz der Münchner und der Bayern gewonnen und deshalb eine Torte bekommen. Die Prinzregententorte, 1895 zum ersten Mal in einem »Conditorei-Buch« erwähnt, ist eine üppige barocke Köstlichkeit, die sicher wunderbar zu dem lieben alten Herrn paßte, den seine Untertanen so gerne mochten.

Der Wittelsbacher, Sohn König Ludwigs I., übernahm 1886 die Regentschaft, zuerst für seinen märchenköniglichen Neffen Ludwig II., dann für dessen geisteskranken Bruder Otto. In den 26 Jahren seiner Regierung ging es den Bayern richtig gut. Dafür konnte der Prinzregent zwar nichts – Europa war still und friedlich, als holte es gleichsam Atem vor dem Großen Krieg –, aber den Bauern gefiel einfach, wie der nette Mann im Lodenjöppchen auf die Jagd ging und dabei auch viel Zeit zum Händeschütteln fand.

Den Künstlern gefiel ein Mäzen, der sie gewähren ließ, weil er die Kunst zwar liebte, aber durchaus wußte, daß er nicht viel davon verstand. Den großen Fabrikherren und kleinen Familienvätern gefiel die patriarchale Art des Fürsten. Und allen Münchnern gefielen die Bauten und Brunnen, das neue, attraktive Gesicht, das der Prinz ihrer Stadt geben ließ.

Fastenbrezeln

Für 15 Stück

Für Gäste

500 g Mehl, 1 Päckchen Trockenhefe
1/4 TL Zucker, 350 ml lauwarme Milch
1/2 EL feines Salz, 1 1/2 l Wasser
2 EL Natron, grobes Salz zum Bestreuen

1

Mehl mit Hefe und Zucker vermischen. Milch und Salz zugeben und alles mit den Knethaken des Handrührgerätes etwa zehn Minuten rühren, bis der Teig Blasen wirft und sich vom Schüsselrand löst. Zugedeckt bei Zimmertemperatur etwa 45 Minuten gehen lassen, bis der Teig sein Volumen verdoppelt hat.

2

Teig auf wenig Mehl kräftig durchkneten und zu einer 20 Zentimeter langen Rolle formen. Rolle in 12 Stücke teilen. Jedes Stück zu einem etwa 50 Zentimeter langen Strang formen und zu einer Brezel schlingen.

3

Wasser mit Natron zehn Minuten sprudelnd kochen lassen. Brezeln nacheinander in das Wasser geben. Etwa 20 Sekunden kochen lassen, dabei immer wieder untertauchen. Mit dem Schaumlöffel herausnehmen und zum Abtropfen auf ein Kuchengitter legen.

4

Gekochte Brezeln auf ein gefettetes Backblech legen und mit grobem Salz bestreuen. Blech in den kalten Backofen (mittlere Schiene) schieben. Brezeln bei 180 Grad (Umluft 160 Grad, Gas Stufe 3) etwa 30 Minuten backen. Zum Abkühlen auf ein Kuchengitter legen.

5

Während das erste Blech im Ofen ist, die restlichen Brezeln formen, kochen und auf ein zweites gefettetes Blech legen. Dabei die Zeit so abstimmen, daß die gekochten Brezeln gleich gebacken werden können. Die Brezeln auf dem zweiten Blech 20 Minuten backen.

EINKAUFSTIP: Natron, chemisch Natriumhydrogencarbonat, finden Sie meist im Gewürzregal von Supermärkten.

KÜCHENTIP: Hefeteig kann man nicht so leicht wie Mürbeteig zu langen Strängen rollen, denn der elastische Teig schnurrt immer wieder zusammen. Machen Sie es deshalb so: Das Stück zu einer etwa zwei Finger langen Wurst auseinanderdrücken, die Wurst an beiden Enden fassen und wie ein Seil vorsichtig schwingen. Dabei dehnt sich der Teig immer mehr zu dem Strang, den Sie für die Brezeln brauchen. Das Kochen in Natronwasser ist notwendig, damit aus normalen Hefebrezeln knusprige Laugenbrezeln werden. Nach dem Backen sollen sie schön glänzen und an der dicksten Stelle etwas aufgesprungen sein.

Fasten mit Brezeln

Brezeln essen die Menschen seit dem 5. Jahrhundert nach Christus – aus dieser Zeit stammt die Abbildung eines Festmahls, bei dem Brezeln auf der Tafel liegen. Die Römer hatten noch Ringbrote gebacken und den Göttern geopfert. Im 10. Jahrhundert tauchen die Brezeln als Fastengebäck in den Klöstern auf. Vielleicht, weil sie mit weißem Mehl ohne Sauerteig gebacken werden – ungesäuertes Brot ist ein Symbol der Reinheit. Vielleicht auch, weil die Form der Brezel an ein geschlungenes Seil erinnert und die Fesselung Christi darstellen soll. Oder weil Brezeln wie Hände aussehen, die im Gebet vor der Brust gekreuzt sind. Im Laufe der Jahrhunderte wurden Brezeln immer beliebter – frisch gebacken wie Küchel zu Fasching und als Dauergebäck in der Fastenzeit.

Die Historiker sind ganz sicher, daß es zuerst das Bier und dann die Bayern gegeben hat. Doch solche Zahlenspielereien sind den Bayern wurscht. Schließlich haben sie die Hallertau, das größte geschlossene Hopfenanbaugebiet der Erde. Sie haben das Reinheitsgebot, das Herzog Wilhelm IV. im Jahre 1516 gegen alle Bierpantscher erließ: Bier, so wollte es der Herzog damals, darf nur Gerstenmalz, Hefe, Wasser und Hopfen enthalten. Sie haben Brauer-Familien, die sich wie Herrscherhäuser stolz »Dynastien« nannten. Aus einer stammt auch Richard Strauss. Der Komponist des »Rosenkavalier« wurde am 11. Juni 1864 in München am Altheimer Eck Nummer 2 als Enkel von Georg Pschorr geboren. Im Jahr 1844, als sich eine Revolution in Europa anbahnte, als sich die Menschen für Bürgerrechte stark machten und gegen Fürstenwillkür protestierten, haben die Bayern natürlich auch demonstriert: gegen die Erhöhung des Bierpreises.

In ganz Bayern gab es immer eine Menge Biergärten. Seit die klugen Bayern erkannt haben, daß Touristen ein winziges Rasenstück mit einem Baum drauf als Biergarten akzeptieren, vermehren sich diese Gärten zum Biertrinken rasant. Jedes Dorf hat beim alljährlichen Volksfest mindestens ein Bierzelt. In München steht außerdem ein Hofbräuhaus, es gibt Starkbierzeiten und das Oktoberfest. Die Welt ist zu Gast in Bayern, um soviel Bier zu trinken, daß den Wirten das Herz nur so lacht. Und da will einer glauben, das Bier sei woanders erfunden worden?

Das bayerische Bier-Jahr beginnt mit dem Starkbierausschank im März auf dem Nockherberg. Der bernsteinfarbene »Märzen« ist ein richtiges Festbier mit mehr als vier Prozent Alkohol. Einst braute man dieses untergärige Bier nur in München und nur bis zum Monat März. Den Sommer über lagerte es in Kältestollen. Damit es sich besonders lange hielt, wurde es sehr stark gebraut.

Früher gingen alle Münchner auf den Nockherberg, um mit dem dunklen starken März-Gebräu den »Grant« zu bekämpfen. Es handelt sich dabei um eine spezielle Art von Frühjahrsmüdigkeit, die nur in Bayern vorkommt und dort selbst einem gottesfürchtigen Menschen die heilige Fastenzeit ganz unheilig vermiesen kann. Zwei Maß helfen da gewöhnlich wieder auf die Beine – wenn auch nur im übertragenen Sinn.

Heute gehen übrigens nicht mehr alle Münchner auf den Nockherberg. Dafür kommen viele Prominente. Sie müssen sich dort sehen und von eigens dafür bestellten modernen Spielleuten »derblecken«, das heißt, durch den Kakao ziehen lassen. Dabei lachen sie sehr über die Witze, die auf ihre Kosten gemacht werden. Wer besonders derbleckt wird, ist besonders wichtig. Und wer am meisten lacht, wird dabei auch fotografiert. All das soll gegen die moderne bayerische Form des Grants helfen – entstanden aus Mangel an Publicity.

Nicht immer macht Biertrinken so fröhlich wie auf dem Nockherberg. Fremde, die Bayern besuchen, wundern sich oft über gestandene bayerische Mannsbilder, die düsteren Blicks vor einer Hellen oder gar einer Maß sitzen. Kein Lächeln huscht über ihr Gesicht, und die Laute, die sie ab und zu von sich geben, klingen dumpf: »Zenzi, no oane!« Zenzi, die Kellnerin, versteht den Befehl und bringt flugs das nächste Bier. Volkskundler erzählen, woher diese trübe Stimmung kommen mag. Denn Bier birgt Gefahren: Wer es bis auf den letzten Tropfen austrinkt, heißt es im Volksmund, trinkt die eigene und die Kraft des anderen. Und wer den Schaum vom Bier bläst, bevor er trinkt, begibt sich gar in die Gewalt von Hexen. Andererseits kann man sich der Geister mit Bier auch leicht erwehren, denn sie gieren danach wie die Menschen. Falls Sie also einen Poltergeist im Haus vermuten: Bierflasche aufstellen, abwarten, rechtzeitig zustöpseln, und der bayerische Geist sitzt im Glas.

Menü des Monats

Gebrannte Kräutersuppe
Waller im Wurzelsud
Süße Topfennudeln

Die Küche

Alle Menschen lieben im Frühling Spargel, die Bayern auch Hopfensprossen. Außerdem haben sie Lebkuchen zu Ostern, als erste den Osterhasen gesichtet und von den Italienern die Idee fürs köstliche Osterlamm mit Artischocken übernommen. O glückliches Bayern!

IM APRIL

Wenn's Ostern warm ist, wird der Kaffeetisch im Freien gedeckt. Auf dem Teller liegt ein Mini-Osterfladen. Die Krapfen erinnern an früher, als Schmalzgebackenes noch typisches Festtagsgebäck fürs Personal war.

Was es im April

Artischocken

Artischocken in Bayern? Klar: Viele bayerische Fürsten waren italienischen Fürstinnen zugetan, bayerische Künstler der Kunst Italiens und bayerische Köchinnen den kulinarischen Ideen des südlichen Nachbarn. Deshalb gibt es in Bayerns Küchen auch Polenta und Salbei.

Hopfen

Lange bevor die Bayern entdeckten, daß die Blütendolden des Hopfens das Bier angenehm bitter und länger haltbar machen, haben sie die jungen Triebe gegessen. Heute bekommen Sie Hopfensprossen, das feine April-Gemüse, nicht im bayerischen Wirtshaus, sondern in Nobel-Restaurants. Oder auf dem Münchner Viktualienmarkt zum Selberkochen.

Radieschen

Radieschen essen die Bayern zur Brotzeit und als Salat, sobald die kleinen roten Wurzeln aus dem Mistbeet lugen oder gebündelt auf den Gemüseständen prangen. Die saftig frischen Blätter verwenden sie wie Kräuter für die Frühlingssuppe.

ALLES GUTES GIBT...

PIMPERNELLE

»Esset Pimpernell, so sterbet ihr nicht äll«, hieß es einst, als weise Frauen und Ärzte die Pflanzen zum Heilen nahmen. Später holten nur noch Köchinnen das Kraut, mischten es in Suppen, Salate und Saucen. Pimpernelle mit den runden, fein gezackten Blättern schmeckt im Frühjahr besonders würzig.

SUPPENGRÜN

Suppengrün ist in Bayern ein eher zierliches Ding: Gelbe Rübe, Lauch, Petersilienwurzel, Sellerie – von allem ein Stückchen und hübsch verschnürt. Dazu vielleicht noch ein, zwei Petersilienzweiglein oder eine Pastinake statt der Petersilienwurzel. Grob oder fein zerkleinert würzt es Fleischbrühen, Fischsud und Schmorfond.

SALAT AUS HOPFENSPROSSEN

Für 4 Personen
besonders fein

300 g Hopfensprossen
Salz, 1/2 TL Zucker
3 EL Gemüsebrühe (Instant)
3 EL Zitronensaft
4 EL Olivenöl, weißer Pfeffer
1 Handvoll gemischte Kräuter
(Petersilie, Dill, Estragon, Borretsch,
Schnittlauch, Kerbel)

1

Die Hopfensprossen einige Male in kaltem Wasser gut spülen, bis alle Erdreste entfernt sind. Dann die unteren Enden der Sprossen abschneiden.

2

Reichlich Salzwasser mit dem Zucker zum Kochen bringen. Hopfensprossen darin zehn Minuten sanft sprudelnd kochen lassen. Abgießen und kalt abspülen.

3

Die Sprossen sofort mit Gemüsebrühe, Zitronensaft, Olivenöl, Salz und Pfeffer aus der Mühle vermischen und zugedeckt 15 Minuten ziehen lassen.

4

Kräuter waschen, trockentupfen und sehr fein hacken. Unmittelbar vor dem Servieren unter den Salat mischen.

TIP: Der Salat schmeckt als Vorspeise oder als Beilage zu kurz gebratenem Fleisch, gerösteter Zunge (Seite 105) oder pochiertem Fisch. Typisch bayerisch und genauso fein sind Hopfensprossen als Gemüse: Die geputzten, gewaschenen Sprossen in Salzwasser etwa fünf Minuten kochen und abgießen. Gut abgetropfte Sprossen in Butter schwenken, mit Salz, Pfeffer aus der Mühle und ein paar Tropfen Zitronensaft abschmecken.

Hopfensprossen

Die jungen Triebe des Hopfens sind eine richtige Delikatesse, die Sie möglichst probieren sollten. Leider ist das nicht ganz einfach: Selbst in Bayern bekommen Sie Hopfensprossen fast nur in Nobelrestaurants, bei manchen Gemüsehändlern auf Bestellung und natürlich auf dem Münchner Viktualienmarkt. Denn heute sind die zarten Hopfensprossen eigentlich nur Abfallprodukt beim Hopfenanbau: Für eine kräftige neue Hopfenpflanze reichen zwei bis sechs Triebe, der Rest wird von den Wurzelstöcken abgebrochen.

Sollen diese Sprossen als Gemüse auf den Markt kommen, ist die Ernte zeitraubend und mühsam. Sie müssen – ähnlich wie Spargel – vorsichtig aus der Erde geholt, mit einem Messer geschnitten und von Hand aufgelesen werden. Außerdem wachsen die aromatischen Freiland-Sprossen ab Mitte März nur etwa vier Wochen. Danach öffnen sich die Köpfchen, die Triebe lugen aus der Erde, werden grün und bitter. Seit Arbeitskräfte knapp und die Löhne hoch sind, lohnt der Aufwand nicht mehr. So sind die alten Hopfenrezepte nach dem Zweiten Weltkrieg langsam aus den bayerischen Kochbüchern verschwunden.

Hopfen ist ein sehr altes Gemüse: Lange bevor die Menschen entdeckten, daß seine Blütendolden das Bier angenehm bitter und länger haltbar machen, haben sie die jungen Triebe gegessen. Erst als der bayerische Herzog Wilhelm IV. im Jahr 1518 mit seinem Reinheitsgebot den Hopfen zur Grundsubstanz beim Bierbrauen erklärte, verdienten die Hopfenbauern das meiste Geld mit den Blütendolden. Die Hallertau zwischen München, Ingolstadt und Regensburg entwickelte sich zum wichtigsten Hopfengebiet Bayerns, ist heute noch Europas größter Hopfenlieferant. Dort, im Hügelland mit mildem Klima und sandigen Böden, stehen die Pflanzen dicht an dicht, ranken hinauf an sieben Meter hohen Stangen, die untereinander mit Drähten verbunden sind. Die Landschaft hat einen ganz eigenen Charakter: geschachtelt in Karrees, zartgrün eingefärbt und sanft gewellt.

Gesulzter Karpfen

Für 4 Personen
Für Gäste

1 küchenfertiger Spiegelkarpfen (ca. 1,2 kg)
2 Bund Suppengrün
1 Zwiebel, 3 l Wasser
75 g Salz, 4 EL Essig
2 Zitronenscheiben
1 Päckchen Fischgewürz
2 dünne Stangen Lauch (Porree)
2 Gelbe Rüben (Möhren)
2 rote Zwiebeln, Saft von 1 Zitrone
etwas abgeriebene Zitronenschale
schwarzer Pfeffer, 1/2 Bund Petersilie

1

Den Karpfen innen und außen kalt abspülen. Das Suppengrün putzen und waschen, die Zwiebel schälen. Beide Zutaten grob zerkleinern und mit Wasser, Salz, Essig, Zitronenscheiben und Fischgewürz in einem großen Topf aufkochen.

2

Karpfen in den Sud legen und im offenen Topf bei mittlerer Hitze langsam zum Sieden bringen, bis im Sud kleine Bläschen aufsteigen. Den Karpfen im halb geschlossenen Topf in etwa 40 Minuten gar ziehen lassen. Dabei darauf achten, daß der Sud immer nur perlt, nicht sprudelt.

3

Fisch herausnehmen und abkühlen lassen. Inzwischen den Sud durch ein Sieb gießen und wieder in den Topf geben. Lauch putzen, waschen und in Ringe schneiden. Gelbe Rüben schälen und in dünne Scheiben schneiden. Dieses Gemüse im Sud etwa zwei Minuten sprudelnd kochen lassen, bis es gerade eben weich ist. Mit einem Schaumlöffel herausnehmen.

4

Fisch häuten, von den Gräten lösen und in mundgerechte Stücke teilen. Rote Zwiebel schälen und in dünne Ringe schneiden. Fischstücke und Zwiebelringe auf eine tiefe Platte legen. Lauchringe und Rübenscheiben darüber verteilen.

5

Karpfensud durch ein Sieb gießen. Einen Viertelliter davon abmessen und mit Zitronensaft, Zitronenschale und Pfeffer aus der Mühle zur Marinade verrühren. Über den Fisch gießen.

6

Karpfen zugedeckt im Kühlschrank mindestens zwölf Stunden ziehen lassen. Unmittelbar vor dem Servieren eventuell mit Salz nachwürzen. Petersilie hacken und darüberstreuen. Dazu paßt Schwarzbrot oder Weißbrot mit Butter.

KÜCHENTIP: Würze ist bei Süßwasserfischen sehr wichtig: Sie müssen den Sud viel kräftiger salzen, als Sie es von Meeresfischen vielleicht gewohnt sind. Sparen Sie auch nicht mit Gemüse, Säure und Fischgewürz. Den übriggebliebenen Sud können Sie einfrieren und für den nächsten pochierten Fisch verwenden.

BAYERISCHER FISCHSALAT

Die Bayern mögen jeden Süßwasserfisch als gesulzten oder – wie es hochdeutsch heißt – marinierten Fisch: als süddeutsche Art des Fischsalats. Karpfen schmeckt gesulzt besonders gut, weil der Fischsud in der Marinade dick wie Gelee wird. Natürlich können Sie den gesulzten Fisch auch mit Resten zubereiten: Übriggebliebenes Fleisch von Karpfen oder anderem Fisch entgräten, mit Gemüse aus dem Sud und feinen Zwiebelringen mischen. Die Marinade wie oben aus Sud, Zitronensaft und Gewürzen rühren.

Eier gehören zu Ostern, denn sie sind etwas Besonderes. Schöpfungsgeschichten ranken sich ums Ei, sagenhafte Fürstenhäuser sollen aus dem Ei entstanden sein. Im Christentum gilt das Ei als Sinnbild der Auferstehung: Christus habe das Grab gesprengt wie das Küken die Eierschale.

Jahrhundertelang waren Eier während der Fastenzeit verboten. Erst 1918 hob die Kirche dieses Verbot offiziell auf. Da man die Hühner trotzdem nicht am Legen hindern konnte, hatten sich in den vierzig Tagen vor Ostern viele Eier angesammelt, die man verbrauchen mußte. Im Mittelalter, als die Leute meist mit Lebensmitteln und weniger mit Geld bezahlten, lieferten die Bauern ihrem Grundeigentümer eine bestimmte Anzahl von Eiern als Pacht.

Mit Eiern entrichteten Bäuerinnen auch den Zoll: Wollten sie Waren vom Hof in der Stadt verkaufen, zahlten sie vor Ostern eine »Eier-Maut« und konnten bestimmte Lebensmittel das ganze Jahr über zollfrei zum Markt bringen. Damals waren Eier auch Spende für Kirche und guten Zweck – genau wie heute der Geldschein im Klingelbeutel und der Scheck für die Caritas. Grundherren, Priester und Äbte, die so viele Eier als Pacht, Zoll und Spenden einnahmen, haben sie wiederum als Zahlungsmittel verwendet: Mit Eiern und Eiergebäck entlohnten sie ihr Personal, unterstützten Bedürftige. Aus diesem Brauch hat sich der goldgelbe Hefefladen zum typischen Osterbrot und das gefärbte Ei zum Osterei entwickelt.

Als es im Laufe von Jahrhunderten seine Kaufkraft einbüßte, wandelte es auch zum schönen Geschenk – mal kunstvoll und kostbar aus Gold und Juwelen, mal bunt und süß aus Schokolade, Krokant oder Marzipan. Heidnisch, wie es so oft heißt, war das Osterei übrigens nie. Ausgerechnet die Nordeuropäer, deren Vorfahren immer herhalten mußten, wenn es um heidnische Riten ging, kennen Eier zu Ostern erst seit etwa 1900 – ein bißchen zu spät für vorchristlichen Fruchtbarkeitszauber!

Außerdem wird ein normales Ei zum »Osterei« ja erst, wenn der christliche Priester es geweiht hat. Diese Weihe, die andere wichtige Lebensmittel wie Schinken, Osterfladen, Brot, Salz, Milch und Butter einschließt, war vermutlich schon vor der Jahrtausendwende üblich. Aber der erste sichere Beweis für ein geweihtes Osterei stammt aus einem Gedicht des Jahres 1553.

***In Bayern laufen viele Hühner frei.
Sie baden genüßlich im Sand,
scharren eifrig nach Würmern und
legen viele Eier.***

Frühlingssuppe mit Goldwürfeln

Für 4 Personen
besonders fein

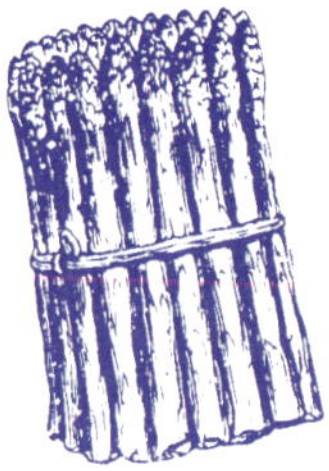

1 altbackene Semmel (Weizenbrötchen)
1 Ei, 1 EL Milch
Salz, weißer Pfeffer
geriebene Muskatnuß
500 g grüner Spargel
je eine Handvoll Blättchen von Petersilie, Sauerampfer und Radieschen
4 dünne Lauchzwiebeln mit möglichst viel Grün
1 EL Butter
1 l Fleisch-, Hühner- oder Gemüsebrühe
1 EL Crème fraîche
1 EL Butterschmalz

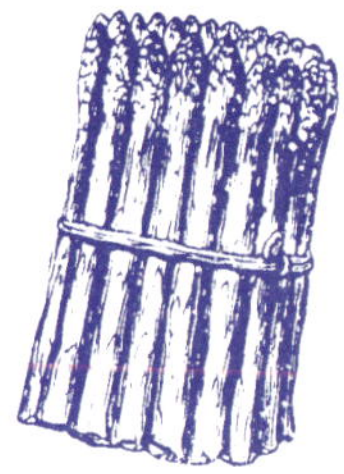

1

Semmel würfeln. Ei mit Milch, Salz, Pfeffer und Muskatnuß verrühren und darübergießen. Ziehen lassen, bis die Eimischung aufgesogen ist. Dabei hin und wieder umrühren.

2

Spargel waschen, putzen und in etwa fingerbreite Stücke schneiden. Blättchen fein hacken. Lauchzwiebeln putzen, waschen und mit allen saftigen grünen Blättern in hauchdünne Ringe schneiden.

3

Butter erhitzen. Lauchzwiebelringe und Spargel darin bei schwacher Hitze anbraten, bis die Zwiebeln glasig sind. Brühe zugießen, aufkochen und die Suppe zugedeckt bei mittlerer Hitze acht bis zehn Minuten garen, bis der Spargel gerade eben bißfest ist. Crème fraîche und Kräuter unterrühren, Suppe noch einmal erhitzen und mit Salz und Pfeffer abschmecken.

4

Während die Suppe gart, Butterschmalz in einer Pfanne erhitzen. Eingeweichte Semmelwürfel darin bei mittlerer bis schwacher Hitze etwa fünf Minuten braten, bis sie goldbraun sind. Dabei mehrmals wenden. Die Suppe auf Tellern verteilen und die »Goldwürfel« darauf anrichten.

EINE FEINE SUPPENEINLAGE

Die Suppe stammt aus einem Nürnberger Kochbuch von 1829, die Goldwürfel darin kommen allerdings schon viel früher vor – in einem Buch aus dem Jahre 1591. Anders als die bekannten »Armen Ritter« waren die »gülden Schnitten« keine Süßspeise. Sie wurden mit gesalzenen Eiern zubereitet. Die Oberpfälzer aßen sie mit Kompott aus frischem oder getrocknetem Obst während der Fastenzeit.

Im 18. Jahrhundert tauchen die Goldschnitten dann bei den opulenten Mahlzeiten auf, die dem adligen Gefolge und sogar der Dienerschaft von Fürsten, geistlichen Würdenträgern und wichtigen Politikern serviert wurden. Langsam wandelten sich die derben Schwarzbrot-Schnitten zu zierlichen Weißbrot-Würfelchen, ersetzten die Fleischeinlage in delikaten Frühlings-Fastensuppen. Manche Köchinnen legten gekochte Eier auf die knusprig gebratenen Schnitten und überzogen das Ganze mit Kräuter- oder Buttersauce – ein kulinarisches Vergnügen, das nur Leute genießen können, die sich nicht um ihren Cholesterinspiegel kümmern wollen.

Goldwürfel finden Sie auch in modernen bayerischen Kochbüchern – allerdings nur als Suppeneinlage wie Pfannkuchen oder Leberknödel. Das alte Fastengericht kennt heute keiner mehr.

FRÜHLING IN BAYERN

Jetzt gibt es Lammfleisch, junges Schweinefleisch, Hasen und zartes Geflügel. Vom Gärtner oder aus dem eigenen Frühbeet holen Sie Salat, Radieschen und den ersten Spinat. Sauerampfer und Kerbel sprießen. Spargel können Sie nun wieder kaufen, kleine Artischocken für den Osterbraten kommen aus Italien. Die Lauchzwiebelchen sind zart und aromatisch, der Rhabarber saftig und fein säuerlich. Diese Aufzählung habe ich in einem Buch aus dem Jahr 1875 gefunden. Sie hat bis heute nichts an Aktualität verloren.

Lachsforelle mit Kräutersauce

Für 3 Personen
besonders fein

1 Handvoll Sauerampfer und Pimpernelle
1 Handvoll Petersilienblättchen
2 Lauchzwiebeln
2 Knoblauchzehen, 2 EL Butter
1/8 l Fischfond (aus dem Glas)
1/8 l trockener Weißwein
Salz, schwarzer Pfeffer
Saft und Schale von 1 Zitrone
1 EL Olivenöl
1 Lachsforelle (ca. 800 g)
1 Stück Muskatblüte (Macis)
1 Zweig Estragon

1

Kräuter hacken. Lauchzwiebeln von den Wurzelansätzen und welken Blättern befreien, waschen und mit den saftigen grünen Blättern zerkleinern. Knoblauch fein hacken. Backofen auf 200 Grad (Umluft 180 Grad, Gas Stufe 4) vorheizen.

2

Einen Teelöffel Butter in einem Topf erhitzen. Lauchzwiebeln und Knoblauch darin bei schwacher Hitze glasig braten. Abwechselnd Fischfond und Weißwein zugeben und unter Rühren bei starker Hitze dick einkochen. Sauerampfer und Petersilie untermischen, Sauce mit Salz, Pfeffer und einem Eßlöffel Zitronensaft würzen. Öl untermischen. Zugedeckt ziehen lassen.

3

Lachsforelle mit Salz und reichlich Pfeffer einreiben und in eine ofenfeste Form mit niedrigem Rand legen. Fisch mit der restlichen Butter, einem großen Stück Zitronenschale, der Muskatblüte und Estragon füllen. Mit Zitronensaft beträufeln. Zugedeckt im vorgeheizten Ofen (mittlere Schiene) etwa 30 Minuten garen.

KÜCHENTIP: Nicht gerade urbayerisch, aber von modernen bayerischen Hausfrauen oft verwendet: die Bratfolie. Der Fisch bleibt darin besonders zart und saftig.

Lachs im Teig

Für 4 Personen
Für Gäste

4 Platten tiefgefrorener Blätterteig
1 großer Bund Petersilie, 5 Salbeiblättchen
4 Stückchen ganze Muskatblüte (Macis)
1 TL abgeriebene Zitronenschale
2 TL Salz, weißer Pfeffer
4 Lachssteaks (je ca. 220 g)
Saft von 1/2 Zitrone
1 Eigelb, 2 EL süßer Rahm (süße Sahne)

1

Blätterteigplatten auftauen. Backofen auf 220 Grad (Umluft 200 Grad, Gas Stufe 5) vorheizen. Petersilie und Salbei ganz fein hacken. Muskatblüte zwischen den Fingern zerkleinern. Mit Kräutern, Zitronenschale, Salz und viel Pfeffer aus der Mühle vermischen.

2

Blätterteigplatten auf Mehl knapp messerrückendick ausrollen. Auf jede Teigplatte ein Lachssteak legen und mit Zitronensaft beträufeln. Die Würzmischung über den Fischportionen verteilen.

3

Lachssteaks mit dem Teig umhüllen und nebeneinander auf ein kalt abgespültes Backblech legen. Eigelb mit Rahm verrühren, Lachspäckchen damit bestreichen.

4

Das Blech in den heißen Ofen (mittlere Schiene) schieben. Lachs etwa 20 Minuten backen, bis die Teighülle goldgelb gebräunt ist.

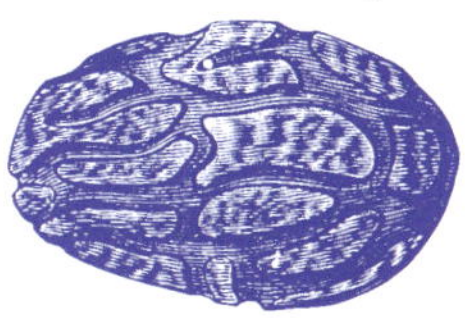

Teure Exoten

Muskatblüte und Muskatnuß tauchen in alten bayerischen Rezepten oft auf – genau wie Saft und Schale von Zitronen und Pomeranzen. Noch im vorigen Jahrhundert waren diese Gewürze aber teure »Exoten«. Deshalb stimmt es nicht, wenn Kochbuch-Autoren von damals betonen, ihre Bücher seien »für alle Stände« bestimmt.

Huhn mit Endivien

Für 2 Personen
einfach

1 junges Huhn (ca. 1,1 kg)
1/2 EL Mehl
Salz, schwarzer Pfeffer
1 1/2 EL Butterschmalz oder Öl
6 frische Lorbeerblätter
3 Gewürznelken
1/8 l Fleisch- oder Hühnerbrühe
1 Handvoll Endiviensalatblätter
2 dünne Scheiben gekochter Schinken
2 EL saurer Rahm (saure Sahne)
1 EL gehackte Petersilie

1

Huhn gut waschen und halbieren. Mehl, Salz und Pfeffer auf einem Teller mischen. Hühnerhälften damit einreiben.

2

Einen Eßlöffel Fett in einem Bräter erhitzen. Hühnerhälften darin bei starker bis mittlerer Hitze rundherum braun anbraten. Lorbeerblätter, Gewürznelken und Brühe zugeben.

3

Bräter schließen und in den kalten Backofen (untere Schiene) stellen. Ofen auf 200 Grad (Umluft 180 Grad, Gas Stufe 4) schalten. Huhn etwa eine Stunde schmoren.

4

Gewaschenen Endiviensalat und den gekochten Schinken in Streifen schneiden. Im restlichen Fett bei mittlerer Hitze braten, bis der Schinken glasig ist.

5

Hühnerhälften auf vorgewärmten Tellern anrichten. Sauce durch ein Sieb zur Endivienmischung gießen und einmal aufkochen. Saure Sahne und Petersilie unterrühren. Über den Hühnerportionen verteilen. Dazu paßt Brot oder Reis.

KÜCHENTIP: Geflügel ist gar, wenn beim Anstechen der Keulen nur klarer Saft austritt.

Geröstete Zunge

Für 2 Personen
einfach

300 g gekochte Rinderzunge (Seite 168)
1 kleiner Bund Petersilie
50 g Semmelbrösel, 2 EL Butterschmalz
Salz, schwarzer Pfeffer
2 EL Zitronensaft

1

Selbstgekochte Rinderzunge heiß in etwa fingerdicke Scheiben schneiden, wieder in die Kochbrühe legen und darin erkalten lassen, damit sie saftig bleibt.

2

Petersilie fein hacken und auf einem Teller mit Semmelbröseln vermischen. Butterschmalz in einer Pfanne zerlassen, aber noch nicht richtig heiß werden lassen.

3

Zungenscheiben aus der Brühe nehmen, trockentupfen und auf beiden Seiten mit etwas Butterschmalz einstreichen. Mit Salz und Pfeffer würzen. Im Petersiliengemisch wenden.

4

Butterschmalz nun richtig erhitzen und die Zungenscheiben darin bei mittlerer Hitze pro Seite etwa drei Minuten braten. Auf heißen Tellern anrichten und mit dem Zitronensaft beträufelt sofort servieren. Dazu paßt warmer Hopfensprossensalat (Seite 94), gemischter Salat oder Kartoffelsalat.

Rost und Spiess

Das bayerische »rösten« für Gebratenes erinnert noch an den Bratrost – heute über dem Holzkohlengrill, früher über dem offenen Herdfeuer in der Küche. Ein solches Gitter aus Holz für Fisch oder aus Eisenstäben für Fleischstücke und Würste hatte fast jeder. Den Drehspieß für den großen Braten gab es dagegen nur in hochherrschaftlichen Häusern.

OSTERLAMMBRATEN

Für 8 Personen
Für Gäste

1 unbehandelte Zitrone
2 Knoblauchzehen
1 Bund Thymian
1/2 l trockener Weißwein
6 EL Olivenöl
1 Lammkeule (ca. 2 kg)
Salz, schwarzer Pfeffer
500 g kleine Kartoffeln
8 kleine Artischocken
1 Bund Lauchzwiebeln

1

Für die Marinade etwa die Hälfte der Zitronenschale dünn abschneiden und hacken. Den Saft auspressen. Knoblauchzehen fein hacken. Thymian waschen, die Blättchen abstreifen. Alles mit Wein und Olivenöl verrühren.

2

Lammkeule in eine große Schüssel geben und mit der Marinade übergießen. Zugedeckt im Kühlschrank etwa 24 Stunden ziehen lassen, dabei mehrmals wenden.

3

Zum Braten die Keule rundherum salzen, mit Pfeffer aus der Mühle würzen und mit der Marinade in die Fettpfanne des Backofens geben. Fettpfanne in den kalten Backofen auf die untere Schiene schieben. Die Keule bei 160 Grad (Umluft 150 Grad, Gas Stufe 2) eineinhalb Stunden schmoren. Dabei einmal wenden und häufig mit der Schmorflüssigkeit im Bräter übergießen.

4

Während die Lammkeule brät, Kartoffeln schälen und waschen. Artischocken waschen. Stiele direkt am Ansatz abbrechen, dabei löst sich auch ein Teil der harten Fasern aus dem Blütenboden. Die kleinen, harten Blätter rund um den Stielansatz abzupfen. Alle anderen stacheligen Blütenspitzen mit einer Küchenschere abschneiden. Kartoffeln und Artischocken um die Lammkeule legen und eine weitere Stunde schmoren.

5

Lauchzwiebeln putzen, waschen und mit den saftigen grünen Blättern in Stücke schneiden. Ebenfalls um die Keule legen, mit Salz und Pfeffer würzen und etwa 30 Minuten schmoren, bis alles weich ist.

6

Die Temperatur auf starke Oberhitze oder hohe Grillstufe schalten und die Keule fünf bis zehn Minuten überkrusten.
Keule aus dem Ofen nehmen und vor dem Anschneiden zehn Minuten in Alufolie gewickelt ruhen lassen. Fleischscheiben mit Kartoffeln, Gemüse und Schmorsud auf heißen Tellern anrichten.

TIP: Zum Aufschneiden eine Serviette um den Knochen der Lammkeule wickeln. Die Keule am Knochen festhalten, aufrecht auf ein Brett stellen und das Fleisch in dicken Scheiben vom Knochen schneiden.

Ganz italienisch

Lamm und Artischocken in Bayern? Richtig! Außer Zicklein, also junger Ziege, war Lammbraten in den Bürgerküchen ein beliebtes Osteressen. Und kleine Artischocken, die heute im späten Frühling und Herbst aus Italien kommen, finden Sie in jedem bayerischen Kochbuch des 19. Jahrhunderts. Italien war Bayern verbunden: Herzöge und Kurfürsten holten sich ihre Frauen aus dem sonnigen Süden, Künstler verbrachten ihre Studienjahre im Land, »wo die Zitronen blühn«. Wie die Brüder Asam, die in Rom studierten und später die wunderbarsten bayerischen Rokokokirchen schufen.

Kalbsbratl mit Brezenfüllung

Für 8 Personen
Für Gäste

1,5 kg Kalbsbrust, 1 Bund Suppengrün
3 Laugenbrezeln, 1/4 l Milch
2 Zwiebeln, 2 Bund Petersilie
100 g Butter
abgeriebene Schale von 1/2 Zitrone
2 EL Zitronensaft, 1 EL Semmelbrösel
2 Eier, Salz, weißer Pfeffer
geriebene Muskatnuß
1/4 TL gemahlene Muskatblüte (Macis)
2 EL Öl
1 kleine Zwiebel, 1 Gelbe Rübe (Möhre)
1 TL getrockneter Thymian
4 EL trockener Weißwein

1

Knochen der Kalbsbrust vom Metzger auslösen lassen und für die Brühe mitnehmen. Fettschicht auf dem Fleisch bis auf etwa drei Zentimeter abschneiden.

2

Für den Schmorsud die Knochen mit einem halben Liter Wasser und grob zerkleinertem Suppengrün zum Kochen bringen. Zugedeckt bei schwacher Hitze zwei Stunden kochen. Brühe durchsieben, erkalten lassen und entfetten.

3

Für die Füllung die Brezeln grob zerschneiden, mit warmer Milch übergießen und zugedeckt ziehen lassen. Zwiebeln und Petersilie fein hacken und bei mittlerer bis starker Hitze in zwei Eßlöffeln Butter fünf Minuten braten. Pfanne von der Kochstelle nehmen.

4

Die restliche Butter mit Zitronenschale und -saft schaumig rühren. Eßlöffelweise die eingeweichten Brezeln, dann die Eier, die Zwiebelmischung und Semmelbrösel unterrühren. Mit Salz, Pfeffer, Muskatnuß und Muskatblüte abschmecken und in die Kalbsbrust geben. Öffnung mit Küchengarn zunähen.

5

Das Öl in einem Bräter erhitzen. Kalbsbrust bei starker Hitze von beiden Seiten braun anbraten. Die Hälfte der Knochenbrühe zugießen. Bräter schließen und in den kalten Backofen (untere Schiene) stellen. Den Ofen auf 200 Grad (Umluft 180 Grad, Gas Stufe 4) schalten. Die Kalbsbrust eineinhalb Stunden schmoren.

6

Die Zwiebel und die Gelbe Rübe schälen und fein zerkleinern. Mit Thymian und Wein zum Braten geben. Kalbsbrust eine weitere Stunde schmoren, dabei nach und nach die restliche Brühe zugießen. Den Braten mehrmals mit Fond beschöpfen, dann herausnehmen und vor dem Anschneiden 15 Minuten ruhen lassen.

7

Schmorsud entfetten. Nach Wunsch durch ein Sieb in einen Topf umgießen und auf der Kochstelle bei starker Hitze zu einer sämigen Sauce einkochen.

8

Das Fleisch mit einem scharfen Messer aufschneiden und auf einer vorgewärmten Platte anrichten. Den Schmorsud mit dem Gemüse oder die eingekochte Sauce gesondert dazu servieren. Als Beilagen schmecken Kartoffelknödel und Frühlingsgemüse.

TIP: An Ostern, Pfingsten und Weihnachten ist Freiluft-Konzert im bayerischen Wasserburg am Inn: Nach der Messe, zwischen elf und zwölf, versammelt sich eine Gruppe von Blechbläsern auf dem Turm der Frauenkirche und spielt Barockmusik. Und weil genau dann der Sonntagsbraten, »das Bratl«, im Rohr ist, nennen die Wasserburger dieses Konzert auch »Bratlblasen«.

OSTERLÄMMCHEN

Für 1 Stück
besonders typisch

4 große Eier, 50 g Zucker
1/2 TL abgeriebene Zitronenschale
1/2 TL Vanillezucker, 125 g Mehl
Fett und Mehl für die Form
Puderzucker zum Bestreuen

1

Eier trennen. Eiweiß steif schlagen. Zucker langsam zugeben. Eigelb nacheinander unterrühren, Mehl daraufsieben und unterziehen.

2

Osterlammform aufklappen, gut fetten, mit Mehl ausstäuben und wieder zusammensetzen. Teig einfüllen und mit der Öffnung nach oben in die »Füßchen« klemmen. Lamm in den kalten Backofen (untere Schiene) schieben und bei 160 Grad (Umluft 150 Grad, Gas Stufe 2) etwa 30 Minuten backen.

3

Lamm herausnehmen und in der Form 20 Minuten ruhen lassen. Form öffnen, Lamm herauslösen und zum Erkalten auf ein Kuchengitter stellen. Das Osterlämmchen vor dem Servieren mit Puderzucker bestäuben.

TIP: Die Formen für Kuchenlämmchen und -häschen gibt es in Haushaltswarenläden.

OSTERGESCHICHTE

Richtig geschmückt, erzählt das Lämmchen sie: Die weiß-gelbe Fahne bedeutet Christi Sieg über Sünde und Tod. Sein rotes Band symbolisiert das Blut, das Jesus vergossen hat. Es verheißt neues Leben und die Wärme des beginnenden Jahres. Das Glöckchen am Band erinnert daran, daß sich der Sohn Gottes dem Willen seines Vaters unterworfen hat. Und das weiß überzuckerte Lämmchen selbst steht für das strahlende Licht, das den auferstandenen Heiland umgab.

Die meisten Frühlingsgedichte preisen Veilchen. Doch viele andere Blumen sind weitaus früher dran mit dem Frühlingserwachen.

OSTERFLADEN

Für 20 Stücke
besonders typisch

500 g Mehl, 1/4 l Milch
1 Würfel Hefe, 100 g Zucker
100 g Butter, 1 Prise Salz
abgeriebene Schale von 1 kleinen Zitrone
1/2 TL Zimtpulver
1 TL Rum oder einige Tropfen Arrak-Aroma
5 Eier, 2 EL süßer Rahm (süße Sahne)
75 g Rosinen
Fett für das Blech

1

Mehl in eine Schüssel geben. In die Mitte eine Mulde drücken. Milch lauwarm erhitzen. Hefe zerbröckeln und in der Mulde mit zwei Eßlöffeln Milch, einem Teelöffel Zucker und etwas Mehl vom Rand verrühren, bis sie sich aufgelöst hat. Diesen Vorteig zugedeckt bei Zimmertemperatur 15 Minuten ruhen lassen, bis er sichtbar aufgegangen ist.

2

Inzwischen etwa drei Viertel der Butter in der restlichen warmen Milch zerlaufen lassen. Vorteig mit dem gesamten Mehl verrühren. Die Milch-Butter-Mischung, Salz, abgeriebene Zitronenschale, Zimt, Rum und drei zimmerwarme Eier hinzufügen.

3

Alles mit den Knethaken des Handrührgerätes fünf Minuten durchrühren, bis der Teig Blasen wirft und sich vom Schüsselrand löst. Teig zugedeckt in einem kühlen Raum über Nacht gehen lassen, bis sich sein Volumen verdoppelt hat.

4

Ein großes Tuch mit Mehl bestäuben, Teig darauf noch einmal kräftig durchkneten und messerrückendick zu einem ovalen Fladen ausrollen. Restliche Eier mit der Sahne verrühren. Teig damit bestreichen. Zucker und Rosinen daraufstreuen.

5

Teigplatte mit Hilfe des Tuches von beiden Seiten bis zur Mitte umschlagen. Fladen auf ein gefettetes Backblech legen und zugedeckt weitere 15 Minuten gehen lassen.

6

Den Rest der Butter zerlassen und den Fladen damit bestreichen. Blech in den kalten Backofen (mittlere Schiene) schieben. Den Ofen auf 180 Grad (Umluft 160 Grad, Gas Stufe 3) schalten. Osterfladen etwa 50 Minuten backen.

KÜCHENTIP: Hefeteig braucht zum Gehen keine Wärme, sondern nur Ruhe. Wer für Ostern viel vorbereiten muß, kann den Teig vorab kneten und bis zu 24 Stunden zugedeckt an einen kühlen Ort stellen. In dieser Zeit ist er gut aufgegangen und gerade richtig zum Backen. Übrigens ist kalt gegangenes Hefegebäck besonders feinporig und schmeckt sehr aromatisch.

BACKEN FÜR OSTERN

In allen christlichen Ländern backen die Frauen zu Ostern spezielles Gebäck: meist in Fladen-, Lamm- oder Hasenform. Typisch für Bayern ist das Osterlämmchen aus Biskuit oder Rührteig mit rotem Band, Glöckchen und Fahne, dick mit Puderzucker (Seite 111) bestreut. Und der Hefe-Osterfladen – entweder mit einem Guß aus Eiern und Rahm wie im Rezept –, oder – wie in der Oberpfalz – mit einer Füllung aus Quark, Rahm, Eiern, Zitrone, Zimt oder Vanille. Die Quarkcreme wird in die Mitte des ausgerollten Teigs gegeben. Nun schlägt man die breiten Seiten des Teigs so nach innen, daß sie sich in der Mitte berühren und die Füllung gerade eben bedecken. Manche Hausfrauen füllen den österlichen Fladen auch mit geraspelten Äpfeln und Nüssen. Doch egal, wie einfach oder raffiniert Sie den Fladen zubereiten – tüchtig süß muß er sein, mit Zucker und vielen Rosinen. Das kommt noch aus der Zeit, als Gebäck die einzige Süßigkeit am Festtagstisch war. Zuckerküken, Marzipaneier und Schokoladenosterhasen legen die Eltern ihren Kindern erst seit etwa 70 Jahren ins Osternest.

Honiglebkuchen

Für 20 Stück
einfach

150 g Honig, 25 g Zucker, 1 EL Butter
Schale von 1 Zitrone, 50 g Orangeat
250 g Mehl, 1 Prise Salz
2 TL Lebkuchengewürz
1 TL gemahlene Vanille, 1 Prise Pimentpulver
100 g gemahlene Mandeln
1/2 Päckchen Backpulver, 2 Eier
3 EL Orangensaft
Fett und Mehl für das Blech
Zum Bestreichen:
1 Eigelb, 2 EL süßer Rahm (süße Sahne)
2 EL Honig, 2 EL Zitronensaft

1

Honig, Zucker und Butter unter Rühren erwärmen, bis die Butter zerlaufen und der Zucker gelöst ist. Dabei die Mischung nicht aufkochen. Lauwarm abkühlen lassen.

2

Zitronenschale dünn abschneiden und fein hacken. Orangeat fein zerkleinern. Mehl, Salz, Lebkuchengewürz, Vanille, Piment, Mandeln und Backpulver in einer Schüssel mischen.

3

Eier, Orangensaft und die Honigmischung zugeben und mit den Knethaken des Handrührgerätes etwa fünf Minuten rühren, bis der Teig ganz glatt ist. Teig zugedeckt bei Zimmertemperatur eine Stunde ruhen lassen.

4

Teig auf ein gefettetes, mit Mehl bestäubtes Backblech streichen. Eigelb mit Rahm verrühren und den Teig damit bestreichen.

5

Das Blech in den kalten Backofen (mittlere Schiene) schieben. Ofen auf 180 Grad (Umluft 160 Grad, Gas Stufe 3) schalten. Honigkuchen etwa 30 Minuten backen.

6

Flüssigen Honig mit Zitronensaft vermischen und den heißen Kuchen damit bestreichen. Etwa zehn Minuten auf dem Blech abkühlen lassen, dann in Stücke schneiden, vom Blech lösen und auf einem Kuchengitter ganz erkalten lassen.

KÜCHENTIP: Die Haniglebkuchen am besten mit einem Apfel in einer Blechdose mindestens zwei Wochen ziehen lassen. Dann sind sie schön weich und schmecken wunderbar aromatisch.

Ein Geschenk von Göd und Godel

Das Rezept ist nicht etwa in den falschen Monat gerutscht. »Schifferl«, kleine viereckige Kuchen aus Honigteig, oder große Lebkuchen waren in Bayern das Ostergeschenk des »Herrn Göd« und der »Frau Godel« an ihre Patenkinder – beliebte Süßigkeit wie heute eine Riesentüte Gummibärchen, aber mit tieferem Sinn: Das »Leben« im Kuchen bezog sich auf das »ewige Leben«, das Seelenheil. Besonders kunstvolle und kostbare Lebkuchen aus dem Gebäckmodel waren nicht mal zum Aufessen, sondern nur zum Ansehen bestimmt. Die Bilder auf diesen Kuchen – mal das Osterlamm mit Fahne, mal Herzchen mit Blumen und Ranken – sollten zum Nachdenken anregen. Jedes Kind verstand genau den Wink, wenn Patenonkel oder -tante ihm zu Ostern einen Lebkuchen überreichte – egal, ob er Leckerei oder Sinnbildchen war: »Hübsch artig sein« hieß das. Deshalb gab es früher Lebkuchen an all den Tagen des Kirchenjahres, an denen die Kleinen mit Hilfe der himmlischen Autorität wieder ein bißchen zurechtgestutzt werden sollten: zu Allerseelen im Trauermonat November, zu Nikolaus und im Advent. Zum typischen Weihnachtsgebäck wurde er erst in unserem Jahrhundert.

Hasenohren

Für 24 Stück
einfach

500 g Mehl
1 Messerspitze Backpulver, Salz
abgeriebene Schale von 1 unbehandelten Zitrone
50 g Butter, 50 ml kaltes Wasser
1 Ei, 6 EL saurer Rahm (saure Sahne)
Butterschmalz, Kokosfett oder Öl zum Fritieren
50 g feiner Zucker, 1 TL Zimtpulver

1

Mehl mit Backpulver, Salz und Zitronenschale mischen. Butter zerlassen und dabei leicht bräunen. Etwas abgekühlt zum Mehl geben. Wasser, Ei und saure Sahne zufügen und alles mit den Knethaken des Handrührgerätes zu einem glatten Teig vermischen. In Folie gewickelt 15 Minuten kühlen.

2

Teig in Portionen teilen und etwa messerrückendick ausrollen. Mit dem Teigrädchen in 24 Dreiecke mit zwei langen und einer kurzen Seite schneiden.

3

Fett zum Fritieren erhitzen. Hasenohren portionsweise darin etwa vier Minuten backen, bis sie schön goldbraun sind. Herausnehmen und auf Küchenpapier abtropfen lassen. Zucker und Zimt mischen. Heiße oder lauwarme Hasenohren damit bestreuen und servieren.

TIP: Statt Zucker und Zimt schmeckt gemischter Salat wunderbar zu den Hasenohren, denn der Teig enthält keinen Zucker. Wie viele andere bayerische Mehlspeisen waren auch Hasenohren früher ein kräftiges Essen, das die Bäuerin mit Sauerkraut serviert hat. Zimt-Zucker zum Bestreuen kam erst später hinzu, als eine bürgerliche Köchin die Hasenohren zum zarten Kaffeegebäck erklärte.

Wie der Hase zum Osterei kam

Das Ostertier tauchte in Bayern zum ersten Mal auf: 1555 wurde es in einem Rechnungsbuch des Klosters Fürstenfeld bei Bruck, der heutigen Kreisstadt Fürstenfeldbruck, erwähnt. Dieser Hase legte allerdings noch keine Eier. Das tat er erst knapp 130 Jahre später. Und seitdem zerbrechen sich Gelehrte den Kopf über dieses Phänomen. Nüchterne Leute sehen es so: Der Osterhase ist einfach ein mißglücktes Gebildbrot – ungeschickte Hände haben das Osterlämmchen mal mit zu langen Ohren und zu kurzen Beinen ausgestattet. Andere wiederum meinen, daß der eierlegende Hase nur ein Witz war, den sich die Erwachsenen mit Kindern erlaubten. Doch die Kinder liebten das Tier, und so war es nicht mehr abzuschaffen.

Manche Historiker halten das Tier für eine Erfindung der Protestanten, die gegen den katholischen Kult der Eierweihe zu Felde zogen. Doch das Volk in Bayern und anderswo zog nicht mit und bestand auf seinen Ostereiern. Da haben die »Evangelischen« aus lauter Spott über die leichtgläubigen Katholiken ein so weltliches Tier wie den »Rammler« zum Eierbringer ernannt. Tatsächlich ist er ein Eierbringer unter vielen anderen – wie der Fuchs, das Lamm, die Henne, der Hahn, der Kranich, der Storch, die Lerche, der Auerhahn, die Glocken oder der Ostermann: Alle diese Figuren haben Volkskundler in ganz Europa entdeckt.

Menü des Monats

Salat aus Hopfensprossen
Frühlingssuppe mit Goldwürfeln
Kalbsbratl mit Brezenfüllung
Osterfladen

DIE KÜCHE

Der Wonnemonat treibt den Hahn zum Huhn, viele Menschen ins Grüne und die Bayern in die Küche. Dort schmoren, kochen und braten sie, was die Natur ihnen jetzt schenkt. Und das sind wahrhaft köstliche Dinge. Ein Essen im Mai wird zum Fest. In Bayern weiß man zu feiern.

IM MAI

Stark ist die Liebe im Monat Mai: zum erdbeerroten Rhabarber auf dem Kuchen, zu den Artischocken mit feiner Kräutersauce, zu knackigem Stangensellerie und den anderen Genüssen, die der Frühsommer erlaubt.

WAS ES IM MAI

RETTICH

Der Rettich gehört zu Bayern – als schneeweiße »Eiszapfen«, geformt wie Möhren oder dunkelrote Wurzeln, die aussehen wie zu lang geratene Radieschen. Der gedrungene Münchner Rettich prangt in »Radl« oder als lange Spirale geschnitten auf dem Brotzeitteller. Und schließlich gibt es den Winterrettich mit tiefschwarzer Schale.

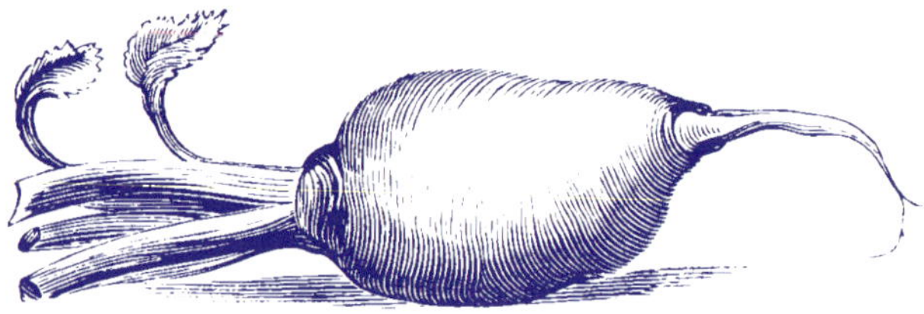

MORCHELN

So lange ist es noch gar nicht her, daß die Mischwälder nach einem warmen Mairegen voller Morcheln standen. In diesen Zeiten, die den Feinschmecker an das Schlaraffenland erinnern, haben die Köchinnen in Bayern und anderswo wunderbare Morchelgerichte erfunden.

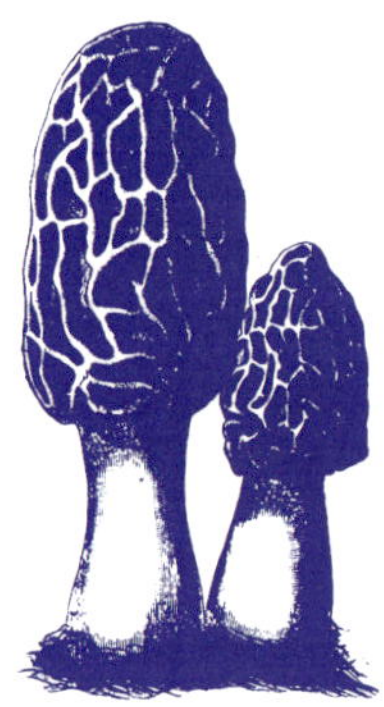

LAUCH

Ohne Lauch kann man sich die bayerische Küche nicht vorstellen. Dabei verwenden ihn die Bayern noch genauso, wie die Natur es einst vorgesehen hatte: als Gewürz. Er macht das Kronfleisch aromatisch, die Sauce beim Schweinsbraten rund und das Pickelsteiner gut. Zum Gemüse – wie in Norddeutschland – ist Lauch im Süden nie geworden.

ALLES GUTES GIBT...

RHABARBER

Rhabarber ist das einzige Gemüse, das mit ganz viel Zucker schmeckt. Drum halten ihn die meisten Menschen auch für Obst. In Bayern ziert er zusammen mit Erdbeeren die Rahmsulz. Als altbayerischer Rhabarberkuchen ist er der Clou frühsommerlicher Kaffeetafeln.

SPARGEL

Am liebsten mögen die Bayern den reinweißen Spargel aus der Heimat: In Schrobenhausen wird er – wie überall in Deutschland – gestochen, sobald die zarten Spargelköpfe die angehäufelte Erde leicht anheben. Wenn die Stangen weiter aus der Erde wachsen, färben sich zuerst die Köpfe bläulich-violett und schließlich werden die Stangen grün.

PRODUKT	GERICHT	SEITE
Rettich	*Rettichsalat*	*Seite 122*
Morcheln	*Kalbsbriesragout mit Morcheln*	*Seite 134*
Lauch	*Kronfleisch*	*Seite 126*
Rhabarber	*Rhabarberkuchen mit Bröselteig*	*Seite 144*
Spargel	*Spargel mit Eiersauce*	*Seite 138*

Rettichsalat

Für 4 Personen
einfach

2 junge Rettiche (ca. 500 g)
Salz
schwarzer Pfeffer
2 EL milder Essig
2 EL Öl

1

Die jungen Rettiche schälen und in hauchdünne Scheiben hobeln. Mit Salz mischen und zugedeckt etwa zehn Minuten ziehen lassen.

2

Das Wasser, das die Rettiche durch das Einsalzen abgegeben haben, weggießen. Reichlich Pfeffer aus der Mühle, den Essig und das Öl zugeben. Salat mischen.

REZEPTTIP: So machen bayerische Köchinnen auch Radieschensalat.

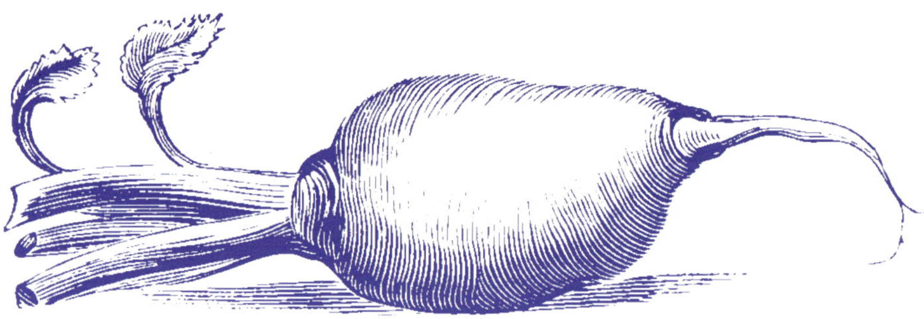

Radi-Kunde

Früher schmeckten die Tomaten süß, die Gurken hatten eine bittere Spitze und in Bayern war der Radi (Rettich) »raß«. Das heißt, ein frisch aufgeschnittener Rettich brannte so scharf auf der Zunge, daß man ihn erst tüchtig einsalzen mußte, um ihm die scharfen Senföle zu entziehen. Die bayerischen Rettich-Experten schneiden den Radi nicht quer, sondern längs auf. Dabei geben die Pflanzenzellen noch mehr Saft ab. Und jedes Rettichblättchen schmeckt wunderbar mild.

Griessuppe mit Kräutern

Für 4 Personen
preiswert

50 g Butter
40 g Weizenvollkorngrieß
1 l Hühner- oder Gemüsebrühe (aus Extrakt)
Salz, weißer Pfeffer aus der Mühle
1 Messerspitze gemahlene Muskatblüte (Macis)
1 Bund Schnittlauch
50 g gemischte frische Kräuter
4 EL süßer Rahm (süße Sahne)
1 TL Zitronensaft

1

Die Butter in einem Topf zerlassen, Grieß darin bei mittlerer Hitze etwa eine Minute unter Rühren rösten. Brühe nach und nach zugießen und dabei weiterrühren, bis die Suppe glatt ist. Mit Salz, Pfeffer und Muskatblüte würzen, aufkochen und zugedeckt bei schwacher Hitze 15 Minuten garen.

2

Inzwischen Schnittlauch in feine Röllchen schneiden und zum Bestreuen beiseite stellen. Die Kräuter waschen, trockenschwenken und fein hacken. Mit Rahm und Zitronensaft in die Suppe rühren.

3

Suppe noch einmal erhitzen, aber nicht mehr aufkochen und auf vorgewärmten Tellern verteilen. Mit dem Schnittlauch bestreuen.

Die Bayern finden überall ihr Brot

Wenn Sie ein bayerisches Kochbuch durchblättern – egal ob modern oder von früher – stoßen Sie auf eine Fülle von Gerichten mit Brot. Da werden Semmeln oder Schwarzbrot aufgeschnitten, mit Milch, Eiern und Gewürzen zu Knödeln verarbeitet. Süße Knödel schmecken nur mit einer Schicht gerösteten Semmelbröseln richtig »rund«. Fleisch und Fisch kriegen eine knusprige Bröselhülle. Brot oder Semmeln werden mit Gemüse oder Kartoffeln in Brühe gekocht und mit gerösteten Zwiebeln »aufgeschmälzt«. Semmeln, in Wasser oder leichter Brühe gekocht, galten als Krankenkost. Brotsuppe war ein billiger Magenfüller, bis Hausfrauen mit Fantasie die kargen Suppen mit Hilfe von Gemüse oder Kartoffeln, dickem Rahm und Kräutern höchst delikat verwandelten.

Selbst Sommertorten (Seite 199) und Weihnachtsplätzerl werden mit Brot und Bröseln zubereitet. Eine beliebte Fastenspeise waren Semmelscheiben, getränkt in Eiermilch, ausgebacken in reichlich Butterschmalz, serviert mit Kompott. Diese Goldschnitten (Seite 101) sind wahrscheinlich noch älter als die gebähte Schnittensuppe (Seite 125): Eine berühmte bayerische Köchin, Anna Wecker, erwähnt sie bereits in ihrem Amberger Kochbuch von 1596.

Zu den Brotgerichten gehören Bavesen (Seite 164), süßer oder herzhafter Semmelschmarren (Seite 20) und dessen einfache Variante, der Röster: Semmelschnitten werden ohne Eier nur mit Zwetschgen, Kirschen oder Äpfeln in Schmalz gebraten. Weshalb soviel Brot? Weil es satt macht. Und weil die Hausfrauen früher altgewordenes Brot nicht einfach wegwarfen, sondern mit viel Fantasie nochmal verwerteten. Im Gegensatz zum Mus und zum Brei war Brot auch etwas Besonderes: Für die Zubereitung brauchten die Frauen nicht nur Mehl, Wasser und einen Topf. Sie mußten weitere Lebensmittel besorgen und einen gut ausgerüsteten Haushalt besitzen: Gewürze und Sauerteig oder Hefe gehörten zum Brotbacken. Und natürlich der Backofen oder Geld, um den Bäcker zu bezahlen.

Gebähte Schnittensuppe

Für 4 Personen
besonders typisch

1 1/2 Semmeln (Weizenbrötchen)
1 Bund Schnittlauch, 1 l Fleischbrühe
1 Kalbsbratwurst, 2 Eigelb
Salz, weißer Pfeffer
geriebene Muskatnuß

1

Backofen auf 240 Grad (Umluft 220 Grad, Gas Stufe 5) vorheizen. Semmeln in halb fingerdicke Scheiben schneiden, auf ein Backblech legen und in den Ofen (mittlere Schiene) schieben. In etwa sechs Minuten hellbraun und knusprig rösten, dabei einmal wenden. Schnitten in eine Suppenterrine geben.

2

Schnittlauch fein zerkleinern. Fleischbrühe aufkochen. Wurstmasse aus der Haut in kleinen Klößchen in die Suppe drücken und bei mittlerer Hitze fünf Minuten ziehen lassen.

3

Eigelb mit einem Eßlöffel Wasser verquirlen und in die Suppe rühren. Mit Salz, Pfeffer und einer kräftigen Prise Muskatnuß abschmecken und über die »Schnitten« in der Terrine gießen. Terrine zudecken und die Suppe etwa zwei Minuten ziehen lassen. Mit Schnittlauch bestreuen.

Bähen = Rösten

Das Rezept für die »Bahde Schniddlsuppn«, wie sie richtig bayerisch heißt, bekam ich von einer der bayerischen Hausfrauen, die ich um Typisches aus ihrem Kochrepertoire gebeten hatte. Als ich dann weiter Rezepte sammelte, alte Texte las und im berühmten Bayerischen Wörterbuch von Andreas Schmeller nachschlug, verstand ich auch das Wort: »Bähen« bedeutet »wärmen« – kranke Arme und Beine hat man »gebäht«, also schön warm gehalten. In der Küche war es nur ein anderes Wort für »rösten« oder »trocknen«.

KRONFLEISCH

Für 4 Personen
besonders typisch

1 Zwiebel, 1 Stange Lauch (Porree)
1 Gelbe Rübe (Möhre), 1 Stück Knollensellerie
1 Lorbeerblatt, 1 l Fleischbrühe
750 g Kronfleisch vom Rind (Dünnung oder Lappen)
Salz, schwarzer Pfeffer aus der Mühle

1

Zwiebel schälen und halbieren. Lauch putzen und waschen. Möhre und Sellerie schälen. Alle Gemüse grob zerkleinern und mit Lorbeerblatt und Fleischbrühe in einem Topf aufkochen.

2

Kronfleisch zugeben, bei mittlerer Hitze langsam zum Kochen bringen und 30 Minuten bei schwacher Hitze garen.

3

Fleisch aus der Brühe nehmen, in Portionen schneiden und auf tiefen Tellern anrichten. Mit je einem halben Schöpflöffel Brühe übergießen.

BEILAGENTIP: Zum Kronfleisch essen die Bayern frisch geriebenen Meerrettich, dünn aufgeschnittene Essiggurken, Schnittlauchröllchen, mittelscharfen Senf und frische Brezeln oder Riemische (Seite 40).

DAS FLEISCH AM MORGEN

Natürlich kommt Kronfleisch nicht frühmorgens zum Kaffee auf den Tisch. Erst um elf ist es Zeit dafür – das zarte Fleisch dampft auf dem Holzteller, der frisch geriebene Kren (Meerrettich) beißt ein bißchen in der Nase und der frische Schnittlauch strömt seinen zarten Duft aus. Die Brezeln knacken beim Reinbeißen, die Essiggurken sind groß, saftig und mild, und das frisch gezapfte Helle (Bier) schäumt im Glas. Probieren Sie's doch mal. Morgens um elf.

Radieschen sind für die Bayern ganz wichtig: Wie das Bier im Krug und der Schatten alter Kastanienbäume gehören sie zur Brotzeit.

Bayerische Ravioli

Für 5 Personen
Für Gäste

Für den Teig:
400 g Mehl, 1 TL Salz, 3 mittelgroße Eier
2–4 EL kaltes Wasser
Für die Füllung:
150 g Wirsingblätter
1 große Zwiebel, 2 EL Öl
3 EL Semmelbrösel
1 Handvoll Kerbel, 1 Bund Petersilie
2 Eier, 2 EL Crème fraîche
Salz, geriebene Muskatnuß
weißer Pfeffer, Mehl zum Ausrollen
1 EL zerlassene Butter
100 g geriebener Parmesankäse

1

Mehl, Salz, Eier und zwei Eßlöffel Wasser in einer Schüssel vermischen. Alles mit den Knethaken des Handrührgerätes zu einem bröckeligen Teig verrühren. Den Teig auf der Arbeitsfläche mit den Händen durchkneten, bis er geschmeidig ist. Dabei nach Bedarf tropfenweise das restliche Wasser unterkneten: Der Teig soll so weich sein, daß Sie ihn gut ausrollen können, darf aber nicht an den Händen kleben bleiben. Den Teig in Folie gewickelt etwa eine Stunde bei Zimmertemperatur ruhen lassen.

2

Inzwischen für die Füllung Wirsing und Zwiebeln grob zerkleinern. Öl in einer Pfanne erhitzen. Wirsing, Zwiebel und Semmelbrösel darin anbraten und zugedeckt bei schwacher bis mittlerer Hitze in etwa zehn Minuten sehr weich schmoren. Dabei alles hin und wieder umrühren.

3

Die Mischung etwas abkühlen lassen, dann mit Kerbel und Petersilie im Blitzhacker pürieren. Eier und Crème fraîche untermischen, mit Salz, Muskat und Pfeffer kräftig würzen.

4

Den Teig in vier Portionen teilen und auf wenig Mehl zu vier möglichst gleich großen, dünnen Platten ausrollen. Die Füllung in kleinen Häufchen so auf den Teig setzen, daß zum Rand der Platte etwa zwei Zentimeter, zwischen den Häufchen etwa drei Zentimeter frei bleiben. Teigplatten zwischen den Häufchen mit Wasser bestreichen. Die anderen Teigplatten darüberlegen. Mit dem Teigrädchen die Ravioli schneiden. Zehn Minuten ruhen lassen.

5

In einem großen Topf reichlich Wasser mit Salz zum Kochen bringen. Die Ravioli darin in drei Portionen jeweils drei Minuten kochen lassen. Mit einem Schaumlöffel herausnehmen, gut abtropfen lassen und mit der Butter in einer Schüssel im Ofen warm halten. Mit Parmesan und Pfeffer bestreuen. Dazu paßt Gurken- oder Kopfsalat.

KÜCHENTIP: Bayerische Ravioli können Sie gut vorbereiten: Den Teig kneten, rollen und füllen. Ein Brett mit Mehl bestreuen, Ravioli darauflegen, mit einem feuchten Küchentuch bedecken und in den Kühlschrank stellen. So bleiben sie etwa 12 Stunden weich.

NOCH EIN KRAPFEN

Im Original heißen die Ravioli typisch bayerisch »Krapferl«, obwohl sie – klein und fein gefüllt, mit Butter und Parmesan angerichtet – den italienischen Teigtäschchen genau gleichen. Aber alles, was gut und fett ist, nennen die Bayern zärtlich »Krapferl«.

Saiblingfilets in Wein

Für 2 Personen
besonders fein

2 Saiblinge (je ca. 250 g), Salz, weißer Pfeffer
Saft und etwas Schale von 1 kleinen Zitrone
1 Schalotte, 3 Zweige Dill
1/8 l trockener Weißwein, 50 g kalte Butter

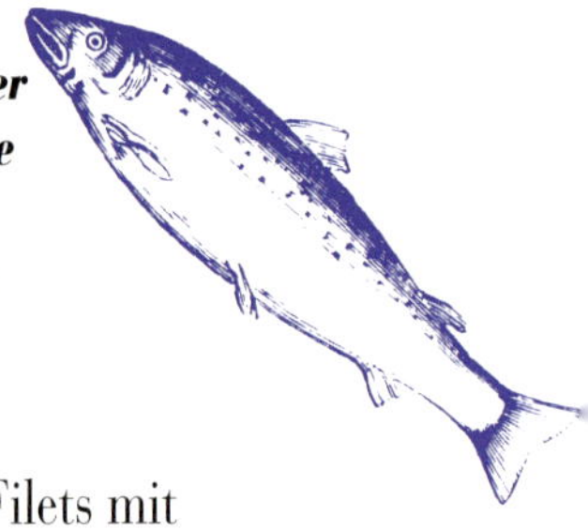

1

Die Saiblinge vom Fischhändler filetieren lassen. Filets mit Salz und Pfeffer aus der Mühle würzen und mit Zitronensaft beträufeln.

2

Zitronenschale und Schalotte fein hacken. Einen halben Eßlöffel Butter in einer Pfanne zerlassen. Schalotte darin bei schwacher Hitze glasig braten. Zitronenschale und Wein zugeben und einmal aufkochen.

3

Fischfilets nebeneinander in den Sud legen und zugedeckt bei schwacher Hitze in fünf bis sechs Minuten gar ziehen lassen, dabei einmal wenden. Auf vorgewärmten Tellern anrichten, mit etwas Sud beträufeln und zugedeckt warm halten, bis die Sauce fertig ist.

4

Sud aufkochen, restliche Butter in kleine Stücke schneiden und mit dem Schneebesen unterrühren. Mit Salz und Pfeffer abschmecken. Sauce über dem Fisch verteilen. Gehackten Dill darüberstreuen.

Nur das Beste

Saibling – ein wunderbarer kleiner Fisch, den die Bayern ganz köstlich zubereiten. Gewiß kommt die Idee dazu aus Frankreich. Aber das ist ja gerade das Schöne an Bayerns Küche: Köche und Köchinnen haben immer in die anderen Küchen geschaut und sich das Beste daraus geholt – Mehlspeisen aus Österreich, Gulasch aus Ungarn, Pilzgerichte und fein säuerliche Suppen von den Slawen. Von den Mönchen lernten sie, die karge Fastenküche mit Biersuppe und Fischterrinen aufzulockern. Und von den Bauern holten sie den Schweinsbraten, aus dem sie »die« bayerische Spezialität machten.

Beschamell-Kartoffeln

Für 4 Personen
einfach

750 g vorwiegend festkochende Kartoffeln
1 große Zwiebel, 2 Knoblauchzehen
150 g gekochter Schinken in dünnen Scheiben
1 Bund Dill, 30 g Butter
2 schwach gehäufte EL Mehl, 3/8 l Milch
1/8 l kräftige Gemüse- oder Fleischbrühe
100 g süßer Rahm (süße Sahne)
Salz, weißer Pfeffer

1

Kartoffeln waschen und mit der Schale in wenig Wasser weich kochen. Abgießen, kalt abschrecken, schälen und in etwa einen halben Zentimeter dicke Scheiben schneiden.

2

Während die Kartoffeln kochen, Zwiebel und Knoblauch schälen und hacken. Schinken vom Fettrand befreien und in Streifen schneiden. Dill fein hacken.

3

Butter erhitzen. Zwiebel, Knoblauch und Schinken darin bei mittlerer Hitze glasig braten. Mehl darüberstäuben und unter Rühren hellgelb anrösten. Milch langsam zugießen. Dabei ständig rühren, bis die Sauce glatt ist. Brühe zugeben, Sauce zugedeckt bei schwacher Hitze fünf Minuten kochen lassen.

4

Kartoffeln zugeben und erhitzen. Rahm und Dill untermischen. Beschamellkartoffeln mit Salz und einer kräftigen Prise Pfeffer abschmecken.

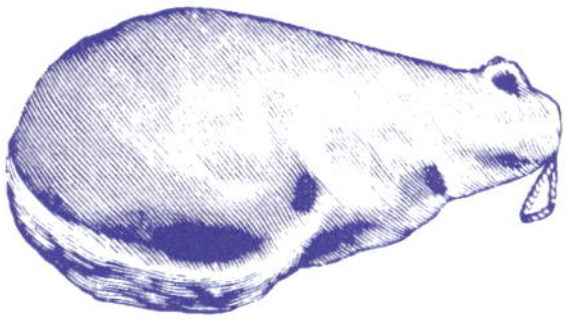

Die helle Sauce heißt im vornehmen Küchenbayerisch »Beschamell« – nach der klassischen »Sauce Béchamel«. Pate stand Louis de Béchameil, seit 1691 Marquis de Nointel. Er hatte ein hohes Amt bei Philipp von Orléans, dem Bruder König Ludwigs XIV.

Gefüllte Tauben

Für 2 Personen
besonders typisch

2 küchenfertige Tauben
(mit Herz, Magen und Leber)
Salz, weißer Pfeffer
2 Schalotten, 1 Bund Petersilie
1 1/2 EL Butterschmalz oder Öl
50 g Semmelbrösel, 2 Eier
1/4 TL gemahlene Muskatblüte (Macis)
abgeriebene Schale von 1/4 Zitrone
2 EL Geflügelbrühe

1

Tauben mit Salz und Pfeffer würzen. Herz, Magen, Leber fein zerkleinern. Schalotten und Petersilie getrennt fein hacken.

2

Für die Füllung einen Teelöffel Fett in einer Pfanne erhitzen. Schalotten darin bei schwacher Hitze glasig braten. Zerkleinerte Innereien und Petersilie zugeben und bei starker Hitze unter Rühren etwa vier Minuten schmoren.

3

In eine Schüssel geben und abkühlen lassen. Semmelbrösel und Eier unterrühren. Mit Salz, Pfeffer, Muskatblüte und Zitronenschale würzen. Die Tauben damit füllen und mit Küchengarn zunähen.

4

Fett in einem Bräter erhitzen. Tauben darin mit der Brust nach unten anbraten, bis die Haut leicht gebräunt ist. Brühe zugeben. Bräter zugedeckt in den kalten Backofen (mittelere Schiene) stellen. Tauben bei 220 Grad (Umluft 200 Grad, Gas Stufe 5) 15 Minuten braten, wenden, mit dem Fett im Bräter übergießen und weitere 15 Minuten braten.

5

Herausnehmen, Bratensaft in einen Topf gießen. Tauben wieder in den Bräter legen und ohne Deckel bei starker Oberhitze oder unter dem Grill weitere zehn bis 15 Minuten bräunen. Bratensaft mit Crème fraîche verrühren, mit Salz und Pfeffer abschmecken und zu den Tauben servieren. Dazu passen Kartoffelbrei und Kopfsalat.

REZEPTTIP: Im 19. Jahrhundert war Zitronensalat eine typische Beilage zu gebratenem Geflügel. Das Rezept geht so: Zitronen schälen, in dünne Scheiben schneiden und kreisförmig auf einer Platte anrichten. Eine Handvoll Hagelzucker darüberstreuen. Die Schale von zwei Zitronen ganz fein schneiden. 100 Gramm Zucker in einem Topf schmelzen lassen. Einen Viertelliter Orangensaft und die Zitronenschalen zugeben. Alles bei mittlerer Hitze unter häufigem Rühren 15 Minuten kochen lassen. Abgießen und nur die Schalen über die Zitronenscheiben geben.

DIE TAUBEN

Gebratene Tauben sind ein typisches Frühjahrsessen in Bayern. Vielleicht, weil schon ein einziger verliebter Täuberich den Wonne- und Liebesmonat Mai recht aufdringlich beschwört. Taube und Liebe gehören im Volksglauben immer zusammen: Frauen, die sich ein Kind wünschten, haben früher Taubenfleisch gegessen. Wöchnerinnen bekamen Taubenbrühe zur Stärkung. Im Allgäu heißt es, eine Turteltaube habe der Muttergottes den Ehering vom Himmel gebracht – deshalb trage das Tier einen Ring um den Hals. Den schwäbischen Männern sagen Volkskundler einen merkwürdigen Liebeszauber nach: Wenn ein Junge seine Traumfrau mit einer Turteltaubenzunge im Mund küßt, kann das Mädchen nicht mehr von ihm lassen und muß ihm jeden Wunsch erfüllen.

Turteltauben werden Sie für Ihr Taubenessen nicht bekommen, denn die Tiere sind bei uns ganzjährig geschützt. Haustauben gibt es auf Wochenmärkten und bei Wildhändlern. Vielleicht fragen Sie auch bei Bauern nach, die einen Taubenschlag besitzen: Manche sind froh, wenn sie für Vögel, die ohnehin geschlachtet werden müssen, Abnehmer finden und verkaufen die Tauben sehr preiswert.

Kalbsbriesragout mit Morcheln

Für 2 Personen
besonders fein

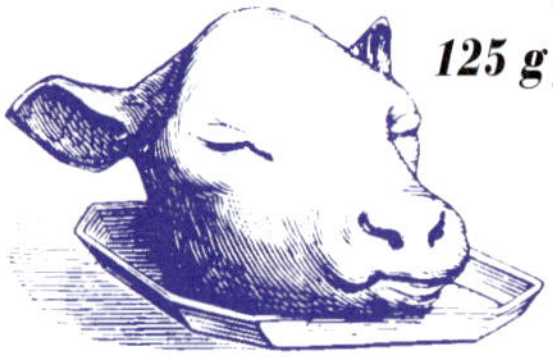

1 Kalbsbries (ca. 250 g), Salz
1 Bund Suppengrün, 1 Lorbeerblatt
125 g frische Spitzmorcheln oder Austernpilze
1 Schalotte, 1/2 Bund Petersilie
1 EL Butter, 1/8 l Sud vom Bries
100 g süßer Rahm (süße Sahne)
weißer Pfeffer, 1 EL Zitronensaft

1

Kalbsbries kalt abspülen und mit kaltem Wasser bedeckt in einen Topf geben. Einen Teelöffel Salz, geputztes, grob zerkleinertes Suppengrün und Lorbeerblatt zufügen. Alles aufkochen und 30 Minuten bei schwacher Hitze garen.

2

Abgießen, den Sud auffangen, Bries kalt abschrecken und häuten. Auch alle Äderchen und Knorpel entfernen. Bries erkalten lassen, dann in Würfel schneiden.

3

Während das Bries kocht, Morcheln waschen, putzen und in dünne Scheiben schneiden. Austernpilze nur putzen. Stiele entfernen und die Pilzhüte dünn aufschneiden. Schalotte und Petersilie hacken.

4

Butter in einem Topf zerlassen. Pilze, Schalotte und ein Drittel der Petersilie darin bei schwacher Hitze unter Rühren anbraten. Abwechselnd den aufgefangenen Sud und den Rahm zugeben. Bei starker Hitze unter Rühren etwa fünf Minuten kochen, bis die Sauce sämig ist.

5

Brieswürfel darin erhitzen, aber nicht mehr aufkochen. Mit Salz, Pfeffer und Zitronensaft abschmecken und mit dem Rest der Petersilie vermischt anrichten. Dazu passen Nudeln, Spätzle oder Reis und Kopfsalat.

EINKAUFSTIP: Unter Kennern – egal ob in Bayern oder anderswo – ist Bries, das zarteste Stück vom Kalb, sehr begehrt. Am besten schmeckt Bries von Kälbern, die mit Milch ernährt werden und aus artgerechter Tierhaltung stammen. Wie alle Innereien muß auch Bries beim Kauf sehr frisch sein. Deshalb am besten vorbestellen.

Das Voressen für zwischendurch

Wir essen Kalbsbries mit Morchelsauce als Hauptgericht. Früher zählte es zum typischen »Voressen«, das bei wohlhabenden Leuten zur normalen Speisenfolge gehörte und nach der Suppe serviert wurde. Außer Bries gab es noch andere edle Innereien, die Sie in diesem Buch finden: Geschmortes Kalbsherz in Kapernsauce (Seite 136) oder Hirnbavesen mit Kräutersalat (Seite 164). Auch Fleischragouts wie Bifflamot (Seite 196), »Eingemachtes« (Seite 162), Gansjung (Seite 266) oder Hasenkeulen mit Maroni (Seite 249) waren solche Voressen. Freitags kamen entweder Fisch oder Eierspeisen auf den Tisch des Bürgerhauses. Auf den Speisezetteln für die fleischlosen Tage tauchen oft auch »Frösch in der Soß« oder »Schnecken in der Buttersoß« auf.

Das Voressen hat sich in Bayern nur in einer Form erhalten: als spätes Frühstück gegen elf Uhr, zu dem Sie in traditionsbewußten Gasthäusern Kronfleisch (Seite 126), Saures Züngerl (Seite 298) oder sogar Rahmgulasch bekommen.

Geschmortes Kalbsherz

Für 3 Personen
einfach

1 Kalbsherz (ca. 400 g), Salz,
weißer Pfeffer, 50 g fetter Speck
1 EL Mehl, 2 Schalotten
1 Bund Suppengrün
1/2 Bund Petersilie
1 EL Butterschmalz, Kokosfett oder Öl
1/8 l Fleischbrühe
1/8 l trockener Weißwein
1 TL Kapern, 2 EL Crème fraîche
1 große Messerspitze abgeriebene Zitronenschale

1

Herz halbieren, Fett, Blutgefäße, Sehnen und Knorpel herausschneiden. Herzhälften kalt waschen und trockentupfen. Mit Salz und Pfeffer würzen. Speck in bleistiftdicke Stifte schneiden, die Herzhälften damit spicken und im Mehl wenden. Geschälte Schalotten und geputztes Suppengrün fein zerkleinern. Petersilienstiele fein hacken. Blättchen beiseite legen.

2

Fett in einem Bräter erhitzen. Herz darin bei starker Hitze rundherum braun anbraten. Schalotten, Suppengrün und Petersilienstiele zugeben und mitrösten. Brühe zugießen. Herz zugedeckt bei mittlerer Hitze eine Stunde schmoren. Dabei einige Male wenden. Nach und nach Wein zugießen.

3

Herz herausnehmen, in dünne Scheiben schneiden und anrichten. Bratensaft mit Kapern, Crème fraîche, gehackten Petersilienblättchen und Zitronenschale mischen, mit Salz und Pfeffer abschmecken. Erhitzen und über dem Herz verteilen. Dazu passen Kartoffelbrei und Kopfsalat.

REZEPTTIP: In Bayern wird ein ganzes Kalbsherz auch gefüllt – mit einem Teig aus eingeweichten, gut ausgedrückten Semmeln, Speckwürfeln, Ei, Zwiebel und Petersilie.

Kaninchenbraten mit Rahm

Für 6 Personen
Für Gäste

1 küchenfertiges Kaninchen (ca. 1,6 kg)
Salz, schwarzer Pfeffer
2 kleine Bund Suppengrün, 2 kleine Zwiebeln
1 TL Gewürznelken, 1 großes Stück Zitronenschale
3 EL Öl oder Butterschmalz, 250 g saurer Rahm (saure Sahne)
4 EL trockener Weißwein oder Brühe
1 gestrichener EL Mehl, 1 EL gehackte Petersilie

1

Kaninchen mit Salz und Pfeffer einreiben. In einen großen Bräter legen. Suppengrün putzen, waschen und fein zerkleinern. Zwiebeln fein hacken. Gewürznelken in einem Mörser so gut wie möglich zerreiben. Alle diese Zutaten und die Zitronenschale um das Kaninchen verteilen.

2

Fett erhitzen und darübergießen. Kaninchen zugedeckt in den kalten Backofen (untere Schiene) stellen. Ofen auf 180 Grad (Umluft 160 Grad, Gas Stufe 3) schalten. 30 Minuten braten.

3

Saure Sahne mit Wein oder Brühe und Mehl verrühren. Kaninchen damit übergießen und weitere 45 Minuten schmoren. Dabei drei- bis viermal mit der Schmorflüssigkeit im Bräter beschöpfen.

4

Ofen auf 220 Grad (Umluft 200 Grad, Gas Stufe 5) schalten. Kaninchen 15 Minuten ohne Deckel schmoren. Tranchieren und mit dem Gemüse anrichten. Sauce mit Petersilie mischen und darüber verteilen.

KÜCHENTIP: Wer mehr Sauce möchte, gießt beim Schmoren noch etwa 200 Milliliter Kalbsfond zum Kaninchen.

Spargel mit Eiersauce

Für 2–4 Personen
einfach

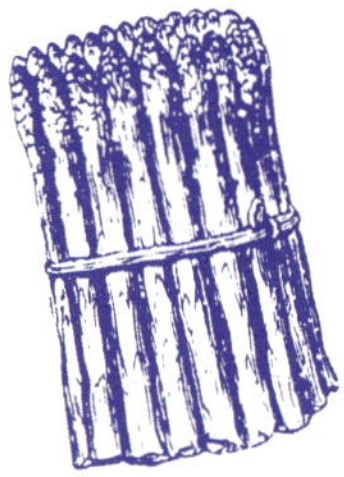

1 kg weißer Spargel
Salz, 1/4 TL Zucker
1/4 l Spargelbrühe
2 gestrichene EL Butter (ca. 30 g)
2 gestrichene EL Mehl (ca. 25 g)
1/4 l Milch
1 großer Bund Dill
2 Eigelb, 2 EL Zitronensaft
weißer Pfeffer
1 Prise gemahlene Muskatblüte (Macis)

1

Spargel schälen und putzen. Etwa zwei Liter Wasser mit zwei Teelöffel Salz und dem Zucker zum Kochen bringen. Spargel darin aufkochen und zugedeckt bei mittlerer Hitze in etwa 15 Minuten bißfest garen.

2

Spargel mit einem Schaumlöffel herausnehmen, auf einer Platte anrichten und zugedeckt warm halten, bis die Sauce fertig ist. Von der Spargelbrühe einen Viertelliter für die Sauce abmessen (den Rest für eine Suppe verwenden).

3

Die Butter zerlassen. Mehl darin unter Rühren goldgelb anrösten. Spargelbrühe dazugießen und dabei ständig rühren. Sauce aufkochen und weiterrühren, bis sie glatt ist. Zugedeckt bei schwacher Hitze etwa fünf Minuten kochen lassen. Milch zugeben und unter Rühren erhitzen.

4

Dill fein hacken. Eigelb mit Zitronensaft und etwas heißer Sauce verrühren. Unter Rühren in die Sauce geben und erhitzen, aber nicht mehr aufkochen. Dill untermischen, Sauce mit Salz, Pfeffer und Muskatblüte abschmecken und über den Spargel gießen.

BEILAGENTIP: Zum Spargel schmecken Pellkartoffeln oder Eierflecke (Seite 186) und roher Schinken. Beliebt sind aber auch alle Frühlingskräuter.

Aus Schrobenhausen nördlich von München kommt Bayerns bester Spargel: dicke weiße und aromatische grüne Stangen.

SCHUCHSEN

Für 16 Stück
besonders typisch

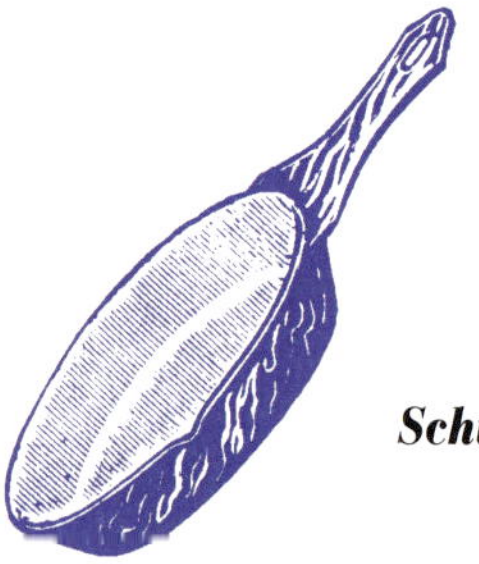

250 g Magerquark
250 g Roggenmehl
2 EL Crème fraîche, Salz
abgeriebene Zitronenschale
geriebene Muskatnuß
Schweineschmalz, Kokosfett oder Öl zum Backen

1

Quark mit Mehl, Crème fraîche, Salz, Zitronenschale und Muskat mit den Knethaken des Handrührgerätes verrühren, bis alles krümelig ist. Auf der Arbeitsfläche mit den Händen so lange kneten, bis der Teig kaum noch klebt.

2

Arbeitsfläche mit etwas Mehl bestreuen. Den Teig zu einer fünf Zentimeter dicken Rolle formen und in 16 Stücke schneiden. Jedes Stück zu einer länglichen, messerrückendicken Platte ausrollen.

3

Soviel Fett erhitzen, daß es in einer großen Pfanne etwa fingerhoch steht. Schuchsen darin portionsweise bei mittlerer Hitze langsam backen, bis sie sich stark aufgebläht haben und an der Unterseite braun sind. Wenden und auf der zweiten Seite braun backen.

TIP: Frisch aus dem Fett und nur wenig abgekühlt schmecken Schuchsen einfach wunderbar zu Sauerkraut, gemischtem Salat oder – wie Brot – zur Gemüsesuppe. Früher gehörten sie zu den Schmalzgebäcken, die Dienstboten an Festtagen als Extraration bekamen. Woher allerdings das Wort kommt, weiß bis heute niemand so genau.

Essen im Wonnemonat

Der Frühling ist jedes Jahr wieder ein Ereignis. Und früher begrüßten ihn die Menschen gar mit überschwenglicher Freude: Sie hatten die Monate in dunklen, feuchten und verqualmten Behausungen endlich überstanden, mußten nicht mehr von Salzfleisch und Hülsenfrüchten, Stockfisch und Sauerkraut, eingelagerten Rüben und Kohl leben. Das erste Grün auf den Viehweiden begann zu sprießen, die Kühe gaben wieder ausreichend Milch. Zahme und wilde Vögel kümmerten sich um ihre Fortpflanzung und legten Eier. Die Menschen brauchten einfach nur einzusammeln: Eier von Hühnern, Gänsen, Enten, Rebhühnern, Wachteln und Möwen kamen gesotten und gebraten auf den Tisch.

In allen alten Kochbüchern können Sie ganz deutlich die Maiküche erkennen: Kalbsbraten mit grünem Salat gibt es oder Lamm mit Sauerampfer, frische grüne Erbsen als feines Gemüse oder eine »große Schüssel voll Krebse«. In der guten alten Zeit klaubte man die Krebse einfach mit der Hand aus den klaren Bächen. Seen und Flüsse wimmelten von Fischen. Die Tiere hatten gelaicht und konnten wieder gefangen werden. Lachse, Forellen und Aale »sind jetzt wieder vorzüglich gut«, schreibt die Köchin und Kochbuchautorin Margaretha Völckel 1875.

Im Garten wuchsen Rettiche, rote, gelbe und weiße Rüben, der Spargel wurde gestochen. Die ersten Erdbeeren färbten sich rot – draußen im Wald und im Mistbeet im Garten. Es gab immer noch Spinat, Portulak, Löwenzahn, Kräuter und Lattich für den Salat, Rhabarber für Kuchen und Kompott. An milden und feuchten Maitagen standen die Laubwälder voller Morcheln – früher so normale Pilze wie heute die Champignons aus dem Supermarkt. Aus den zart-grünen Spitzen von Tannen und Fichten kochte man Sirup. Die Speisekammern füllten sich wieder mit Dickmilch, Sahne, Topfen und Käse. Und die Maibutter war einfach die beste!

Maitorte mit Kräutern

Für 5 Personen
Für Gäste

150 g Weizenvollkornmehl
Salz, 75 g weiche Butter
500 g Spinat
2 Bund Petersilie
250 g Wildkräuter
2 Bund Lauchzwiebeln
50 g Butter, 150 g Crème fraîche
100 g geriebener Emmentaler Käse
Salz, Cayennepfeffer
geriebene Muskatnuß
1/4 TL gemahlener Koriander

1

Mehl mit Salz, drei Eßlöffel kaltem Wasser und Butter zu einem Mürbeteig verkneten. Eine Springform von 26 Zentimeter Durchmesser damit auslegen und rundherum einen etwa vier Zentimeter hohen Rand hochdrücken. Teigboden kühlen, bis der Belag vorbereitet ist.

2

Spinat, Petersilie und Kräuter waschen und grob zerkleinern. Lauchzwiebeln putzen, waschen und in feine Ringe schneiden. Butter erhitzen. Spinat, Kräuter und Lauchzwiebeln darin bei starker bis mittlerer Hitze unter Rühren schmoren, bis die Flüssigkeit, die sich bildet, wieder verdampft ist. Abkühlen lassen.

3

Teigboden in den kalten Backofen (mittlere Schiene) schieben. Ofen auf 200 Grad (Umluft 180 Grad, Gas Stufe 4) schalten und den Teigboden zehn Minuten vorbacken.

4

Gemüse mit Crème fraîche und Käse mischen, mit Salz, Cayennepfeffer, Muskat und Koriander kräftig würzen. Belag auf dem Teigboden verteilen. Maitorte weitere 30 Minuten backen, bis sie oben leicht gebräunt ist.

Sabinas Torte

Das Rezept der Maitorte stammt aus dem Kochbuch von Sabina Welser, Tochter einer Augsburger Patrizierfamilie. Die Welser waren ähnlich berühmte und reiche Leute wie die Fugger: Bartholomäus Welser (1484–1561), wie der Sproß einer Fürsten-Dynastie der »Fünfte« genannt, lieh Karl V. eine Menge Geld, damit dieser seine Wahl zum Kaiser finanzieren konnte – mit guten Worten allein ließen sich die Kurfürsten nicht überzeugen.

Wer genau Sabina war, weiß man bis heute nicht: Vielleicht die Tochter Ulrich Welsers, die am 16. Juni 1550 als 18jährige den Augsburger Conrad Voehlin heiratete. Voehlin wurde 1562 Bürgermeister von Augsburg. Schon ein Jahr später zog er sich aus dem öffentlichen Leben zurück. Sabina ist 1599 gestorben.

Eine andere Sabina, Anton Welsers Tochter, ist 1515 geboren und 1576 gestorben. Im Jahre 1535 hat sie nach Nürnberg geheiratet. Vier Jahre später schon wurde sie geschieden und kehrte zu ihrem Vater zurück. Außer der Jahreszahl 1553 hat Sabina in das Buch ausdrücklich ihren Mädchennamen geschrieben – ein Hinweis, daß nur die geschiedene Sabina Autorin sein kann, weil sie nach der Scheidung den Namen ihres Mannes abgelegt hat? Nein, auch die glücklich verheiratete Frau Bürgermeisterin Voehlin könnte das Buch geschrieben haben, denn die Frauen berühmter Familien trugen den Namen ihres Vaters auch in der Ehe genauso stolz wie den ihres Mannes. Von einer anderen Welser-Tochter, die noch heute unter ihrem Mädchennamen bekannt ist, obwohl sie einen hochberühmten Mann heiratete, lesen Sie auf Seite 280. Auch diese Welserin hat ein Kochbuch hinterlassen – als Anregung für die Köche in ihrem großen Haushalt.

Rhabarberkuchen mit Bröselteig

Für 12 Stücke
besonders fein

Für den Teig:
200 g weiche Butter
300 g Mehl, 125 g Zucker
200 g gemahlene Mandeln
Saft und Schale von 1 Zitrone
1 Prise Salz, 1 TL Zimtpulver
1 TL gemahlene Nelken, 1 Ei
Für den Belag:
750 g Rhabarber, 125 g Zucker
1 Ei, 250 g süßer Rahm (süße Sahne)
2 EL Vanillezucker

1

Butter, Mehl, die Hälfte des Zuckers, Mandeln, abgeriebene Zitronenschale, Zitronensaft, Salz, Zimt, Nelken und ein Ei in eine Schüssel geben und mit den Knethaken des Handrührgerätes vermischen. Auf der Arbeitsfläche zu einem glatten Teig verkneten.

2

Eine Springform von 26 Zentimeter Durchmesser mit zwei Drittel des Teiges auskleiden. Dabei einen etwa vier Zentimeter hohen Rand formen.

3

Restlichen Teig zwischen Haushaltsfolie messerrückendick ausrollen. Diese Teigplatte und den Teigboden in der Form eine Stunde kühlen.

4

Rhabarber putzen, in fingerbreite Stücke schneiden.
Mit dem restlichen Zucker mischen und zugedeckt auskühlen lassen.
Das zweite Ei trennen. Eigelb und zwei Eßlöffel Rahm verrühren.

5

Teigboden mit Eiweiß bestreichen. Abgetropften Rhabarber darauf verteilen. Teigplatte mit dem Teigrädchen in etwa fingerbreite Streifen schneiden und gitterförmig auf den Rhabarber legen. Mit der Eigelbmischung bestreichen.

6

Die Form in den kalten Backofen (mittlere Schiene) stellen. Kuchen bei 200 Grad (Umluft 180 Grad, Gas Stufe 4) etwa 40 Minuten backen. Herausnehmen, in der Form 30 Minuten ruhen lassen, dann auf ein Kuchengitter zum Auskühlen geben.

7

Restlichen Rahm mit Vanillezucker steif schlagen, in einen Spritzbeutel geben und den Kuchen vor dem Servieren mit Tupfen und Kringeln verzieren.

REZEPTTIP: Im Herbst oder Winter schmeckt der Kuchen mit Zwetschgen, Äpfeln oder Quitten!

MENÜ DES MONATS

Gebähte Schnittensuppe
Beschamellkartoffeln mit Schinken und Salat
Rhabarberkuchen

Die Küche

Es grünt, es blüht, die Blumenteppiche für die Fronleichnam-Prozession sind gelegt. Sonnwend wird gefeiert und der duftende Holler in die Küche geholt. Früher kochten bayerische Bauern zur »Heumahd« im Juni Krautknödel und brieten Fleischpflanzel. Das tun die Bayern heute noch – einfach so – ohne jeden Anlaß.

IM JUNI

Wer jetzt über den Münchner Viktualienmarkt bummelt, könnte zum Vegetarier werden. Die ersten heimischen Gemüse teilen sich den Platz am Standl mit Exoten und Importen aus anderen Ländern.

GEMÜSEKÜCHE

Wenn der Spargel geht in Bayern, kommt der Sommer in die Gemüseküche: mit grünen Bohnen, elfenbeinfarbenem Blumenkohl und Gelben Rüben. Auf dem frischen Wirsing perlen noch ein paar Wassertröpfchen, und das Bohnenkraut duftet um die Wette mit Minze und Zitronenmelisse.

MUSKAT

Muskatblüte oder Macis ist das tiefrote Häutchen über frisch geernteten Muskatnüssen. Die »Blüte« wird entfernt und kommt getrocknet in den Handel – ganz als bizarre orangefarbene Gebilde oder gemahlen als beiges Pulver. Macis und Muskat gehören zu den beliebtesten Gewürzen der altbayerischen Küche.

RAUKE

Rauke brauchte für ihre Karriere einen neuen Namen: Jahrhundertelang war sie einfaches Kraut, das die Frauen von der Wiese geholt und in den Salat gemischt haben. Dann wurde sie vergessen. Mitte der achtziger Jahre tauchte sie als »Rucola« wieder auf. Jetzt war sie buchstäblich in aller Munde. Zu Recht, denn sie schmeckt hervorragend.

Alles Gutes gibt…

Holler

Wenn Sie an einem Hollerbusch vorbeigehen und plötzlich schnuppern, weil Ihnen ein süßer Duft in die Nase steigt – dann sollten Sie stehenbleiben, eine Schere zücken und die Dolden abschneiden. Zu Hause bereiten Sie einen zarten Teig, tauchen die Blüten hinein und backen sie knusprig. So machen das die Bayern jedes Jahr.

Lorbeer

Lorbeer hat eine glorreiche Vergangenheit: Lange bevor er Suppen würzte und bayerischem Sauerkraut den letzten Pfiff verlieh, bekränzte er die Stirn von Helden und Dichtern. Denn die alten Griechen hatten den immergrünen Strauch ihrem jugendlichen Künstlergott Apollo geweiht.

Produkt	**Gericht**	**Seite**
Wirsing	*Gefüllte Wirsingköpfe mit Tomatensauce*	*Seite 156*
Muskatblüte	*Forellen mit Dillsauce*	*Seite 154*
Rauke	*Hirnbavesen mit Kräutersalat*	*Seite 164*
Holler	*Hollerkücherl*	*Seite 170*
Lorbeer	*Schweinswürstel mit Kraut*	*Seite 151*

MARKKNÖDERLSUPPE

Für 4 Personen
besonders typisch

1/2 altbackene Semmel (Weizenbrötchen)
40 g Rindermark (von 2 großen Markknochen)
40 g Semmelbrösel, 1 Ei, Salz
frisch geriebene Muskatnuß
1 TL gehackte Petersilie
600 ml Fleischbrühe
2 EL Schnittlauchröllchen

1

Semmel in heißem Wasser einweichen und gut ausdrücken. Rindermark in Scheiben schneiden und in einem kleinen Topf bei schwacher Hitze weich wie Butter werden lassen. Mark schaumig rühren.

2

Semmel, Brösel, Ei, Salz, Muskat und Petersilie unterrühren. Aus dem Teig 16 kleine Klößchen formen. Brühe aufkochen. Markknöderl hineinlegen und im offenen Topf zehn Minuten knapp unter dem Siedepunkt ziehen lassen. Suppe auf heißen Tellern verteilen und mit dem Schnittlauch bestreut servieren.

KÜCHENTIP: Für den Vorrat Teig rühren, die Knöderl formen und auf einer leicht gefetteten Platte in das Gefriergerät stellen. Sobald die Knöderl hart sind, in Tiefkühlbeutel füllen. Zum Servieren die gefrorenen Markknöderl in die kochende Brühe geben. Etwa zehn Minuten gar ziehen lassen, aber nicht kochen.

SUPPENEINLAGEN

Statt Mark mischen bayerische Hausfrauen pürierte Leber, fein gehackten Schinken oder Kalbsbrät unter den Teig. Sehr beliebt sind auch kleine Semmelknödel oder Schwemmknöderl. Das sind kleine Knödel aus Brandteig, die nicht gebacken, sondern in der Brühe gegart werden.

Schweinswürstel mit Kraut

Für 4 Personen
besonders typisch

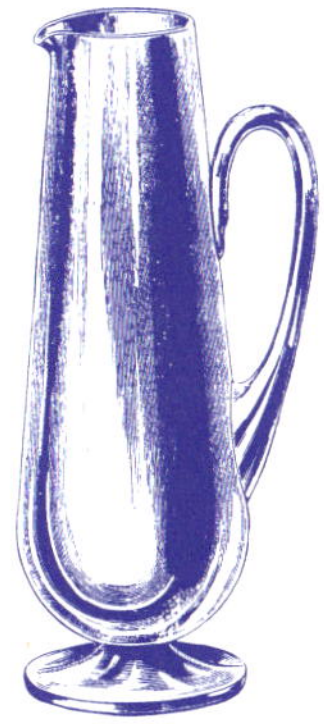

1 EL Schweineschmalz
750 g Sauerkraut
1/4 l naturtrüber Apfelsaft ohne Zucker
1/8 l Fleischbrühe
1 Lorbeerblatt, 3 Gewürznelken
1 Wacholderbeere, 3 weiße Pfefferkörner
8 Schweinswürstel

1

Schmalz erhitzen, Sauerkraut darin unter Rühren etwa zwei Minuten anbraten. Apfelsaft und Brühe zugießen und aufkochen. Lorbeerblatt, Gewürznelken, Wacholderbeere und Pfefferkörner zugeben. Zugedeckt bei mittlerer bis schwacher Hitze eine Stunde garen.

2

Schweinswürstel in einer großen Pfanne ohne Fettzugabe bei schwacher Hitze zehn Minuten unter häufigem Wenden braten, bis ein großer Teil des Fettes ausgetreten ist. Würste bei mittlerer bis starker Hitze in weiteren fünf Minuten rundherum braun rösten. Mit dem Sauerkraut auf vorgewärmten Tellern anrichten.

Bayerisches Fast-Food

Anders als Weißwürste, deren Genuß mehr Zeit kostet, weil es gewisser Rituale bedarf (siehe Seite 41), sind Schweinswürstel mit Kraut bayerisches Fast-Food. Und was für eines! Knusprig und doch weich, ein bißchen schrumpelig und fein majoran-würzig die Würste. Etwas zerkocht, leicht säuerlich, wunderbar wacholder-würzig und duftend das Kraut. Dazu eine resche Kümmelsemmel und etwas Senf. Schweinswürste gibt es in Bayern überall: auf der Dult, am Christkindlmarkt, auf der Wies'n und an der Imbißbude. Und im Wirtshaus gibt es sie sowieso immer – sogar zwischen zwei und sechs Uhr nachmittags, wenn Koch oder Köchin eigentlich Pause machen.

Herzhafte Dampfnudeln

Für 4 Personen
preiswert

250 g Mehl
1/2 Päckchen Trockenhefe
1/8 l Milch, 2 EL Butter
1 zimmerwarmes Ei, 1 zimmerwarmes Eigelb
1 Prise Salz, geriebene Muskatnuß, 1/2 l Milch

1

Für den Teig Mehl mit Hefe vermischen. Milch lauwarm erhitzen, einen Eßlöffel Butter zugeben und in der warmen Milch zerlaufen lassen. Diese Mischung, Ei, Eigelb, Salz und Muskatnuß hinzufügen. Alles mit den Knethaken des Handrührgerätes fünf Minuten durchrühren, bis der Teig Blasen wirft und sich vom Schüsselrand löst. Zugedeckt bei Zimmertemperatur etwa eine Stunde gehen lassen, bis sich sein Volumen verdoppelt hat.

2

Mit bemehlten Händen acht Kugeln aus dem Teig formen und auf die bemehlte Arbeitsfläche legen. Die Teigkugeln zugedeckt weitere 30 Minuten gehen lassen.

3

Einen großen, gut schließenden Topf mit der restlichen Butter ausstreichen. Milch zugeben und lauwarm erhitzen. Teigkugeln nebeneinander hineinlegen und zugedeckt einmal aufkochen.

4

Die Temperatur zurückschalten. Dampfnudeln bei schwacher Hitze 30 Minuten garen. Während des Garens nicht öffnen, sonst fallen die Dampfnudeln zusammen (siehe Seite 153).

BEILAGENTIP: Die herzhaften Dampfnudeln schmecken heiß zu Sauerkraut, Gurkensalat und/oder geschmortem Fleisch mit Sauce.

Die ersten Nudeln aus dem Dampf

Dampfnudeln sind so typisch für die bayerische Küche, daß Sie hier gleich zwei Versionen finden: die herzhafte, altehrwürdig-bäuerliche im ausführlichen Rezept links, und die bürgerlich-üppige mit Vanillesauce (Seite 172). Die süßen Dampfnudeln sind kochhistorisch gesehen die jüngsten, heute aber die bekanntesten. In bayerischen Großstädten bekommen Sie Dampfnudeln genau wie Strudel in eigenen »Stuben« – einer Kreuzung aus Schnellimbiß, Bäckerei und Café. Sie werden laufend frisch zubereitet und schmecken meist viel besser als in einem x-beliebigen Gasthaus. Ursprünglich gab es die Nudeln als kräftige, kohlenhydratreiche Beilage zum täglichen Kraut. Das ist auf dem Land bis nach dem Zweiten Weltkrieg so geblieben. Erst dann haben die Leute sich von ihren vielen Nudeln, Knödeln und Kücheln getrennt. Die locker-flaumigen Dampfnudeln mit Karamelkruste und Vanillesauce hat gewiß auch eine Frau aus dem Bauernhaus zum ersten Mal gekocht – als Köchin in der Stadt. Nur dort und nicht auf dem heimischen Hof hatte sie außer Milch und Butter, Mehl und Eiern auch Zucker, Vanille und Zitronen in der Speisekammer – früher so exotische Dinge wie heute Zitronengras, Bananenblüten und Koriandergrün. Und sie konnte endlich beim Kochen nach Herzenslust experimentieren, denn ihre Dienstherren im bürgerlichen Speisezimmer mußten nicht nur satt werden, wie die Leute auf dem Bauernhof. Die gnädige Frau und ihre Familie hatten die Muße zu genießen. Also machte sich die unbekannte Köchin ans Erfinden. Und im Laufe der Zeit entstanden Dampfnudeln mit Vanillesauce, mit Topfen (Quark), mit Zwetschgen, mit Krebsbutter und mit Krebsen. Eigentlich schade, daß wir heute nur noch die mit Vanillesauce kennen.

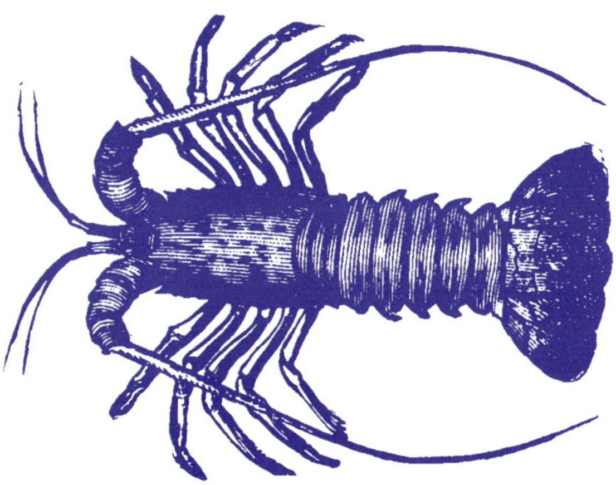

Forellen mit Dillsauce

Für 2 Personen
besonders typisch

2 Bund Suppengrün, 1 1/2 l Wasser
1 EL Salz, 4 EL milder Essig
2 Zitronenscheiben, 1 Päckchen Fischgewürz
2 küchenfertige Forellen (je ca. 300 g)
1 EL Butter, 1/2 EL Mehl
1/4 l Fischsud, 1 Bund Dill, 100 g süßer Rahm (süße Sahne)
1 Messerspitze gemahlene Muskatblüte (Macis)
abgeriebene Schale von 1/4 kleinen Zitrone
Salz, weißer Pfeffer

1

Suppengrün putzen und grob zerkleinern. Mit Wasser, Salz, Essig, Zitronenscheiben und Fischgewürz in einem großen Topf aufkochen. Zugedeckt bei schwacher Hitze 15 Minuten kochen.

2

Die Forellen kalt waschen, in den Sud legen und im offenen Topf bei mittlerer Hitze langsam zum Sieden bringen. Fische im halb geschlossenen Topf etwa 15 Minuten ziehen lassen.

3

Nach fünf Minuten einen Viertelliter Fischsud in einen Meßbecher füllen. Butter in einem Topf erhitzen. Mehl darin unter Rühren goldgelb rösten. Fischsud unter Rühren zugießen und aufkochen. Sauce zugedeckt bei schwacher Hitze zehn Minuten kochen.

4

Gegarte Forellen auf vorgewärmte Teller geben, mit etwas Sud beträufeln und zugedeckt warm halten, bis die Sauce fertig ist. Dill fein hacken und mit der Sahne unter die Sauce mischen. Bis knapp unter den Siedepunkt erhitzen, mit Muskatblüte, Zitronenschale, Salz und Pfeffer abschmecken und zu den Forellen servieren.

KÜCHENTIP: Den Sud so kräftig würzen, wie im Rezept beschrieben. Dann bekommen auch Forellen aus der Zucht ein so feines Aroma wie ihre wilden Schwestern.

DIE FEINE BAYERISCHE ART

Manche Bayern reduzieren ihr Land und seine Bewohner aufs Krachlederne und die Küche allein aufs Deftige. Damit liegen sie ganz falsch: Gewiß, Schweinsbraten mit Knödel kann auch nur deftig sein – in Gasthäusern, die sich aufs Abfüttern von Touristen spezialisiert haben. Doch gute Köche und viele bayerische Hausfrauen verstehen es, daraus eine Delikatesse zu machen: Knusprig die Schwarte, zart das Fleisch, würzig die Sauce und flaumig-locker der Knödel. Außerdem: Kalbsbriesragout mit Morcheln (Seite 134), Rehkeule mit Weichseln (Seite 190), gefüllter Hecht (Seite 327) und Blaubeerstrudel (Seite 226) – das ist richtig große bayerische Küche, die wunderbar schmeckt.

Dann gibt es noch das einfachere Essen – ein bißchen bodenständig, ein bißchen modern und höchst delikat. Forellen in Dillsauce (Seite 154) gehören dazu, Kronfleisch (Seite 126), Eierflecke in Wirsinghäupteln (Seite 186) und saures Züngerl (Seite 298). Nein, Bayern ist nicht nur derb, saftig und volkstümelnd, wie es Reiseprospekte, Gazetten und Heimatblättchen so gerne darstellen. Schließlich ist Karl Valentin, der traurige Komiker und finstere Humorist, einer der berühmtesten Bayern. Der Malerpoet Carl Spitzweg und Richard Strauß, Schöpfer des »Rosenkavalier«, waren echte Münchner. Und Ludwig, der Touristen liebster Bayern-König, verehrte die Schönheit so sehr, daß er darüber völlig das Regieren vergaß.

Gefüllte Wirsingköpfe mit Tomatensauce

Für 5 Personen
braucht Zeit

2–3 Köpfe Frühwirsing (ca. 1,5 kg)
2 Semmeln (Weizenbrötchen)
1 Zwiebel, 1 Knoblauchzehe
1 großes Stück Zitronenschale
1 Bund Petersilie
100 g geräuchertes Wammerl (durchwachsener Räucherspeck)
200 g gegartes Kalb-, Rind- oder Hühnerfleisch
3 Eier, 100 g saurer Rahm (saure Sahne)
Salz, Cayennepfeffer,
geriebene Muskatnuß, weißer Pfeffer
200 g Crème fraîche
4 EL Brühe, 2 EL Tomatenmark

1

Reichlich Wasser zum Kochen bringen. Die äußeren welken Blätter ablösen. Wirsingköpfe in das sprudelnd kochende Wasser legen und zugedeckt bei mittlerer Hitze etwa drei Minuten garen, bis sie sich mit einem spitzen Messer leicht einstechen lassen.

2

Abgießen und etwas abkühlen lassen.
Die Blätter auseinanderbiegen, die »Herzchen« mit einem kleinen spitzen Messer herausschneiden. Die Wirsingköpfe in eine ofenfeste Form mit hohem Rand setzen.

3

Für die Füllung die Semmeln in lauwarmem Wasser einweichen und gut ausdrücken. Nacheinander die Wirsingherzchen, Zwiebel, Knoblauch, Zitronenschale, Petersilie, Räucherspeck und Fleisch fein zerkleinern. Mit Eiern und saurer Sahne vermischen.

4

Die Füllung kräftig mit Salz, Cayennepfeffer und Muskatnuß würzen und zwischen die Wirsingblätter geben. Köpfe mit Küchengarn umwickeln. Crème fraîche mit Brühe und Tomatenmark verrühren und um die Wirsingköpfe verteilen. Kräftig mit Salz und Pfeffer würzen.

5

Die Form auf den Rost in den kalten Backofen (untere Schiene) stellen. Den Ofen auf 200 Grad (Umluft 180 Grad, Gas Stufe 4) schalten. Wirsingköpfe etwa 30 Minuten schmoren.

6

Zum Servieren den Wirsing wie einen Kuchen aufschneiden und auf heißen Tellern anrichten. Tomatensauce daneben verteilen.

EINKAUFSTIP: Frühwirsing kommt ab Ende Mai auf den Markt. Die Köpfe sind klein und so locker, daß man die Blätter leicht auseinanderbiegen und füllen kann. Genausogut eignen sich Frühweißkraut oder der kegelförmige, besonders zarte und aromatische Spitzkohl. Spitzkohl schneiden Sie längs auseinander und garen die Hälften etwa drei Minuten in sprudelnd kochendem Salzwasser. Dann wie oben beschrieben füllen und schmoren.

GEFÜLLTES GEMÜSE

Ein preiswertes Essen der einfachen bayerischen Küche: Gefülltes Gemüse finden Sie häufig in alten und neuen Kochbüchern. Kraut (Weißkohl) und Gurken gab es schon in der feinen adligen Küche des 16. Jahrhunderts. Wirsing, Sellerie und Dotschen (Steckrüben) kochten die Bürgersfrauen im 19. Jahrhundert. Tomaten kamen in den 20er Jahren, Paprikaschoten nach dem Zweiten Weltkrieg und Auberginen erst Ende der 60er Jahre auf den Markt.

KRAUTKNÖDEL

Für 4 Personen
einfach

10 altbackene Semmeln vom Vortag (ca. 450 g)
2 TL Salz, 1/4 l warme Milch
1 kleiner Bund Petersilie
100 g geräuchertes Wammerl (durchwachsener Räucherspeck)
200 g Sauerkraut
1 Zwiebel, 4 Eier
schwarzer Pfeffer
geriebene Muskatnuß
1/2 TL getrockneter Majoran

1

Semmeln in sehr dünne Scheiben schneiden, in eine Schüssel geben und mit Salz bestreuen. Warme Milch darübergießen. Semmeln etwa 20 Minuten ziehen lassen, bis die Milch ganz aufgesogen ist.

2

Petersilie, Räucherspeck, abgetropftes Sauerkraut und die Zwiebel getrennt fein zerkleinern. Speck in einer Pfanne bei schwacher Hitze glasig braten. Sauerkraut zugeben und bei mittlerer Hitze schmoren, bis die Flüssigkeit verdampft ist. Abkühlen lassen.

3

Speck und Sauerkraut, Petersilie, Zwiebel, Eier, Pfeffer, Muskat und Majoran zu den Semmeln geben und mit den Händen zu einem Teig mischen.

4

In einem großen Topf reichlich Salzwasser zum Kochen bringen. Aus dem Teig zwölf Knödel formen, ins sprudelnd kochende Wasser geben und zugedeckt bei starker Hitze aufkochen.

5

Temperatur zurückschalten, Knödel zugedeckt bei schwacher bis mittlerer Hitze in etwa 20 Minuten gar ziehen lassen. Dabei den Deckel nur halb auf den Topf legen.

SERVIERTIP: Die Knödel entweder mit in Butter gerösteten Semmelbröseln und Salat als Hauptgericht servieren oder als Beilage zu geschmortem Fleisch reichen.

In fast jedem Winkel Bayerns finden Sie schöne alte Dinge. Manchmal ein bißchen Kitsch, sehr oft große Kunst.

Bayerisches Schmorhendl

Für 3 Personen
einfach

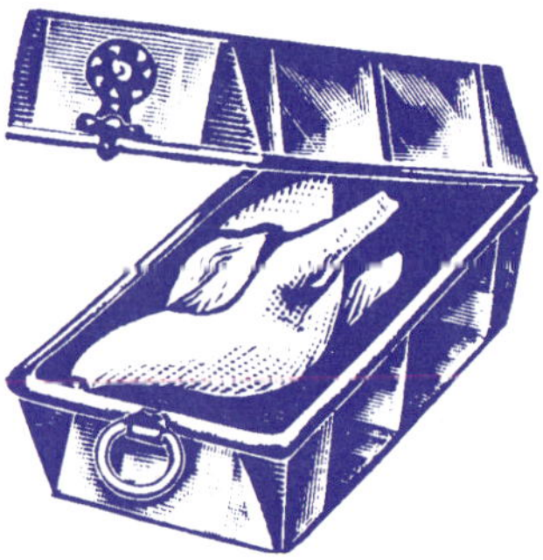

1 Huhn (ca. 1,3 kg)
1 große Zwiebel
2 kleine Tomaten, 1 Bund Thymian
Salz, schwarzer Pfeffer
1/2 EL edelsüßes Paprikapulver
1/2 EL Mehl, 1 EL Butter
1 EL Öl, 1 Stück Zitronenschale
1 Stück ganze Muskatblüte (Macis)
3 Wacholderbeeren

1

Huhn in sechs Stücke zerlegen. Zwiebel hacken, Tomaten abziehen und vierteln. Thymian waschen. Salz, Pfeffer, Paprika und Mehl auf einem Teller mischen. Hühnerstücke darin wenden.

2

Butter und Öl in einem Bräter erhitzen. Hühnerstücke darin bei mittlerer bis schwacher Hitze etwa fünf Minuten anbraten, bis die Haut goldgelb ist. Zwiebel, Tomaten, Thymianzweige, Zitronenschale, Muskatblüte und Wacholder neben den Hühnerstücken verteilen. Vier bis fünf Eßlöffel Wasser zugeben.

3

Bräter zugedeckt in den kalten Backofen (untere Schiene) stellen. Huhn bei 180 Grad (Umluft 160 Grad, Gas Stufe 3) etwa 40 Minuten schmoren. Es ist gar, wenn beim Anstechen nur klarer Saft austritt. Dazu passen Kartoffeln oder Brot und Salat.

Wacholder gegen böse Geister

Wacholder spielt in Märchen, Mythen und in der Volksmedizin eine wichtige Rolle, denn er soll böse Geister abwehren, wunde Füße verhindern und sogar die Pest vertreiben. Früher sollen bayerische Männer vor dem immergrünen Nadelholz respektvoll den Hut gezogen haben.

Wunderbare Suppeneinlage

In einem richtigen »Gockerl« vom Markt stecken noch Herz, Leber und Magen. Was ein richtiges »Gockerl« ist? In Bayern ein Huhn, das sein Leben im Freien verbringen durfte. Es hat Körner und Getier gefressen, nach Herzenslust im Sand »gebadet« und gescharrt. Natürlich gibt es solches Geflügel nicht nur in Bayern, sondern in jedem Bundesland, denn die Quellen für Fleisch von artgerecht gehaltenen Tieren werden immer zahlreicher, weil inzwischen viele Leute Massentierhaltung und Zuchtfarmen ablehnen.

Ja, und wenn Sie so ein Hendl gekauft haben, können Sie aus den Innereien eine wunderbare Suppeneinlage machen. Die Bayern haben sie den Österreichern abgeschaut: »Polster« heißen diese lockeren Schnittchen nach Art der Wiener »Schöberl«. Und so werden sie zubereitet:

REZEPTTIP: Für »Polster« Herz, Leber, Magen, eine Schalotte oder Lauchzwiebel und einen halben Bund Petersilie fein zerkleinern, in einem Löffel Öl braten und abkühlen lassen. Inzwischen 100 Gramm Butter schaumig rühren. Nacheinander vier Eier, Salz, Pfeffer, abgeriebene Zitronenschale, geriebene Muskatnuß, vier Eßlöffel Semmelbrösel und die Innereien untermischen. Den Teig in einer gut gefetteten, mit Semmelbrösel ausgestreuten ofenfesten Form mit niedrigem Rand glattstreichen. Bei 180 Grad (Umluft 160 Grad, Gas Stufe 3) etwa 30 Minuten backen, bis das »Polster« wie ein Kuchen leicht gebräunt ist. Nach etwa zehn Minuten in Rauten schneiden, aus der Form lösen und in Teller mit heißer, klarer Brühe geben. Mit Schnittlauch bestreut sofort servieren, sonst werden die Polster zu weich. »Polster« als Suppeneinlage gibt es übrigens auch mit gehacktem Fisch und mit Hirn.

Eingemachtes Lamm

Für 4 Personen
besonders typisch

600 g Lammschulter ohne Knochen
2 Lauchzwiebeln, 1 Gelbe Rübe (Möhre)
1 großer Bund Petersilie
Saft und etwas Schale von 1 unbehandelten Zitrone
1 EL Butterschmalz, 1 EL Mehl
1/4 l Fleischbrühe
Salz, weißer Pfeffer aus der Mühle

1

Fleisch von Fett und Sehnen befreien und in mundgerechte Stücke schneiden. Lauchzwiebeln putzen, waschen und mit allen saftigen grünen Blätter fein zerkleinern. Gelbe Rübe schälen und in Stifte schneiden. Petersilie fein hacken. Zitrone waschen und abtrocknen. Die Schale etwa zur Hälfte dünn abschneiden und in feine Streifen schneiden. Den Saft auspressen.

2

Butterschmalz in einem großen Schmortopf erhitzen. Das Fleisch darin bei mittlerer Hitze rundherum anbraten, bis es leicht gebräunt ist. Wieder herausnehmen.

3

Lauchzwiebeln, Gelbe Rübe, etwa die Hälfte der Petersilie und Zitronenschale zugeben und bei schwacher Hitze unter Rühren etwa eine Minute schmoren. Mehl darüberstäuben und unter Rühren hellgelb rösten. Die Brühe zugießen und dabei rühren, bis die Sauce glatt ist.

4

Fleischwürfel zugeben, mit Salz und Zitronensaft würzen. Einmal aufkochen und zugedeckt bei schwacher Hitze in etwa 45 Minuten weich garen. Den Rest der Petersilie untermischen. Fleisch noch einmal mit Salz und Pfeffer abschmecken und heiß servieren.

TIP: »Eingemachtes« Fleisch hat nichts mit Konservierung zu tun. Es ist Lamm- oder Kalbsragout in weißer Sauce.

Gebackene Kalbshaxe

Für 6 Personen
besonders typisch

1 1/2 l Wasser, 1 TL Pfefferkörner
1 Lorbeerblatt, 1 EL Salz
1 Kalbshinterhaxe (ca. 1,5 kg)
1 große Zwiebel, 2 Bund Suppengrün
2 EL Zitronensaft, schwarzer Pfeffer
2 Eier, 50 g Mehl
150 g Semmelbrösel
150 g Butterschmalz, Kokosfett oder Öl

1

Wasser mit Pfefferkörnern, Lorbeerblatt und Salz aufkochen. Die Kalbshaxe zugeben und bei starker Hitze bis knapp unter den Siedepunkt erhitzen.

2

Zwiebel schälen, Suppengrün putzen und unzerkleinert zugeben. Die Temperatur zurückschalten. Haxe bei schwacher bis mittlerer Hitze eindreiviertel Stunden zugedeckt garen.

3

Fleisch aus dem Sud nehmen, etwas auskühlen lassen und als großes Stück vom Knochen lösen. Über Nacht erkalten lassen.

4

Fleisch in etwa fingerdicke Scheiben schneiden. Mit Zitronensaft beträufeln, mit Pfeffer aus der Mühle würzen. Zum Panieren Eier auf einem Teller verquirlen, Mehl und Semmelbrösel auf zwei Tellern bereitstellen. Fett in einer großen Pfanne erhitzen.

5

Fleischscheiben zuerst im Mehl, dann in den Eiern und zuletzt in den Semmelbröseln wenden. Im heißen Fett pro Seite etwa fünf Minuten backen, bis die Scheiben goldgelb sind. Dazu paßt Kartoffelsalat mit Gurkensalat gemischt, Kopfsalat und Krautsalat.

REZEPTTIP: Die Kalbsbrühe gibt mit Gemüse, Kartoffeln und ausgebratenen Speckwürfeln eine gute Suppe.

Hirnbavesen mit Kräutersalat

Für 4 Personen

200 g Kalbshirn, 1 TL Salz
3 zarte Kopfsalatblätter
1 Handvoll Rucolablättchen
1 Handvoll Kräuterblättchen von Kerbel, Dill, Löwenzahn, Sauerampfer, Pimpinelle, Minze und Zitronenmelisse
1/2 Bund Schnittlauch
1/2 Kästchen Gartenkresse
eventuell einige Blüten von Borretsch und Gänseblümchen
1 Schalotte oder kleine Zwiebel
1/2 Bund Petersilie, weißer Pfeffer
8 Scheiben Kastenweißbrot (je 1/2 cm dick)
1/2 l Milch, 2 Eier, 50 g Semmelbrösel
2 EL Öl oder Butterschmalz zum Braten
2 EL milder Weißweinessig, 1 TL Balsamessig
1 TL Senf, 4 EL Olivenöl

1

Das Hirn 15 Minuten in kaltes Wasser legen, damit das Blut austritt. Wasser weggießen. Hirn in einem Topf mit frischem Wasser bedecken, Salz zugeben. Wasser bei mittlerer Hitze zum Kochen bringen, Hirn zugedeckt bei schwacher Hitze fünf Minuten garen. Abgießen, kalt abschrecken und erkalten lassen.

2

Währenddessen den Salat vorbereiten: Kopfsalatblätter in Streifen schneiden. Rucola- und Kräuterblättchen grob zerkleinern. Schnittlauch in feine Röllchen schneiden. Kresse mit einer Küchenschere abschneiden. Alles in einer Schüssel vermischen.

3

Hirn häuten und mit einer Gabel fein zerdrücken. Schalotte und Petersilie fein hacken und zugeben. Mit Salz und Pfeffer kräftig würzen und auf vier Brotscheiben glattstreichen. Die restlichen Brotscheiben darauflegen und leicht andrücken.

4

Milch mit Eiern verquirlen. Semmelbrösel auf einen großen Teller geben. Das Fett in einer Pfanne erhitzen. Hirnbavesen zuerst in der Eiermilch, dann in den Semmelbröseln wenden. Im heißen Fett bei mittlerer Hitze in etwa zehn Minuten goldbraun braten, dabei einmal wenden.

5

Für die Salatsauce die beiden Essigsorten mit Senf, Salz, Pfeffer aus der Mühle und dem Öl verrühren. Über den Salat gießen und mischen. Salat zu den Bavesen servieren.

Der Schild für den Schützen

Bavesen waren die feinere Version der einfachen Goldschnitten (Seite 101). Gefüllt hat man sie mit fein zerkleinerten Innereien oder Obstmus. Das Wort ist übrigens genauso interessant wie das Gericht: »pavese« oder »pafese« nannte man im Mittelalter einen Schild, den man mit seiner eisernen Spitze in den Boden rammen konnte. Dahinter fand der Schütze Deckung. Schon damals aber gab es neben der militärischen auch die kulinarische Bedeutung: »pavesen« oder »klamirre« waren gebackene, mit Hirn gefüllte Brotscheiben.

BOHNENGEMÜSE

Für 4 Personen
einfach

1 kg grüne Bohnen
1 Handvoll Salbeiblätter
150 g gekochter Schinken in dünnen Scheiben
1 TL Öl, 1/2 EL Mehl
1/8 l Fleisch- oder Gemüsebrühe
weißer Pfeffer

1

Bohnen waschen, putzen und in Stücke schneiden. Salbeiblättchen in Streifen schneiden. Schinken zerkleinern.

2

Wasser zum Kochen bringen. Bohnen darin etwa drei Minuten sprudelnd kochen lassen. Auf ein Sieb abgießen. Kalt abschrecken.

3

Öl in einem großen Topf erhitzen, Schinken und Salbei darin bei mittlerer Hitze anbraten. Bohnen und Mehl zugeben und einige Male umrühren. Brühe zugießen und aufkochen. Bohnen mit Salz und Pfeffer würzen und zugedeckt bei schwacher Hitze in etwa 15 Minuten gerade eben weich garen.

GUTE BASIS: EINMACH

Ihre »Einmach« lieben die Bayern heiß – mögen auch Gourmets dagegen wettern und große bayerische Köche darauf verzichten. In Fett geröstetes Mehl, mit Kochsud, Fleischbrühe und/oder Milch aufgegossen, ist Grundlage der meisten Saucen und Suppen. Freilich ist diese weiße Sauce im Laufe der Generationen verbessert worden: Zuerst war es die »Eintunk«, ein dünner Mehlbrei, in den die Bauern ihre Knödel und Nudeln gestippt haben. Durch den Einfluß Frankreichs wurde schließlich die klassische Béchamelsauce (Seite 131) daraus. Und die moderne bayerische Hausfrau bindet die Sauce aus Butter und Sahne, Kräutern, Zwiebeln, Knoblauch und eventuell Schinken nur noch mit einem Hauch Mehl.

Sommerliche Idylle im Chiemgau, der Landschaft mit dem höchsten Berg, dem tiefsten See und dem längsten Fluß Bayerns.

Ochsenzunge in Kapernsauce

Für 8 Personen
Für Gäste

1 frische Rinderzunge (ca. 1 kg)
2 l Wasser, 2 Bund Suppengrün
1 Zwiebel, 1 Knoblauchzehe
1 Bund Petersilie, 1 Zweig Thymian
1 Stück Zitronenschale, 4 weiße Pfefferkörner
1 Lorbeerblatt, Salz
70 g Butter, 50 g Mehl
abgeriebene Schale von 1 Zitrone
Saft von 2 kleinen Zitronen
200 g süßer Rahm (süße Sahne)
2–3 EL Kapern, weißer Pfeffer
1 Prise gemahlene Muskatblüte (Macis)
1 großer Bund Schnittlauch

1

Rinderzunge kalt abspülen. Wasser aufkochen, die Zunge zugeben und rasch zum Kochen bringen. Zugedeckt bei schwacher Hitze zwei Stunden garen.

2

Suppengrün putzen und grob zerkleinern. Zwiebel und Knoblauchzehe schälen und halbieren, Petersilie und Thymian waschen. Alle diese Zutaten mit Zitronenschale, Pfefferkörnern und Lorbeerblatt zur Zunge geben. Die Brühe salzen und weitere 45 Minuten knapp unter dem Siedepunkt garen, bis die Rinderzunge weich ist.

3

Rinderzunge herausnehmen, kalt abspülen, häuten und quer zu den Fasern in Scheiben schneiden. Mit einigen Eßlöffeln heißer Brühe übergießen und zugedeckt warm halten, bis die Sauce fertig ist.

4

Die restliche Brühe durch ein Sieb gießen und entfetten. Für die Sauce einen Liter abmessen, den Rest für eine Suppe verwenden.

5

Butter zerlassen, Mehl darin unter Rühren hellgelb anrösten. Abgemessene Brühe unter ständigem Rühren dazugießen und aufkochen, bis die Sauce glatt ist. Zugedeckt zehn Minuten garen.

6

Zitronenschale und Zitronensaft, Sahne und Kapern untermischen und erhitzen. Sauce mit Salz, Pfeffer und Muskatblüte abschmecken. Schnittlauch zerkleinern und die Hälfte davon in die Sauce mischen.

7

Zungenscheiben auf einer tiefen Platte anrichten. Sauce darübergießen, den restlichen Schnittlauch darüberstreuen. Dazu passen Salzkartoffeln oder Reis und Salat oder Frühlingsgemüse.

REZEPTTIP: Übriggebliebene Rinderzunge wird in Bayern mit Semmelbröseln und Petersilie in Butterschmalz geröstet (Seite 105). Oder paniert und in reichlich Fett ausgebacken. Dazu gibt es Kopfsalat und Kartoffelsalat mit Gurkensalat gemischt (Seite 13).

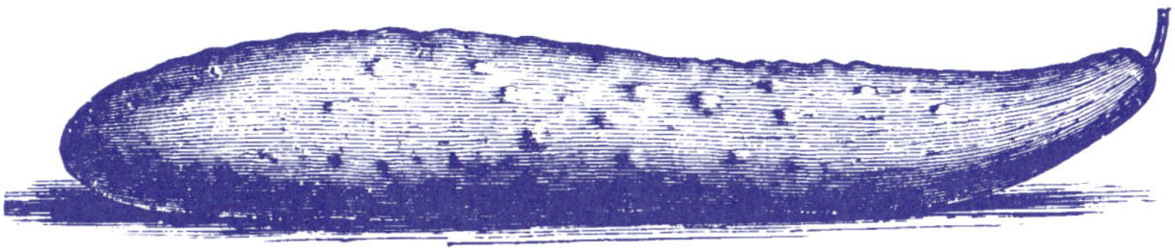

DIE WISSENSCHAFT VOM KOCHEN

Bevor es strenge Lebensmittelgesetze gab, mußten die Hausfrauen selber auf gute Qualität achten. Frühe Kochbücher sind deshalb keine bloßen Rezeptsammlungen, sondern hochinteressante Sachbücher zur vernünftigen Haushaltsführung. Aus einem davon, Anfang des Jahrhunderts erschienen, stammt dieser Tip zu Kapern: »Bei Kapern sehe man auf natürliche grüne Farbe. Fruchtknospen von allerhand Pflanzen, die zur Fälschung dienen, sind nicht grün und werden mit Kupfer gefärbt. Man prüfe bei Verdacht mit einer Stricknadel, die man einige Minuten in die Kapern steckt und auf die sich vorhandenes Kupfer niederschlägt.«

HOLLERKÜCHERL

Für 4–6 Personen
besonders typisch

16 Hollerblüten (Holunderblütendolden)
150 g Mehl, 1 Prise Salz
1/4 l Milch, 2 Eier
Butterschmalz, Kokosfett oder Öl zum Fritieren
3 EL Zucker, 1 TL Zimtpulver

1

Hollerblüten kräftig ausschütteln und in einer Schüssel mit kaltem Wasser kurz waschen. Auf Küchentüchern abtropfen lassen.

2

Mehl mit Salz und Milch verrühren. Eier trennen, Eigelb unter den Teig mischen. Eiweiß steif schlagen und unterziehen.

3

Fett in einen hohen Kochtopf oder in eine Friteuse geben und zum Fritieren erhitzen. Hollerblüten am Stiel fassen, in den Teig tauchen und im heißen Fett in ein bis zwei Minuten goldgelb ausbacken. Herausnehmen und auf Küchenpapier abtropfen lassen. Warm mit Zucker und Zimt bestreut servieren. Dazu paßt außerdem Vanille-, Zimt- oder Krokanteis.

SERVIERTIP: Auf altbayerische Art werden Hollerküchert nicht mit Zucker und Zimt, sondern mit Gurken-, Kopf- oder gemischtem Salat serviert.

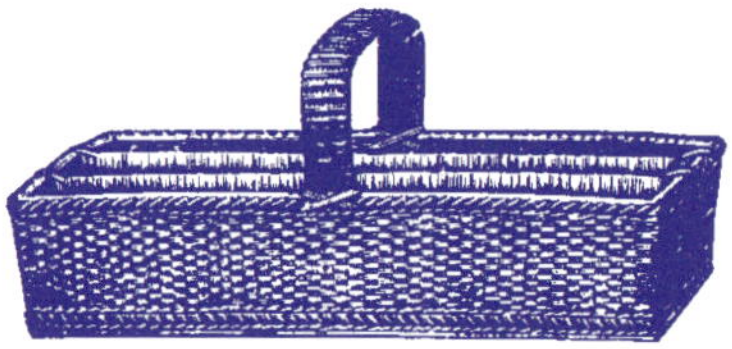

TIP: Holunder wächst im Garten, an Weg- und Waldrändern. Holunder blüht – je nach Witterung – im Mai und/oder Juni. Sammeln Sie immer abseits von Straßen und schneiden Sie die Dolden am besten mit einer Küchenschere ab, um die Zweige nicht zu verletzen. Dann locker in einen Korb legen und zu Hause möglichst gleich zubereiten.

KEIN ZIPPERLEIN

Essen Sie Hollerkücherl unbedingt am 21. Juni. Sie bekommen dann nämlich ein Jahr lang kein Fieber, kein Zahnweh und auch sonst kein Zipperlein. Außerdem werden Sie den höchsten Sprung über das Sonnwendfeuer schaffen. Sollten Sie durch den Genuß von zu vielen Hollerkücherln Magendrücken bekommen, graben Sie eine Hollerwurzel aus, kochen einen Absud davon und trinken ihn. Ganz wichtig: die Wurzel wieder exakt dorthin legen, wo Sie sie ausgegraben haben! Falls Sie Johanni in ungewöhnlicher Gesellschaft verbringen wollen, nehmen Sie einen Hollerzweig mit zum Sonnwendfeuer. Dann müssen Ihnen die Hexen nachlaufen.

Das alles glauben Sie nicht? Ich natürlich auch nicht. Doch im Volksglauben hatte Holunder mit den zartgelben filigranen Blütendolden, die sich zu tiefschwarzen Beeren wandeln, einen Ruf wie Donnerhall. Zu Zeiten, da das Wünschen noch geholfen hat, schüttelten die jungen Mädchen während des abendlichen Glockenläutens eine Hollerstaude. Der Zukünftige kam dann aus der Richtung, aus der ein Hund bellte. Wann der junge Mann kam, ist nicht klar überliefert.

Vom Holler konnte auch Schlimmes kommen: Wenn er verdorrte, mußte ein Familienmitglied sterben. Doch das passierte gewiß höchst selten, denn Holler ist so widerstandsfähig, daß ihm mancher Gartenbesitzer regelrecht zürnt. Und keineswegs den Hut vor ihm zieht, wie die Bauern es früher getan haben sollen.

Aber nun mal ernsthaft: Holunder ist eine wichtige Heilpflanze, sie wirkt blutreinigend, schweiß- und harntreibend. Deshalb hilft Holundersaft gegen Erkältung und Husten. Und die ausgebackenen Blüten schmecken einfach wunderbar – ganz wie man es von einem so wunderbaren Gewächs erwartet.

DAMPFNUDELN MIT VANILLESAUCE

Für 6 Personen
besonders typisch

500 g Mehl
1 Päckchen Trockenhefe
1 TL Zucker, 1/2 l Milch
25 g Butter, 1 zimmerwarmes Ei
Schale von 1/2 Zitrone
1 Prise Salz, Mehl zum Formen
50 g Butter, 1 1/2 EL Zucker
Für die Vanillesauce:
1/2 l Milch, 1 EL Zucker
1/2 Vanilleschote
1/2 EL Speisestärke
abgeriebene Schale von 1/4 Zitrone

1

Für den Teig Mehl mit Hefe und Zucker vermischen. Die Hälfte der Milch lauwarm erhitzen, etwa ein Drittel der Butter darin zerlaufen lassen. Diese Mischung, Ei, Zitronenschale und Salz hinzufügen. Alles mit den Knethaken des Handrührgerätes fünf Minuten durchrühren, bis der Teig Blasen bildet und sich vom Schüsselrand löst. Zugedeckt bei Zimmertemperatur etwa eine Stunde gehen lassen, bis sich sein Volumen verdoppelt hat.

2

Mit bemehlten Händen acht Kugeln aus dem Teig formen, auf die bemehlte Arbeitsfläche legen und zugedeckt weitere 30 Minuten gehen lassen.

3

Zum Garen einen gut schließenden Topf nehmen, in dem die Kugeln so nebeneinanderliegen, daß sie sich berühren. Butter und Zucker hineingeben und erhitzen, bis die Butter zerlaufen, aber nicht gebräunt ist. Die restliche Milch zugießen. Teigkugeln nebeneinander in die Milch legen. Den Topf schließen, die Milch bei mittlerer bis starker Hitze langsam zum Sieden bringen. Die Temperatur zurückschalten. Dampfnudeln bei schwacher Hitze 30 Minuten fest zugedeckt garen.

4

Für die Vanillesauce etwa drei Viertel der Milch mit Zucker und dem ausgekratzten Mark der Vanilleschote aufkochen. Die Speisestärke mit der restlichen Milch glattrühren und in die kochende Milch mischen. Unter weiterem Rühren aufkochen, bis die Sauce dickflüssig wird. Mit Zitronenschale würzen und lauwarm abkühlen lassen.

5

Die Dampfnudeln mit einer Backschaufel vom Topfboden lösen und so auf vorgewärmten Tellern anrichten, daß die Karamelschicht, die sich im Topf gebildet hat, nach oben zeigt. Kühle Vanillesauce zu den heißen Dampfnudeln servieren.

KÜCHENTIP: Dampfnudeln müssen im fest geschlossenen Topf garen, sonst fallen sie zusammen. Den Deckel also nicht zum Nachsehen abheben, sondern ab und zu mal horchen: Wenn es leise im Topf knistert, ist die Temperatur richtig und noch soviel Flüssigkeit im Topf, daß die Nudeln eine schöne Kruste bekommen, aber nicht anbrennen.

MENÜ DES MONATS

Markknöderlsuppe
Gebackene Kalbshaxe und Salat
Dampfnudeln mit Vanillesauce

DIE KÜCHE

Sommerzeit ist Reisezeit. Viele Bayern bleiben zuhaus', weil sie so gerne kulinarisch reisen: von Frankens Blauen Zipfeln zum Regensburger Wurstsalat. Weiter zu Schwabens Leberspätzlesuppe und »welschem« Bifflamot. Zum Schluß sind sie beim rätselhaften Pickelsteiner angelangt und genießen es Bissen für Bissen.

IM JULI

Sommer ist, wenn die Blaubeeren aus dem Waldboden lugen, die Himbeeren duften und die Brombeeren sonnenwarm am Strauch hängen. Typische Gerichte mit Beeren gibt es dann: Strudel, Auflauf und Kompott.

Was es im Juli

Griess

Die Bayern haben eine Leidenschaft für Grieß: als lockere Nockerl in der Fleischbrühe oder als sämige Suppe mit Kräutern und Rahm. Bayerische Hausfrauen machen herzhafte Knödel zum Kraut, Schmarren zu Fleisch oder Kompott und süße Schnitten. Zu Obstknödeln mit Zwetschgen oder Aprikosen gibt es Semmelbrösel, braune Butter, Zucker und Zimt.

Saubohnen

Saubohnen, anderswo Dicke Bohnen genannt, haben die Bayern viele Generationen lang gegessen. Dann konnten sie sich angeblich Besseres leisten und vergaßen das alte Gemüse. Das ist schade, denn die zarten, nicht ganz ausgereiften Bohnen schmecken im Juli so köstlich wie junge Erbsen.

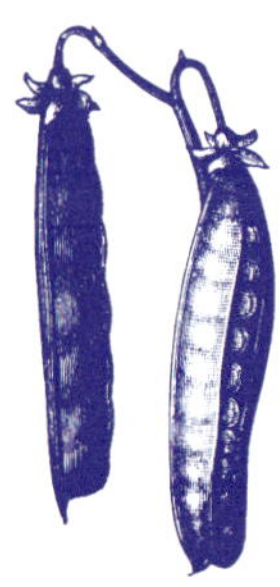

Kräutlein

Die Heimat der Sommerkräutlein Thymian, Rosmarin und Salbei liegt natürlich noch südlicher als Bayern. Dort haben die Bayern sie gefunden – wie so vieles, was ihnen gut schmeckt. Übrigens geben gerade diese Kräuter dem kräftigen bayerischen Essen eine leichte, bekömmliche Würze.

ALLES GUTES GIBT...

STACHELBEEREN

Die meisten Menschen hegen zu Stachelbeeren zwiespältige Gefühle: Gewiß, sie sind hocharomatisch, aber auch gut ausgereift schmecken sie noch recht sauer. Die Bayern lösen das Problem, indem sie die Beeren mit ganz viel Zucker als Kompott zu süßen Schnitten aus Reis oder Grieß kochen.

WEICHSELN

Weichseln heißen die tiefroten Sauerkirschen im Süden Deutschlands. Die Bayern machen Kuchen, Kompott und Marmelade daraus. Inzwischen natürlich auch rote Grütze, aber das gehört nicht hierher. Gedörrte Weichseln haben die Hausfrauen früher wie Preiselbeerkompott gekocht und zu Wild serviert.

PRODUKT	**GERICHT**	**SEITE**
Grieß	*Grießnockerlsuppe*	*Seite 180*
Saubohnen	*Saubohnensalat*	*Seite 184*
Kräutlein	*Gerösteter Aal*	*Seite 188*
Stachelbeeren	*Reispflanzel mit Stachelbeerkompott*	*Seite 200*
Weichseln	*Weichseltorte*	*Seite 199*

Grüne Kornsuppe

Für 4 Personen
einfach

125 g Grünkern, 1 1/2 l Gemüsebrühe
1 Bund Lauchzwiebeln
1 Bund Petersilie
125 g süßer Rahm (süße Sahne)
1 Eigelb, Salz, Cayennepfeffer
gemahlene Muskatblüte (Macis)
1 TL Zitronensaft

1

Grünkern in der Gemüsebrühe etwa sechs Stunden zugedeckt einweichen. Dann Topf auf die Kochstelle setzen, Grünkern aufkochen und zugedeckt bei schwacher Hitze 45 Minuten garen, bis die Körner weich und aufgeplatzt sind.

2

Inzwischen Lauchzwiebeln putzen und in feine Ringe schneiden. Petersilie fein hacken. Rahm mit dem Eigelb verrühren. Grünkernsuppe durch ein Sieb streichen oder pürieren. Wieder in den Topf geben und aufkochen. Lauchzwiebeln und Petersilie zugeben. Zugedeckt bei mittlerer Hitze drei Minuten kochen.

3

Topf von der Kochstelle nehmen. Rahmmischung in die Suppe rühren und erneut erhitzen. Suppe mit Salz, Pfeffer, Muskatblüte und Zitronensaft abschmecken.

Das grüne Korn

Im 14. Jahrhundert verschlechterte sich das Klima, die Sommer waren kalt und naß, die Winter lang. Das Getreide wurde nicht mehr reif und drohte auf den Feldern zu verfaulen. Doch die Bauern wußten sich zu helfen: Sie ernteten den Dinkel unreif und trockneten ihn über dem Feuer. Die Körner verloren an Feuchtigkeit, wurden hart und haltbar. So ist Grünkern, das grüne Korn, entstanden. Er schmeckt kräftig, ein bißchen nach Nuß und gehört auch zu den typischen Gründonnerstags-Lebensmitteln *(siehe Seite 73)**.*

Berühmte Geschichten

Wissen Sie, warum der Getreidehalm Körner nur an der Spitze trägt? Nicht, weil Europas Scheuern sonst zu voll wären! Trotzdem war's ein sündiger Überfluß, der einst den Engel des Herrn auf den Plan brachte: Eine Frau, so wird in Bayern erzählt, lebte in großem Wohlstand. Das machte sie übermütig und verschwenderisch. Eines Tages schnappte die gute Frau dann endgültig über: Als sich ihr Kind beschmutzt hatte, reinigte sie den Kleinen mit Brot. Das aber gefiel dem lieben Gott überhaupt nicht. Er sandte einen seiner Engel, um den Frevel zu strafen. Der Frau schwante Fürchterliches, als der Himmlische so zürnend vor ihr stand. Gemeinsam gingen sie hinaus auf den Acker. Dort strich der Engel über die Ähren, die damals rundherum von oben bis unten Körner trugen. Die Frevlerin ahnte rasch die ganze Bescherung und bereute ihre Tat von ganzem Herzen. Jammernd fiel sie auf die Knie und bat, der Engel möge doch wenigstens genügend Körner für Hund und Katze übrig lassen. Der selige Geist hatte Mitleid, verzieh der Frau im Namen des Herrgotts und hörte mit dem Streichen gerade noch rechtzeitig auf. Seitdem wächst die Ähre nur noch oben am Halm. Und seitdem geben die Bauern auch Hund und Katze des Hauses ein Stückchen vom ersten Brot, das mit dem neuen Getreide gebacken wird.

Überhaupt haben im Volksglauben Tiere und Getreide viel miteinander zu tun. Am Karfreitag vor Sonnenaufgang sollen die Allgäuer einen Kreis ziehen und Gerstenkörner in dessen Mitte streuen. Dann holen sie die Hühner, damit sie die Körner aufpicken. So geschützt, wird das Federvieh nicht mehr vom Fuchs gestohlen. Hafer soll gegen den Habicht helfen und Weizen beim Eierlegen.

Griessnockerlsuppe

Für 4 Personen
besonders typisch

40 g weiche Butter
75 g Hartweizengrieß
1 Ei, Salz
frisch geriebene Muskatnuß
1 EL frisch gehackte Petersilie
1 l Fleischbrühe
1 großer Bund Schnittlauch

1

Butter schaumig rühren, einen Eßlöffel Grieß untermischen. Ei, restlichen Grieß, Salz, Muskat und Petersilie unterrühren. Den Teig zugedeckt bei Zimmertemperatur 20 Minuten stehen lassen. Nach dem Quellen sollte der Teig so fest sein, daß Sie ihn mit angefeuchteten Händen zu Nockerln (Klößchen) formen können. Gegebenenfalls noch etwas Semmelbrösel untermischen.

2

Die Fleischbrühe aufkochen. Nockerl zugeben und im offenen Topf fünf Minuten köcheln lassen. Drei Eßlöffel kaltes Wasser in die Suppe geben, damit die Nockerl schön locker garen und keinen harten »Kern« behalten.

3

Nockerl zugedeckt bei schwächster Hitze noch 15 Minuten ziehen lassen. Die Suppe auf heißen Tellern verteilen und mit Schnittlauchröllchen bestreuen.

Von Bürger- und Bauernsuppen

Nockerl und andere kleine Knödel, Goldwürfel oder -schnitten (Seite 100) gehörten in die Alltagssuppe gutsituierter Bürger. Die Bauern aßen sie in ihrer Hochzeitssuppe. Je nach Region waren die Klößchen aus Grieß, Semmeln, Leber, Brät oder einfach aus Mehlteig.

LEBERSPÄTZLESUPPE

Für 4 Personen
einfach

1 kleine Zwiebel, 1 TL Butter
3 Zweige Petersilie, 1 Bund Schnittlauch
250 g fein pürierte Rinderleber vom Metzger
1 Ei, 8–9 EL Milch
80 g Semmelbrösel, Salz
1 TL getrockneter Majoran
abgeriebene Schale von 1/4 Zitrone
1 l Fleischbrühe

1

Zwiebel fein hacken und in der heißen Butter bei schwacher Hitze glasig braten. Abkühlen lassen. Petersilie und Schnittlauch fein zerkleinern. Schnittlauch zum Bestreuen der Suppe beiseite stellen.

2

Zwiebel, Petersilie, Leber, Ei, Milch, Semmelbrösel, eine kräftige Prise Salz, Majoran und Zitronenschale in eine Schüssel geben und mit einer Gabel zu einem zähflüssigen Teig vermischen.

3

Die Fleischbrühe erhitzen. Leberspätzleteig entweder durch den Spätzlehobel in die kochende Brühe drücken oder vom Brett schaben (siehe Seite 243). Leberspätzle einmal aufkochen und im offenen Topf bei schwacher Hitze fünf Minuten ziehen, aber nicht mehr kochen lassen. Die Suppe auf heißen Tellern anrichten und mit dem Schnittlauch bestreuen.

KÜCHENTIP: Sie ist genauso berühmt wie die bayerische Leberknödelsuppe, aber schneller zu kochen. Wichtig: Die Leber muß ein ganz glattes Mus sein, sonst läßt sich der Teig nicht durch den Spätzlehobel drücken.

Obatzda

Für 4 Personen
besonders typisch

1 kleine Zwiebel
1/2 Bund Schnittlauch
250 g reifer bayerischer Camembert
1 EL weiche Butter
1 EL Bier oder saurer Rahm (saure Sahne)
1 TL edelsüßes Paprikapulver
1 TL Kümmelkörner
schwarzer Pfeffer aus der Mühle, Salz

1

Zwiebel und Schnittlauch getrennt ganz fein zerkleinern. Camembert mit einer Gabel zerdrücken, mit Butter und Bier oder saurer Sahne vermischen.

2

Mit Zwiebel, Paprikapulver, Kümmelkörnern, einer kräftigen Prise Pfeffer und wenig Salz würzen – je reifer der Camembert, desto salziger schmeckt er.

3

Obatzdn auf einen Holzteller häufen, gewaschene Radieschen um die Käsecreme legen, den fein gehackten Schnittlauch darüberstreuen. Dazu paßt Bauernbrot.

Angemachter Käse

Zerdrückten Käse mit Gewürzen gibt es überall in Deutschland. Doch nur die bayerische Version trägt einen Namen, der schon die Zubereitung verrät: »Obaazn« ist das bayerische Wort für »anmachen« – ausschließlich im kulinarischen Bereich zu verwenden. »Angemachter Käse« heißt der Camembert also auf hochdeutsch. Aber das klingt lange nicht so schön.

Ob der Tourist wohl weiß,
was da jeden Tag frisch ist?
Oder nur stehen bleibt, um den
schönen Milchkrug zu bewundern?

Saubohnensalat

Für 4 Personen
einfach

1kg Saubohnen (Dicke Bohnen) in den Schoten
(oder 2 Pakete tiefgefrorene Dicke Bohnen)
1/8 l Gemüsebrühe
2 Lauchzwiebeln, 1 Fenchelknolle
3 EL Rotweinessig, 1 TL süßer Senf
6 EL Olivenöl
Salz, weißer Pfeffer

1

Bohnen aus den Schoten lösen und waschen. Die Gemüsebrühe zum Kochen bringen, Bohnen darin aufkochen und zugedeckt bei schwacher Hitze in etwa 15 Minuten weich garen. In der Gemüsebrühe abkühlen lassen.

2

Lauchzwiebeln putzen und in feine Ringe schneiden. Fenchelknolle halbieren, den Strunk herausschneiden. Fenchelhälften in dünne Scheiben schneiden. Fenchelgrün hacken.

3

Alle diese Zutaten mit Essig, Senf und Öl zu den Bohnen geben. Salat mischen und mit Salz und Pfeffer abschmecken.

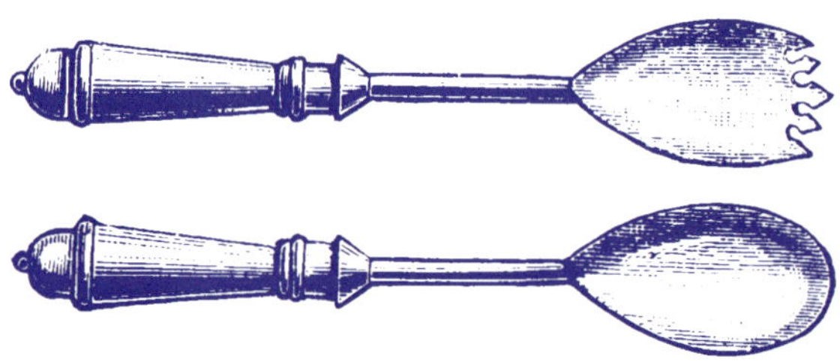

KÜCHENTIP: Bei Saubohnen gilt wie bei Kutteln: in die eigene Küche holen – am besten von Juni bis September frisch – und mit Rahmsauce, Knoblauch, Kräutern und Speck als Gemüse oder als Salat zubereiten. Selbst die neue bayerische Restaurantküche vernachlässigt die feinen Dicken Bohnen noch so sehr, daß sie kaum auf den Speisekarten zu finden sind.

Regensburger Wurstsalat

Für 4 Personen
einfach

1 kleine Zwiebel
6 Regensburger Würste
Salz, schwarzer Pfeffer
6 EL sehr milder Essig
6 EL geschmacksneutrales Öl
1 Bund Schnittlauch

1

Zwiebel in hauchdünne Ringe schneiden. Wursthäute abziehen. Würste in sehr dünne Scheiben schneiden. Wurstscheiben und Zwiebelringe kreisförmig auf einer Platte anrichten, mit Salz und Pfeffer bestreuen.

2

Essig und Öl vermischen und über den Salat geben. Zugedeckt 45 Minuten durchziehen lassen. Schnittlauch in feine Röllchen schneiden und über den Salat streuen.

Der falsche und der echte Wurstsalat

Mit so manchem angeblich bayerischen Wurstsalat wird der unwissende Fremde ganz schön »derbleckt«, das heißt verkohlt. Denn weder Gurkenscheiben noch Käsewürfel oder gar Tomatenpaprika aus dem Glas gehören ins bayerische Original, sondern nur Wurst, Zwiebel, Salz, Pfeffer, Essig und Öl. Bayerische Puristen würden selbst die Schnittlauchröllchen im Rezept oben ablehnen. Feinschmecker und Ästheten dagegen halten sie für notwendig. Die Wahl der Wurst richtet sich nach der Gegend. In Regensburg nimmt man zum Beispiel die gleichnamige kurze dicke aus Rind, Schwein, Gewürzen, Zwiebel und Zitrone. Die Nürnberger schwören auf ihre »Stadtwurst« aus Schweinefleisch und Rinderbrät, Majoran, Muskatblüte und Piment. In den oberbayerischen Wurstsalat kommt »Leoni«, eine Fleischwurst im Ring, die anderswo »Lyoner« heißt.

EIERFLECKE MIT WIRSINGHÄUPTELN

Für 4 Personen
ohne Fleisch

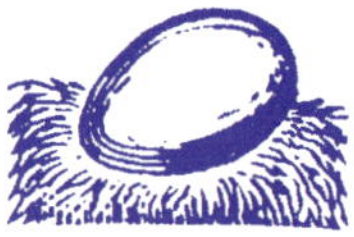

Für die Wirsinghäuptel:
1 Kopf Frühwirsing (ca. 800 g)
50 g Butter, Salz, weißer Pfeffer
2 EL süßer Rahm (süße Sahne), 100 g Semmelbrösel
Für die Eierflecke:
50 g Mehl, Salz, 1/8 Milch, 4 Eier
2 EL Butterschmalz, Kokosfett oder Öl zum Backen

1

Welke Wirsingblätter entfernen, die anderen ablösen und waschen. Dicke Rippen flachschneiden. Die Butter zerlassen.

2

Reichlich Wasser zum Kochen bringen. Wirsingblätter portionsweise darin etwa drei Minuten blanchieren, bis sie weich sind. Mit einem Schaumlöffel herausnehmen, abtropfen und abkühlen lassen. Mit zwei Eßlöffeln zu kleinen Bällchen, »Häupteln«, formen und in eine Gratinform setzen. Mit Salz und Pfeffer würzen.

3

Den Rahm und die zerlassene Butter über den Häupteln verteilen, Semmelbrösel darüberstreuen. Form in den kalten Backofen (mittlere Schiene) stellen und auf 200 Grad (Umluft 180 Grad, Gas Stufe 4) schalten. Wirsinghäuptel etwa 20 Minuten backen.

4

Inzwischen für die Eierflecke Mehl mit Salz und Milch verrühren. Eier nacheinander untermischen. Etwas Fett in einer Pfanne von 22 Zentimeter Durchmesser erhitzen. Pro Eierfleck jeweils eineinhalb Eßlöffel Teig zugeben und zu einem dünnen Eierkuchen auseinanderfließen lassen. Zugedeckt bei mittlerer Hitze etwa zwei Minuten backen, bis der Teig an der Oberseite gestockt ist. Wenden und in der offenen Pfanne in etwa einer Minute fertig backen.

5

Eierflecke zugedeckt auf einer heißen Platte warm halten oder zum Schluß kurz zum Wirsing in den Ofen schieben.

Blaue Zipfel

Für 4 Personen
besonders typisch

4 Zwiebeln
1/8 l Weißweinessig
1/4 TL Salz, 1 Prise Zucker
2 Lorbeerblätter, 2 Gewürznelken,
4 Wacholderbeeren
1 TL schwarze Pfefferkörner
1 EL Öl, 8 Nürnberger Bratwürste

1

Zwiebeln schälen, halbieren und in dünne Scheiben schneiden. Mit einem Liter Wasser, Essig, Salz, Zucker, Lorbeerblättern, Nelken, Wacholderbeeren, Pfefferkörnern und Öl in einen Topf geben, einmal aufkochen und etwa fünf Minuten bei schwacher Hitze kochen, bis die Zwiebeln weich sind.

2

Bratwürste in den Sud geben und erhitzen, bis sie prall und bläulich gefärbt sind. Würste nicht kochen lassen, sonst platzt die Haut. Heiß oder kalt in tiefen Tellern mit etwas Sud und den Zwiebeln anrichten. Dazu passen Brezeln, Roggen- oder Mischbrot.

TIP: Nicht original bayerisch, aber schön: Würste beim Anrichten mit fein gehacktem Schnittlauch oder Petersilie bestreuen.

Blau vom Kochen

Blaue oder saure Zipfel heißen die gesottenen Würste aus Franken, die im Essigsud so blau und würzig werden. Am besten schmecken die großen Nürnberger Bratwürste aus fein gehacktem Schweinefleisch. Die fingerlangen Rostbratwürstchen legen die Franken nur auf den Rost und nicht in den sauren Sud. Wer keine Nürnberger Würste bekommt, nimmt andere feine Bratwürste.

Gerösteter Aal

Für 3 Personen
besonders fein

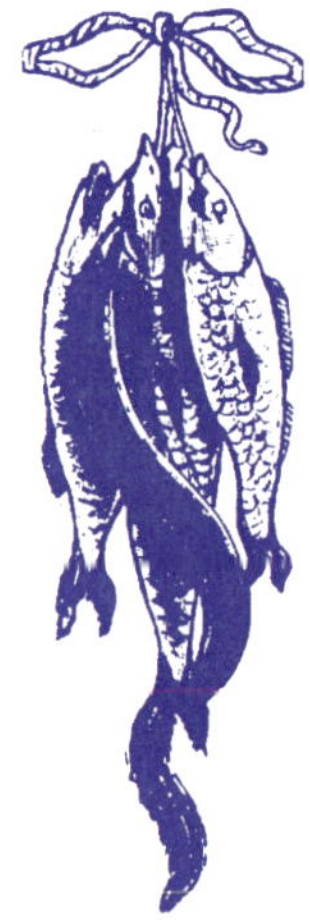

1 küchenfertiger Aal (ca. 500 g)
1 Zitrone, 5 Salbeiblättchen
2 Zweige frischer Rosmarin
3 Lorbeerblätter
Salz, weißer Pfeffer aus der Mühle
geriebene Muskatnuß
Pergamentpapier
1 EL Butterschmalz

1

Aal in vier Zentimeter breite Stücke schneiden. Zitrone waschen, abtrocknen und halbieren. Die eine Hälfte in Scheiben schneiden und zum Anrichten beiseite legen. Die andere Hälfte mit einem kleinen scharfen Messer schälen, Fruchtfleisch in Stücke schneiden. Salbei, Rosmarinblättchen und Lorbeerblätter fein hacken.

2

Salz, Pfeffer und Muskat auf einem Teller mischen. Aalstücke darin wälzen und auf Pergamentpapier legen.

3

Zitronenstücke und Kräutermischung auf dem Aal verteilen. In das Papier rollen und an beiden Seiten mit Küchengarn zubinden.

4

Butterschmalz in einer großen Pfanne erhitzen. Fischpäckchen darin bei mittlerer Hitze 15 bis 20 Minuten braten. Dabei die Pfanne kräftig rütteln, damit der Aal rundherum gart.

5

Päckchen auf heiße Teller legen, das Papier aufschneiden und auseinanderbiegen. Fett aus der Pfanne über die Fischstücke träufeln. Mit den Zitronenscheiben garniert sofort anrichten. Dazu passen Kartoffeln oder Weißbrot und Salat.

KÜCHENTIP: Die Papierpäckchen reißen durch die Feuchtigkeit von Zitrone und Aal leicht ein. Also nicht lange liegen lassen, sondern gleich braten.

Das richtige Fett

In der alten bayerischen Küche gab es nur Schweineschmalz, Butter und Butterschmalz. Schweineschmalz war vor allem das Fett der Bauernküche. Die Köchinnen in der Stadt haben es gewöhnlich nur zum Schmoren von Kraut, Rüben und Schweinefleisch, für die Braune Sauce, die »Einbrenn«, und zum Fritieren genommen – besonders von herzhaftem Gebäck. Butter war zum Backen, für feines Gemüse und für die weiße »Einmach«, die Béchamelsauce (Seite 131), bestimmt. Für Schmarren und Schwammerl kommt auch heute nur Butter in Frage.

In Butterschmalz buken die Frauen panierten Fisch und Fleisch, Gemüse und Obst im Ausbackteig. Zum Fritieren von feinem süßem Gebäck wie Faschingskrapfen und Kirchweihküchel nehmen es die meisten Bayerinnen auch heute. Zum »Aufschmälzen« brauchen die Köchinnen ebenfalls Butter oder Butterschmalz. Diese typisch bayerische Art, Suppen, Teigwaren, Gemüse, herzhafte und süße Knödel mit Fett, gerösteten Zwiebeln und/oder Semmelbröseln gehaltvoll zu machen, wäre ohne Buttergeschmack einfach fad.

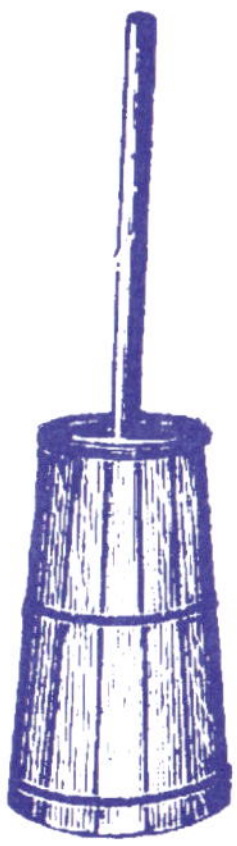

Pflanzenfett kommt in der original bayerischen Küche nicht vor. Kokosfett kannten die Leute nicht, Oliven wuchsen in Bayern nicht und von anderen Ölsaaten wie Sonnenblumenkernen oder Getreidekeimen war die Ausbeute zu gering. Margarine lernten die Deutschen in den 70er Jahren des achtzehnten Jahrhunderts kennen. Bis sie wirklich gut schmeckte, sollten nochmal knapp hundert Jahre vergehen. So lange konnten die Bayern warten – schließlich sind sie Feinschmecker. Erst seit sie mit feinem Öl und gutem Pflanzenfett Genuß und Gesundheit unter einen Hut bekommen, tun sie, was Ernährungswissenschaftler raten: mehr Fett von der Pflanze und weniger vom Tier essen

Rehbraten mit eingekochten Weichseln

Für 6 Personen
besonders fein

200 g getrocknete Weichseln (Sauerkirschen)
1/8 l vom Einweichwasser der Weichseln
100 g Zucker, abgeriebene Schale von 1/4 Zitrone
1 Rehkeule ohne Knochen (ca. 1,2 kg)
Salz, schwarzer Pfeffer aus der Mühle
1/4 TL gemahlener Koriander
1 Schalotte, 1 Bund Suppengrün
2 EL Öl, 3 dünne Scheiben fetter Speck
400 ml Wildfond (Glas)
2 EL Cognac oder Orangensaft
3 EL süßer Rahm (süße Sahne)

1

Weichseln mit Wasser bedecken und zugedeckt fünf Stunden einweichen. Auf ein Sieb abgießen, Wasser auffangen und einen Achtelliter zum Kochen abmessen.

2

Zucker in einem Topf unter ständigem Rühren schmelzen. Von der Kochstelle nehmen. Das abgemessene Wasser einrühren, wieder auf die Kochstelle setzen und unter ständigem Rühren etwa 20 Minuten bei starker Hitze kochen, bis ein Drittel der Flüssigkeit verdampft ist.

3

Weichseln und Zitronenschale zugeben und bei mittlerer bis schwacher Hitze zugedeckt zehn Minuten kochen lassen. In eine Schüssel geben und kühlen, bis die Rehkeule zubereitet ist.

4

Rehkeule trockentupfen. Salz, Pfeffer aus der Mühle und Koriander auf einem Teller mischen. Fleisch damit rundherum einreiben. Schalotte fein hacken. Suppengrün putzen und waschen.

5

Öl in einem Bräter erhitzen. Rehkeule darin bei starker bis mittlerer Hitze rundherum braun anbraten. Speckscheiben auf die Keule legen. Schalotte und Suppengrün zugeben. An den Seiten etwa ein Drittel des Wildfonds zugeben und einmal aufkochen.

6

Rehkeule zugedeckt bei schwacher Hitze etwa eine Stunde schmoren, bis das Fleisch gerade eben durchgegart ist. Dabei nach und nach den restlichen Wildfond zugießen.
Rehkeule herausnehmen und im Backofen bei 50 Grad warm halten.

7

Den Bratfond durch ein Sieb in einen Topf gießen und in etwa 20 Minuten bei starker Hitze unter ständigem Rühren dick einkochen. Cognac oder Orangensaft und Rahm untermischen.

8

Fleisch in Scheiben schneiden und auf einer vorgewärmten Platte anrichten. Sauce und Weichseln extra dazu servieren.
Dazu passen Spätzle (Seite 242, Käse und Zwiebeln weglassen) oder eher deftige Bauernknödel (Seite 221).

EINKAUFSTIP: Nehmen Sie stets das Fleisch, das Sie gut und preiswert bekommen. Der Braten schmeckt auch mit Hirsch, Hase oder Wildgeflügel.

JULI

REHBRATEN TYPISCH BAYERISCH

Dies ist eines der besonders edlen bürgerlichen Wildgerichte, die schon ganz international wirkten, wären da nicht die »gedörrten Weichseln« – nach der Ernte getrocknete Sauerkirschen, die das ganze Jahr über zur Verfügung standen. Wie Preiselbeerkompott servierten bayerische Köchinnen sie zu Wild, aber auch zu geschmortem Rindfleisch. Heute bekommen Sie getrocknete Weichseln aus Kalifornien oder Ungarn in Fruchthäusern. Die ungarischen enthalten etwas mehr Säure und schmecken deshalb besonders gut zu Fleisch. Natürlich können Sie das Kompott auch mit 500 Gramm frischen entsteinten Weichseln zubereiten.

Rätselhaftes Pickelsteiner

Über den Ursprung dieses bekannten Eintopfs gehen die Meinungen auseinander – selbst bei ein- und derselben Autorin: Erna Horn, Bayern-Expertin und Hobby-Historikerin, datiert in ihrem Buch »Die bayrische Kuchl« das erste Pickelsteiner auf den 17. Juni 1823. Damals habe »der Herr Landrichter Storlein von Grafenau« zur Feier seines Namenstages mit Freunden einen Ausflug auf den Büchelstein gemacht, ein Berglein zwischen Deggendorf und Schönberg im Lallinger Winkel. Die Wirtin Auguste Winkler habe für die Gesellschaft einen Eintopf gekocht. »In einem großen Topf mitgeschleppt«, so berichtet Erna Horn, »wurde das Gemeinschaftsessen auf den Gipfel des Büchelsteins über einem zünftigen Bergfeuerl heiß gemacht.« In ihrem Küchenkalender »Das altbayrische Küchenjahr« verlegt sie das erste Pickelsteiner-Essen ins Jahr 1839. Wieder ist es sein Namenstag, an dem »seine Gnaden, der Kgl. bayrische Landrichter Benno Storlein« mit Freunden auf den Büchelstein stieg. Da wir nun den Vornamen des Landrichters kennen, ließe sich das Ur-Pickelsteiner exakt datieren: Tag des heiligen Benno ist der 16. Juni. Problem gelöst? Keineswegs: Das Städtchen Regen, nördlich vom Büchelstein im Bayerischen Wald gelegen, feiert alljährlich ein Pickelsteiner Fest im Juli, am ersten Sonntag nach Jakobi. Für einen anderen Autor ist 1830 das Pickelsteiner-Jahr. Und ein bekanntes Lehrbuch für Köche stellt einfach fest: »Über die Schreibweise und Herkunft des Gerichtes sind keine genauen Angaben möglich.«

Das ist gewiß richtig. Doch die Pickelsteiner-Geschichten sind viel zu spannend, um schon zu Ende zu sein. Jetzt kommt noch der berüchtigte Panduren-Oberst Freiherr Franz von der Trenck mit seinen Soldaten. Der wilde Mann soll eine Bäuerin aus einem Dorf bei Regen vor die unangenehme Alternative »Essen oder Leben« gestellt haben. Die arme Frau entschied sich natürlich fürs Essenkochen und suchte flugs zusammen, was sie an Eßbarem fand: ein bißchen Gartengemüse, ein paar Stückchen Fleisch und einige Kartoffeln. Alles kochte sie in einem großen »Pichel«, wie es in der Geschichte heißt, über dem Feuer. Und seitdem heißt der Eintopf auch »Pichelsteiner«.

Das muß sich übrigens noch vor 1746 abgespielt haben, denn in diesem Jahr wurde Trenck wegen Kriegsgreuel zum Tode verurteilt, dann aber zu lebenslanger Haft begnadigt. Ein Wort »Pichel« für Topf gibt es im Deutschen aber nicht. Auch nicht im Bayerischen – wäre das Gericht nach dem Kochtopf benannt, würde es vielleicht »Hafnsteiner« heißen.

Jetzt ein bißchen kulinarische Geschichte: Pickelsteiner, der Eintopf aus Kartoffeln, Gemüse und verschiedenen Fleischsorten, ist nichts typisch Bayerisches, sondern was typisch Norddeutsches. Die Bayern kochen höchstens Kraut und G'selchtes zusammen. Sonst essen sie ihr Fleisch fein säuberlich getrennt vom »Zuag'müas« – also von Knödeln, bayerischen Nudeln und Salat. Vermutlich stammt das erste Pickelsteiner von einem norddeutschen »Einwanderer«, und die Bayern haben es sich nur »unter den Nagel gerissen«. Wie auch den Apfelstrudel (Seite 52), den sie so gut fanden, daß sie ihn von Wien nach München verlegten. Und die Krautfleckerl, selbstgemachte Nudeln mit geschmortem Weißkraut, die sie ebenfalls den Österreichern abgeluchst haben.

Typisch bayerisch ist aber das Resümee aus Geschichte und Geschichten: »Nix g'wies woaß ma net«, sagen die Bayern oft und meist haben sie recht mit ihrer Skepsis in Sachen Wahrheitsfindung.

Pickelsteiner

Für 6 Personen
besonders typisch

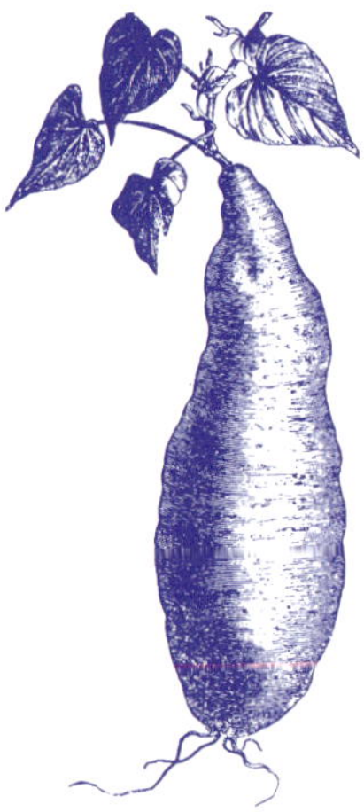

250 g Schweineschulter (ohne Knochen)
250 g Rindfleisch (Dicker Bug oder Hesse)
250 g Lammschulter (ohne Knochen)
2 Rindermarkknochen, 2 Zwiebeln
750 g festkochende Kartoffeln
400 g Knollensellerie, 300 g Gelbe Rüben (Möhren)
2 Petersilienwurzeln
1 dicke Stange Lauch (Porree)
1 EL Öl, 1/2 l Fleisch- oder Gemüsebrühe
Salz, schwarzer Pfeffer
1 Bund Petersilie, 1 Bund Schnittlauch

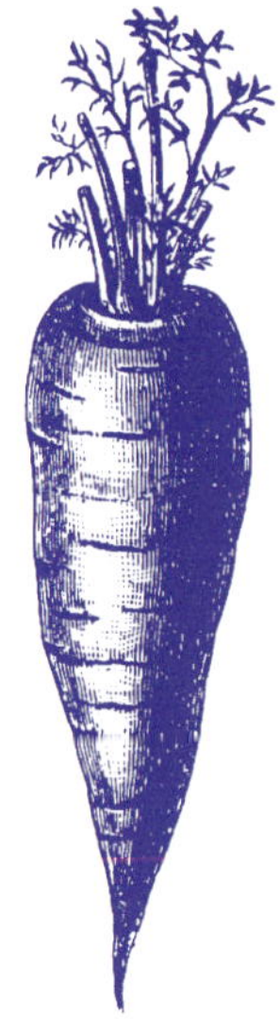

1

Alle Fleischsorten in gulaschgroße Würfel schneiden. Das Rindermark aus dem Knochen lösen und in Scheiben schneiden. Zwiebeln grob hacken. Kartoffeln, Sellerie, Möhren und Petersilienwurzeln schälen, waschen und in einen halben Zentimeter dicke Scheiben schneiden. Lauch putzen, längs halbieren und waschen. Hälften in fingerdicke Stücke schneiden.

2

Öl in einem großen Bräter erhitzen. Markscheiben darin bei schwacher Hitze ausbraten, herausnehmen und beiseite stellen.

3

Fleischwürfel bei starker bis mittlerer Hitze im heißen Fett braun anbraten und wieder herausnehmen. Zwiebeln und Kartoffeln in zwei Portionen anbraten und aus dem Topf nehmen. Gemüse ebenfalls in Portionen anbraten und herausnehmen.

4

Bräter schichtweise mit Gemüse, Kartoffeln und Fleisch füllen, mit Salz und Pfeffer würzen. Als Abschluß Kartoffeln einfüllen und darauf die Markscheiben legen. Brühe an den Seiten zugießen.

5

Das Pickelsteiner bei starker Hitze aufkochen und zugedeckt bei schwacher Hitze eineinhalb Stunden garen. Petersilie und Schnittlauch zerkleinern. Pickelsteiner damit bestreuen.

Die Wirtschaft gehört zum reichsgräflichen Schloß Maxlrain nahe Bad Aibling, erbaut gegen Ende des 16. Jahrhunderts.

BIFFLAMOT

Für 6 Personen
braucht Zeit

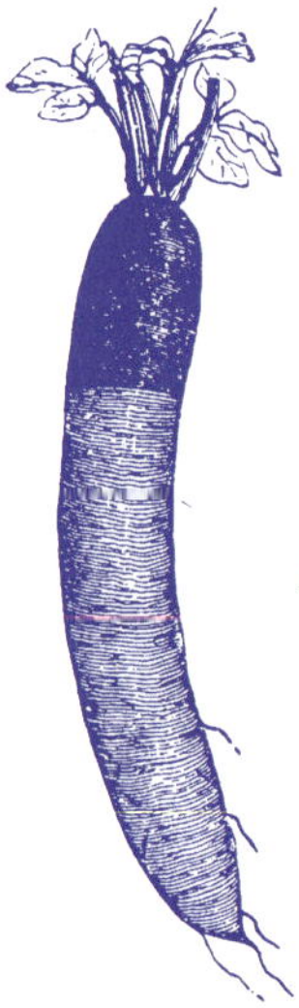

2 Zwiebeln, 2 große Gelbe Rüben (Möhren)
1 Stück Knollensellerie (ca. 150 g)
80 g fetter Räucherspeck in dünnen Scheiben
1,5 kg Rindfleisch (Schwanzstück, Blume oder Oberschale)
Salz, schwarzer Pfeffer aus der Mühle
6 Gewürznelken
1 großes Stück unbehandelte Zitronenschale
je 1/2 Bund Thymian und Majoran, 3 Lorbeerblätter
1 Stück ganze Muskatblüte (Macis) oder 1/4 TL Macispulver
4 kleine Stücke Kalbsfuß
2 Stücke altbackene Rinde von Bauernbrot
1/2 l kalte Fleischbrühe, 1/2 l trockener Weißwein
1/8 l milder Weißweinessig
1–2 EL Balsamessig, eventuell 1/4 TL Zucker
3 Zweige Petersilie

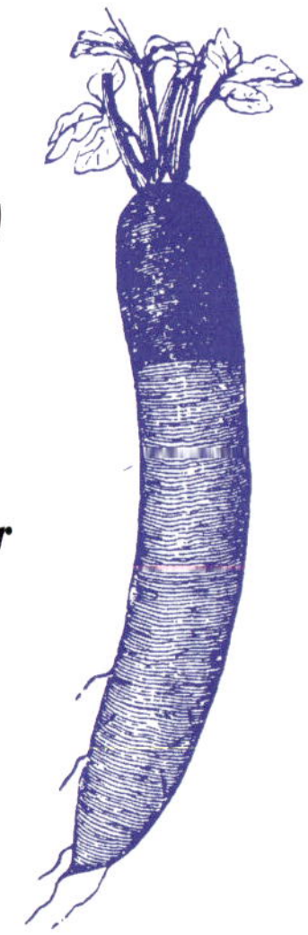

1

Eine Zwiebel, geschälte Gelbe Rüben und Sellerie in Scheiben schneiden. Den Boden eines großen Bräters zuerst mit vier Speckscheiben, dann mit den Zwiebel- und Gemüsescheiben auslegen. Fleisch rundherum mit Salz und Pfeffer aus der Mühle würzen und mit den Nelken spicken. Auf das Gemüse legen und mit dem restlichen Speck belegen.

2

Zweite Zwiebel, Zitronenschale, Thymian, Majoran, Lorbeerblätter und Muskatblüte fein zerkleinern, mit der gehackten Zwiebel mischen und auf dem Speck verteilen. Kalbsfüße und Brotrinde neben das Fleisch legen.

3

Brühe mit Wein und Essig mischen und etwa die Hälfte davon zum Fleisch geben. Bräter schließen und in den kalten Backofen (untere Schiene) stellen. Ofen auf 160 Grad (Umluft 150 Grad, Gas Stufe 2) schalten. Fleisch zwei Stunden zugedeckt schmoren. Ofen auf 180 Grad (Umluft 160 Grad, Gas Stufe 3) schalten. Die Hälfte der verbliebenen Brühemischung zugießen.

4

Bifflamot weitere zwei bis zweieinhalb Stunden schmoren, bis es weich ist. Dabei die restliche Brühe zugießen.

5

Fleisch herausnehmen und in Scheiben schneiden. Kalbsfüße wegwerfen. Schmorflüssigkeit durch ein Sieb in einen Topf umgießen. Fleisch wieder in den Bräter geben und zugedeckt im abgeschalteten Ofen bei geöffneter Backofentüre warm halten, bis die Sauce fertig ist.

6

Sauce im Topf bei starker Hitze unter Rühren dickflüssig einkochen lassen. Mit Balsamessig, Salz und eventuell etwas Zucker abschmecken. Fleisch in eine große Schüssel geben und mit der Sauce übergießen. Gehackte Petersilie darüberstreuen.

BEILAGENTIP: Zu dem Bifflamot passen Spätzle (Seite 242, Zwiebeln und Käse weglassen), Bauernknödel (Seite 221) und Salat oder Gemüse.

ORIGINALFASSUNG UND SPARVERSION

JULI

So haben die meisten Köchinnen im 19. Jahrhundert das Bifflamot zubereitet. Die Essigbeize wie für Sauerbraten und die braune Mehlsauce, in der das Fleisch angerichtet wird, finden Sie damals noch selten. Das kommt erst in den Kochbüchern nach dem Ersten Weltkrieg. Vermutlich, weil die Hausfrauen zu dieser Zeit mehr sparen mußten: Beim tagelangen Beizen wird Rindfleisch schon etwas mürbe und ist schneller gar. Mehl an der Sauce spart den Kalbsfuß und das Einkochen, das etwa zehn Minuten dauert. Mit einem modernen Gas- oder Elektroherd ist das kein Problem. Doch vor 70 Jahren konnte es eines sein: Die Leute mußten eigens Brennmaterial für den Küchenherd kaufen und nach Hause transportieren. Wer schon mit Strom oder Gas kochte, sparte trotzdem Energie, um sich mehr Lebensmittel leisten zu können. Da war eine Sauce mit Mehlbindung gewiß die billigste und einfachste Lösung und lieferte obendrein nahrhafte Kohlenhydrate.

Vom Französischen in Bayerns Küchen

Bifflamot, Päng, Schü und Goli – das klingt eher nach Sprechblasen im Comic als nach Kochrezepten. Doch es sind bayerische Wörter – noch heute benutzt oder in alten Kochbüchern zu finden. Alle kommen aus der französischen Küchensprache: Bifflamot nennen die Bayern ihre Version des berühmten Boeuf à la mode, geschmortes Rindfleisch in dunkler Sauce. Päng kennt niemand mehr, und ich wußte zuerst nicht, wie ich das Wort verstehen sollte. Ich las das Rezept – eine Hechtterrine – und plötzlich war mir klar: »Päng« kommt von »pain«, dem französischen Wort für Brot. »Hechtbrot« oder »pain de brochet« gibt es als feines Fischgericht auch in der klassischen internationalen Küche.

Beim Fisch-Schü hatte ich es mit einem Fond zu tun: Fett, Zwiebeln, Wurzelgemüse, Gewürze, Fischstücke und -köpfe werden braun geröstet, mit Wasser aufgegossen und gekocht. Durchgesiebt und eingekocht war dieses Schü die Grundlage für Fastensuppen – genau wie der »Jus«, das Konzentrat aus Fleisch, Geflügel oder Fisch, das Profi- und Hobbyköche für delikate Saucen und Suppen brauchen.

Goli kommt von »coulis«; es war der alte Name für eine braune oder weiße Grundsauce. So einfach haben es sich die bayerischen Köchinnen aber nicht gemacht. Eine weiße Goli-Suppe kochten sie aus einem Mus von Eigelb, Mandeln und Kalbshirn. In einer Mehlschwitze wurde es leicht geröstet, dann mit Fleischbrühe aufgegossen und mit Muskatblüte gewürzt. Die Suppe strich die Köchin durch ein Sieb, erhitzte sie noch mal und servierte sie mit gebackenen Semmelschnitten.

Alle diese Gerichte kamen im Laufe der Zeit in bayerische Küchen – waren doch die politischen, kulturellen und zeitweise auch kriegerischen Verbindungen zwischen Frankreich und Bayern immer bedeutend. Als Köchinnen die Rezepte der Haute Cuisine für ihre bürgerliche Herrschaft nachkochten und sammelten, schrieben sie auch die fremden Namen auf – ganz so, wie sie für bayerische Ohren klangen.

Weichseltorte

Für 12 Stücke
besonders fein

750 g Weichseln (Sauerkirschen)
150 g trockenes Roggenbrot
1/8 lieblicher Weißwein
150 g gemahlene Mandeln
50 g Mehl, 1 TL Zimtpulver
1/2 Päckchen Backpulver
50 g Butter, 8 Eier, 100 g Zucker
abgeriebene Schale von 1 unbehandelten Zitrone
1 TL gemahlene Vanille
Butter und Pergamentpapier für die Form
Puderzucker zum Bestäuben

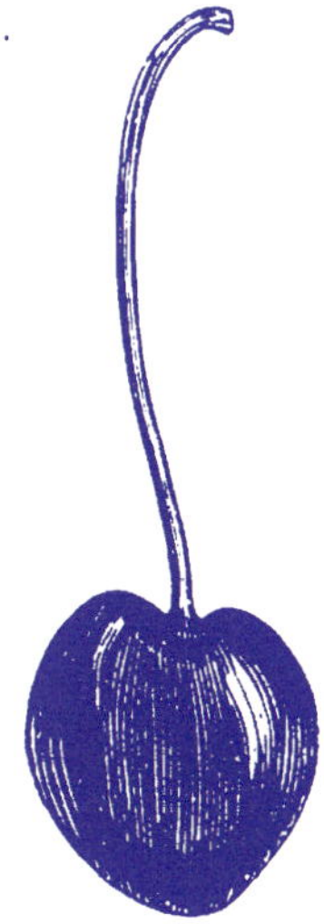

1

Die Weichseln waschen, abzupfen und entsteinen. Brot in Stücke brechen und im Blitzhacker fein zerkleinern. Mit dem Wein vermischen. Mandeln, Mehl, Zimt und Backpulver mischen. Butter zerlassen, aber nicht bräunen und wieder lauwarm abkühlen lassen.

2

Die Eier trennen. Eiweiß halb steif schlagen. Zucker, Zitronenschale und Vanille zugeben. Weiterschlagen, bis der Schnee steif und cremig ist. Eigelb und Butter unterrühren. Zuerst das eingeweichte Brot, dann die Mandelmischung unterziehen.

3

Den Boden einer Springform von 26 Zentimeter Durchmesser fetten und mit Pergamentpapier auslegen. Teig darin glattstreichen. Die Weichseln darauf verteilen.

4

Die Torte in den kalten Backofen auf die untere Schiene stellen. Bei 200 Grad (Umluft 180 Grad, Gas Stufe 4) etwa 50 Minuten backen. Zum Servieren mit Puderzucker bestäuben.

KÜCHENTIP: Die saftige Sommertorte schmeckt mit frischen Weichseln viel besser als mit eingekochten. Nehmen Sie Brot, das nicht mit Kümmel oder Koriander gewürzt ist.

Reispflanzel mit Stachelbeerkompott

Für 4 Personen
einfach

Für die Reispflanzel:
125 g Milchreis, 3/8 l Milch
1 Stück unbehandelte Zitronenschale
2 EL Zucker
1/2 TL Zimtpulver, Salz
50 g Rosinen, 2 Eier
1 TL weiche Butter
Für das Kompott:
500 g Stachelbeeren, 120 g Zucker
2 EL trockner Weißwein oder Apfelsaft
50 g Butterschmalz, Kokosfett oder Öl zum Backen

1

Reis mit Milch und Zitronenschale aufkochen und zugedeckt bei schwächster Hitze in etwa 35 Minuten weich kochen. Zitronenschale herausnehmen, den Reis abkühlen lassen.

2

Reis mit Zucker, Zimtpulver, einer kleinen Prise Salz, Rosinen und Eiern vermischen. Ein Backblech mit weicher Butter einfetten. Den Reisbrei etwa fingerdick daraufstreichen und über Nacht zugedeckt trocknen lassen.

3

Stachelbeeren waschen. Mit Zucker und Wein oder Apfelsaft einmal aufkochen. Abkühlen lassen.

4

Reisbrei in Quadrate oder Rechtecke schneiden und im heißen Fett bei mittlerer Hitze pro Seite etwa vier Minuten braten. Heiß zum kalten Stachelbeerkompott servieren.

SERVIERTIP: Schnitten oder Pflanzel aus Grieß, Kartoffelteig oder Topfen (Quark) bereiten die Bayern auch ohne Zucker und servieren sie zu Fleisch mit Sauce oder Salat.

Kaum Reis in Bayern

Obwohl er früher sogar auf der Hochzeitstafel zu finden war, spielt Reis heute in der bayerischen Küche kaum noch eine Rolle. In der Suppe essen die Bayern lieber Nockerl, Brotwürfel und Pfannkuchenstreifen, die »Flädle«. Als Beilagen mögen sie Spätzle, Knödel und Kartoffeln. Die bekannten Reisgerichte wie gefüllte Paprikaschoten und Reisfleisch sind nichts typisch Bayerisches. Saftige Torten mit Reisfülle wie in Österreich und in Norddeutschland gibt es hier ebenfalls nicht. Übriggeblieben ist nur der süße Reis: Pflanzel mit Kompott (Seite 200) als sättigende Mehlspeise oder Milchreis mit Schlagrahm und Kompott vermischt als üppiges Dessert. Und natürlich der dicke Reisbrei mit Zucker und Zimt, den Kinder bekommen – und den manche Erwachsene so heiß lieben.

Menü des Monats

Leberspätzlesuppe
Eierflecke mit Wirsinghäupteln
Weichseltorte

DIE KÜCHE

Wenn Sankt Rochus trübe schaut, kommt die Raupe in das Kraut, heißt eine alte Bauernregel. Die Bayern von heute wollen diese dunkle Prophezeiung nicht deuten. Sie beugen aber vor und holen das zarte Kraut in die Küche. Wie all die wunderbaren Gemüse, die im August so üppig wachsen.

IM AUGUST

Der Milchkrug auf der Fensterbank und die Spanschachtel mit Tabak signalisieren den Feierabend im sommerlichen Erntemonat, wenn der Bauern nach getaner Arbeit bei einem Pfeifchen ausspannt.

WAS ES IM AUGUST

BEEREN

Die Bayern sind ein richtiges Beerenvolk. Im Mai holen sie die ersten Erdbeeren aus dem Mistbeet und im Oktober die letzten Preiselbeeren aus dem Bergwald. Der August ist besonders bayerisch: Schließlich gibt es dann Johannisbeeren – in rot und in den Landesfarben weiß und blau.

GETREIDE

Getreide ist der Menschheit wichtigstes Lebensmittel. In der bayerischen Küche taucht es in allen möglichen Formen auf: als Grieß, Mehl, Semmeln oder Haferflocken im Schmarren. Bayerische Knödel enthalten immer Mehl oder Semmeln, Suppen und Saucen werden mit Mehl oder Semmelbröseln gebunden.

MAJORAN

Majoran gehört in Würste und Leberknödel, zu Schweinefleisch, Kartoffeln und deftigem Gemüse. Das würzige Sommerkraut mit den hübschen rosa Blüten wirkt so bayerisch, daß man seine südliche Herkunft – vermutlich aus Vorderasien und Nordafrika – ganz vergessen hat.

ALLES GUTES GIBT...

HEIDELBEEREN

Kindheitserinnerungen werden geweckt, wenn Sie Auflauf und Strudel mit Heidelbeeren gegessen haben: Die aromatischen Waldheidelbeeren mit erbsengroßen, dunkel- bis schwarzblauen Früchten aus dem Bayerischen Wald und der Oberpfalz färben Lippen und Zähne tintenblau.

SCHWAMMERL

August ist Schwammerl-Zeit in Bayern: Einige Experten streifen frühmorgens, wenn die Vöglein gerade erwacht sind, durch den Wald und füllen ihren Korb mit Pilzen, die sonst niemand kennt. Die anderen gehen auf den Markt und kaufen Pilze, die fast jeder kennt. Alle kochen daraus eine wunderbare Schwammerlsuppe (Seite 208).

PRODUKT	GERICHT	SEITE
Beeren	*Johannisbeertorte*	*Seite 228*
Getreide	*Altbayerische Fingernudeln*	*Seite 220*
Majoran	*Brotsuppe*	*Seite 206*
Heidelbeeren	*Blaubeerauflauf*	*Seite 222*
Schwammerl	*Schwammerl mit Ei*	*Seite 212*

Brotsuppe

Für 4 Personen
besonders typisch

125 g Roggen- oder Weizenmischbrot
2 reife Tomaten, 1 kleine Zwiebel
1 Knoblauchzehe, 1/2 Bund Majoran
2 EL Öl, 1 l Fleisch- oder Gemüsebrühe
3 EL süßer Rahm (süße Sahne)
Salz, weißer Pfeffer
1 großer Bund Schnittlauch

1

Brot in dünne Scheibchen schneiden. Tomaten abziehen und in Stücke schneiden. Zwiebel, Knoblauch und Majoran fein hacken.

2

Öl erhitzen. Zwiebel, Knoblauch und Majoran darin bei schwacher Hitze glasig braten. Brot und Tomaten zugeben und alles bei starker Hitze unter Rühren einige Sekunden schmoren.

3

Brühe zugeben, aufkochen und zugedeckt bei schwacher Hitze etwa fünf Minuten kochen lassen, bis das Brot weich ist. Mit einem Kartoffelstampfer zerdrücken oder nur mit dem Kochlöffel kräftig durchrühren, bis die Suppe sämig ist.

4

Rahm untermischen, Suppe mit Salz und Pfeffer abschmecken und mit dem fein zerkleinerten Schnittlauch bestreuen.

REZEPTTIP: Viele Bayern mögen die Brotsuppe ganz deftig: Hartes Brot über Nacht einweichen. Am nächsten Tag im Einweichwasser aufkochen und durch ein Sieb streichen oder mit dem Stabmixer pürieren. Zerkleinertes Suppengrün und gehackte Zwiebel in Fett anbraten. Brotpüree zugeben, mit Salz, Pfeffer und Instant-Brühe würzen.

Suppe mit Vergangenheit

Das sahnige Süppchen mit Kräutern und Tomaten ist die modernste Art, Brotsuppe zu kochen. Vorläufer ist eine typische Restesuppe: »Aufg'schmoizte Wasser-supp'n« heißt sie im Dialekt – Wassersuppe mit etwas Schmalz verfeinert. Die bayerische Schriftstellerin Lena Christ erzählt, daß viele Bauern auch Knödelwasser für Brotsuppe genommen haben (Seite 221).

Die »städtische« Brotsuppe war etwas Besseres: In reichen Häusern wurde sie nur mit frischem Brot gekocht, mit Eiern und Rahm verfeinert. Und selbst in der Restesuppe haben die Köchinnen nicht mehr Knödel-Kochwasser verwertet, sondern übriggebliebenes Brot. Mit Grünzeug in Fett angeröstet, mit Fleischbrühe aufgegossen und mit Zwiebelringen angerichtet, glich diese Suppe schon der modernen, leichten Version.

Kräftige Brotsuppe gab es früher im Bayerischen Wald nach dem Dreschen. Damals, als die Leute das Getreide noch auf dem Holzboden der Tenne ausbreiteten und in Handarbeit dreschen mußten, gehörte Dreschen zu den schwersten Arbeiten, die auf dem Hof anfielen. Die Bäuerin kochte für Knechte und Tagelöhner die Suppe und »schmälzte« sie mit Zwiebelringen, die sie in reichlich Schmalz gebraten hatte.

Zur »Dreschersuppe« lädt die Stadt Waldkirchen zwischen Passau und Böhmerwald am ersten Samstag im August. Zuerst sehen Sie ganz altes Dreschen mit Flegeln. Die leeren Garben werden entfernt, Korn und Streu zusammengefegt und in einer alten »Putzmühle« gereinigt. Danach geht es ins 19. Jahrhundert. Der Dreschwagen fährt vor, angetrieben von einer Dampfmaschine. Auch jetzt zeigen die Leute, wie es früher war: Der Dreschwagen wurde von Hof zu Hof geschoben, bis alles Korn der Bauern gedroschen war. Am Nachmittag beginnt in Waldkirchen der Dreschertanz bei bayerischer Blasmusik und viel Stimmung. Und in einem der vielen Gasthöfe können Sie Brotsuppe probieren, wie einst die Drescher sie gegessen haben.

SCHWAMMERLSUPPE

Für 4 Personen
besonders typisch

1 kg Champignons, Austern- und Shiitake-Pilze
1 kleine Zwiebel, 1/2 Bund Petersilie
2 EL Butter, 1 EL Mehl
250 g süßer Rahm (süße Sahne)
Salz, weißer Pfeffer aus der Mühle
1 EL Zitronensaft

1

Champignons putzen, waschen und blättrig schneiden. Die Hüte der Austern- und Shiitake-Pilze in schmale Streifen schneiden. Strünke der Austernpilze in dünne Scheibchen schneiden. Die zähen Stiele der Shiitake wegwerfen. Die Zwiebel fein hacken. Petersilie zerkleinern.

2

Die Butter erhitzen, Zwiebel darin bei schwacher Hitze glasig braten. Pilze zugeben und bei starker Hitze unter ständigem Rühren etwa zwei Minuten braten. Das Mehl unterrühren, Pilze zugedeckt bei schwacher Hitze fünf Minuten garen. Den Rahm untermischen und aufkochen.

3

Pilze mit Salz, Pfeffer und Zitronensaft abschmecken und auf vorgewärmten tiefen Tellern verteilen. Mit der Petersilie bestreuen.

KÜCHENTIP: Für Schwammerlkenner, die den Pilzbestand schonen und trotzdem ab und zu das wunderbare Aroma von Wildpilzen schmecken wollen: Ein paar getrocknete Scheibchen von Wildpilzen pro Portion macht aus den Zuchtpilzen (fast) eine richtige Schwammerlsuppe. Die Trockenpilze entweder fein zerreiben oder einweichen und mit den anderen Pilzen garen.

Von Schwammerln und Sünden auf der Alm

Schwammerlsuppe ist ein typisches Gericht, das Senn und Sennerin auf der Alm essen – natürlich mit selbst gesuchten Pilzen. Den dicken Rahm dafür brauchen sie nur von der Milch abzuschöpfen. Und die Butter aus Milch von der Alm ist besonders würzig, weil sich die Kühe dort oben ihren Speisezettel selbst zusammenstellen – mit eigens von ihnen ausgesuchten frischen Kräutern.

Früher, als es noch keine Seilbahnen, keine Pisten für Rallyefahrer und Mountainbiker gab, waren die Menschen und Tiere auf der Alm den größten Teil des Sommers unter sich. Nur ab und zu kamen Leute aus der Stadt, um zu entspannen oder um das Leben dort droben zu studieren. Nach dem anstrengenden Aufstieg durften sie sich mit buttrigem Schmarren und sahniger Schwammerlsuppe stärken und sie aßen die vermeintlich einfache Kost der Almbewohner. In Wirklichkeit war diese alpine Naturküche für die Wanderer aus dem Tal gewiß eine Delikatesse. Von einer alten Münchnerin weiß ich, daß sie die beste Pilzsuppe ihres Lebens in den dreißiger Jahren auf einer Alm gegessen hat. Der Senn hatte ihr damals zum Kochen der gesammelten Pilze seine Speisekammer zur Verfügung gestellt und bei Tisch natürlich selbst kräftig zugelangt!

Bei so reichlich Natur pur und so außergewöhnlichen kulinarischen Erlebnissen muß der Mensch einfach poetisch werden: »Sonnabends steigt der Bue in die einsame Hütte der Sennerin und wird mit Gesang und Alpenblumen empfangen, sie führen ein wahres Idyllenleben, folgen dem Naturgesetz 'Seyd fruchtbar und mehret euch' und zuletzt fügt sie auch noch der Priester zusammen!« So schrieb es ein Bildungsreisender in den zwanziger Jahren des vorigen Jahrhunderts. Nein, der Mann war mit dem harten Leben auf der Alm gewiß nicht vertraut. Und von dem eher rauhen Charme, mit dem der urbayerische »Bua« sein »Madel« umwirbt, hatte er bestimmt keine Ahnung.

KRUMME KRAPFEN

Für 30 Stück
einfach

200 g geriebener Emmentaler Käse
125 g Mehl, eventuell Salz
1 TL edelsüßes Paprikapulver
1 TL getrockneter Majoran, 1 Ei
Butterschmalz, Kokosfett oder Öl zum Fritieren

1

Emmentaler mit Mehl, Salz, Paprikapulver, Majoran und Ei zu einem formbaren, glatten Teig verkneten. Zu einer etwa vier Zentimeter dicken Rolle formen und 30 Minuten kühl stellen.

2

Die Teigrolle in knapp fingerdicke Scheiben schneiden. Jede Scheibe zu einem Würstchen rollen und wie ein Hufeisen biegen.

3

Fett in einer Friteuse oder einem hohen Topf erhitzen. Krapfen darin portionsweise je knapp zwei Minuten ausbacken, bis sie goldbraun sind. Mit einem Schaumlöffel herausnehmen und auf Küchenpapier abtropfen lassen. Entweder warm mit Salat oder auch kalt als Knabberei servieren.

KÜCHENTIP: Den Topf nur zur Hälfte mit Backfett füllen, es schäumt beim Fritieren der Krapfen sehr hoch auf.

VON GUTER SPEISE

»Krumme Krapfen« ist doppelt gemoppelt: Ursprünglich waren Krapfen immer krumm – ein halbrundes Gebäck, ähnlich geformt wie eine Tierkralle. Das Rezept hier stammt aus dem ersten deutschen Kochbuch, das wir kennen: »Das Buch von guter Speise« erschien um 1350. Ein Beamter des Würzburger Fürstbischofs hat diese Sammlung von Kochrezepten aufschreiben lassen. Gedruckte Bücher gab es erst 100 Jahre später.

Schwammerl satt für Suppentopf und Pfanne. So herrliche Steinpilze wachsen im August an warmen, feuchten Tagen.

Schwammerl mit Ei

Für 2 Personen
einfach

300 g Austernpilze
1 Bund Petersilie
30 g Butterschmalz
4 Eier, 2 EL süßer Rahm (süße Sahne), Salz
schwarzer Pfeffer aus der Mühle

1

Pilzhüte abschneiden und in etwa fingerbreite Streifen schneiden. Strünke würfeln. Petersilie fein hacken.

2

Butterschmalz erhitzen. Pilze darin bei starker bis mittlerer Hitze unter ständigem Wenden etwa drei Minuten rösten. Die Hälfte der Petersilie untermischen.

3

Eier mit Sahne und Salz verquirlen, über die Pilze gießen und zugedeckt bei schwacher Hitze in etwa drei Minuten stocken lassen. Zum Schluß unter Wenden kurz rösten. Auf heißen Tellern anrichten, mit der restlichen Petersilie und mit Pfeffer bestreuen. Dazu schmeckt Baguette oder Vollkornbrot mit Butter und Salat.

EINKAUFSTIP: Früher, als man Pilze nicht intensiv suchen mußte, sondern einfach aufsammeln konnte, haben die Bayern für dieses Gericht Reherl genommen. Damit meinen sie nicht etwa junges Wild, sondern Pfifferlinge, die feinen Eierschwämme, die wie alle Wildpilze in unseren Wäldern sehr rar geworden sind. Im Rezept finden Sie deshalb die modernen »Schwammerl« aus der Pilzfarm. Sie sind nahezu unbelastet von Schadstoffen und sehr pflegeleicht: Austernpilze und Shiitake wachsen auf Holzstämmen und Strohballen, sodaß Putzen und Waschen überflüssig sind.

Marinierte Forellen

Für 4 Personen
Für Gäste

4 küchenfertige Forellen (je ca. 300 g)
Salz, weißer Pfeffer
2 EL Zitronensaft, 5 EL Öl
2 EL Mehl, 2 mittelgroße Zwiebeln
1/4 l milder Weißwein- oder Kräuteressig
1 EL Salz, 1 TL Zucker
je 1 EL Senfkörner, weiße Pfefferkörner und Fenchelsamen
2 Lorbeerblätter, 1 Stück Muskatblüte (Macis)
1 großes Stück Zitronenschale

1

Forellen innen und außen kalt abspülen, trockentupfen und mit Salz und Pfeffer würzen. Innen mit Zitronensaft beträufeln.

2

Drei Eßlöffel Öl in einer Pfanne erhitzen. Fische im Mehl wenden und im heißen Öl bei mittlerer Hitze pro Seite etwa fünf Minuten braten. In eine Gratinform legen. Zwiebeln in dünne Ringe schneiden und auf die Fische legen.

3

Für die Marinade einen Viertelliter Wasser und den Essig aufkochen. Salz, Zucker, Gewürzkörner, Lorbeerblätter, Muskatblüte und Zitronenschale zugeben. Zugedeckt auf der abgeschalteten Kochstelle zehn Minuten ziehen lassen.

4

Restliches Öl untermischen. Heiße Marinade über die Fische gießen. Forellen zugedeckt vier Tage kühl marinieren.

Bayerische Fische

In Bayern können Sie sich mit Süßwasserfischen satt essen: Forellen und Renken, Lachs und Karpfen, Braxen und Schleien, Waller und Saiblinge, Weißfische und Hechte werden gebraten, gebacken, pochiert und mariniert.

Zander im Bierteig

Für 4 Personen
besonders fein

100 g Mehl, Salz
1/8 l dunkles Bier, 2 Eier
4 Zanderfilets (je ca. 150 g)
weißer Pfeffer
Öl, Kokosfett oder Butterschmalz zum Backen

1

Mehl mit Salz und Bier verrühren. Zugedeckt 20 Minuten quellen lassen. Inzwischen die Eier trennen. Eiweiß steif schlagen. Zuerst Eigelb, dann Eischnee unter den Teig rühren.

2

Fisch trockentupfen, mit Salz und Pfeffer würzen. Etwa drei Finger hoch Öl, Fett oder Butterschmalz in einer Pfanne bei mittlerer Hitze heiß werden lassen.

3

Zanderstücke in den Teig tauchen und im heißen Fett bei mittlerer bis schwacher Hitze pro Seite drei bis vier Minuten braten. Mit Zitronenschnitzen und Petersiliensträußchen anrichten. Mit Kartoffel- und Kopfsalat servieren.

TIP: Karpfen in Bierteig ist eine fränkische Spezialität für Leute mit großem Appetit, die nach einem üppigen Essen gerne ein Stamperl Obstschnaps aus der fränkischen Schweiz trinken. Zander in Bierteig ist außen genauso knusprig und innen genauso saftig wie der Karpfen. Aber viel leichter! Und mit einem trockenen Weißwein aus Franken rundum ein Genuß.

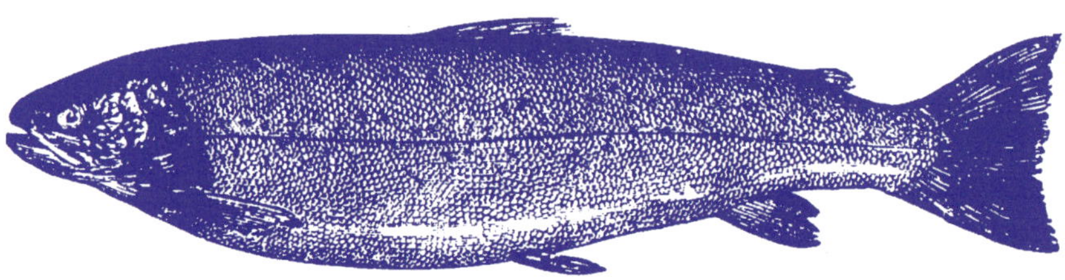

Renken in Rahm

Für 4 Personen
besonders typisch

4 küchenfertige Renken (je ca. 300 g)
2 EL Zitronensaft
2 EL Butter
Salz, weißer Pfeffer, 1 Schalotte
1 Bund Petersilie, 2 EL Mehl
200 g süßer Rahm (süße Sahne)

1

Backofen auf 200 Grad (Umluft 180 Grad, Gas Stufe 4) vorheizen. Butter in einen Bräter geben, der so groß sein soll, daß die Fische nebeneinander darin Platz haben. Bräter in den Backofen (mittlere Schiene) schieben.

2

Renken innen und außen abspülen und trockentupfen. Innen und außen mit Zitronensaft beträufeln, mit Salz und Pfeffer würzen.

3

Schalotte und abgeschnittene Petersilienstiele ganz fein hacken und in die Bauchöffnungen der Fische geben. Fische zuerst im Mehl wenden, dann in den Bräter geben und in der flüssigen Butter wenden. Den Rahm zugießen.

4

Bräter wieder in den Ofen schieben. Renken zugedeckt 15 Minuten garen. Dabei mehrmals mit der Butter-Sahnemischung beschöpfen. Dazu passen Salzkartoffeln und grüner Salat.

EINKAUFSTIP: Renken sind mit dem Lachs verwandt und gehören frisch und geräuchert zu Bayerns wichtigsten Speisefischen. Sie leben in den Seen des Alpen- und Voralpenlandes. Regelmäßig frisch bekommt man sie deshalb nur in Süddeutschland. Woanders müssen Sie die Fische vorbestellen.

Gemüsetopf mit Butternockerln

Für 4 Personen
ohne Fleisch

80 g weiche Butter
Salz, schwarzer Pfeffer
frisch geriebene Muskatnuß
4 Eier, 120 g Mehl
500 g Dicke Bohnen in den Schoten
200 g Spitzkohlblätter
200 g grüne Bohnen
200 g Broccoli
250 g Flaschentomaten (oder runde Tomaten)
1 Gemüsezwiebel
2 Knoblauchzehen
1 Bund Rosmarin, Thymian, Salbei und Lorbeer
schwarzer Pfeffer aus der Mühle
6 EL Fleischbrühe
1 Bund Schnittlauch

1

Für die Nockerl Butter mit Salz, Pfeffer und Muskat schaumig rühren. Abwechselnd Eier und Mehl unterrühren. Zugedeckt stehen lassen, bis das Gemüse vorbereitet ist.

2

Dicke Bohnen aus den Schoten lösen. Spitzkohl und grüne Bohnen putzen und mundgerecht zerkleinern. Broccoli waschen, in Stiele und Röschen teilen. Stiele schälen. Alles Gemüse tropfnaß in einen Topf geben.

3

Tomaten häuten, halbieren und von den Stielansätzen befreien. Zwiebel schälen und in Stücke schneiden. Knoblauch schälen, frische Kräuter waschen, aber nicht trockenschwenken.

4

Alles mit dem Gemüse im Topf mischen. Salz, Pfeffer und Brühe zugeben. Zugedeckt zum Kochen bringen und bei schwacher Hitze etwa 15 Minuten garen, bis die grünen Bohnen weich sind.
Den Gemüsetopf mit Salz abschmecken.

5

Für die Butternockerl reichlich Salzwasser zum Kochen bringen. Einen Eßlöffel in kaltes Wasser tauchen und den Teig damit zu Klößchen (Nockerl) abstechen. Nockerl im Salzwasser zugedeckt bei schwacher Hitze zuerst 5 Minuten kochen, dann bei schwächster Hitze oder auf der abgeschalteten Kochstelle zehn Minuten ziehen lassen.

6

Gemüse in eine vorgewärmte Schüssel geben. Butternockerl mit einem Schaumlöffel aus dem Wasser nehmen und auf dem Gemüse anrichten. Schnittlauch fein zerkleinern und darüberstreuen.

VOM BÖSEN BILWIS

Für ihre Nockerl, Knödel, Küchel und Pflanzel brauchen die Bayern viel Mehl. Doch einen gibt es, der es ihnen schon bei der Ernte des Getreides streitig machen will. Bilwis heißt er, Bilmesschneider oder Goaßbockreiter. Der böse Korndämon wohnt in den Bäumen, ist ein Feind der Menschen und raubt ihnen das Korn. Dazu befestigt er sichelförmige Scheren an den Zehen und wandert über fremder Leute Felder. Manchmal macht er sich's auch einfacher: Durch einen besonderen Zauber schwebt ein Teil des ausgedroschenen Korns einfach von der Tenne des Bauern hin zum Bilmesschneider. Früher trieb Bilwis sein Unwesen übrigens in Ost und West, heute ärgert er hauptsächlich die Sachsen, Thüringer und die Bayern.

Doch die wissen sich zu helfen: Um den bösen Bilwis aufzustöbern, bearbeiten sie schweigend sieben Reisigbündel mit dem Dreschflegel. Der Fremde, der dann in die Scheune kommt, ist der Bilwis. Wer sich nicht so anstrengen will, legt sich ein viereckig ausgestochenes Stück Rasen verkehrt herum auf den Kopf. Der Bilwis kommt, man muß ihn ansprechen, und der böse Dämon geht zugrunde. Am einfachsten ist es, den Schaden von vornherein abzuwenden. Dazu muß man an allen vier Ecken des Feldes kleine Kreuzchen vergraben.

Fränkisches Majoranfilet

Für 4 Personen
besonders fein

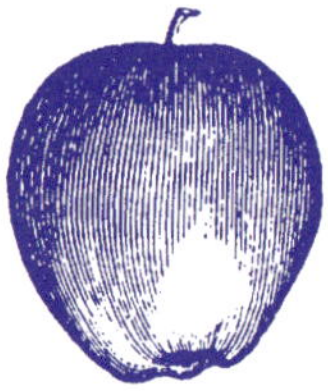

1 große Zwiebel, 1 Bund Majoran
1 säuerlicher Apfel (Glockenapfel oder Boskoop)
600 g Schweinefilet
Salz, weißer Pfeffer
1 EL scharfer Senf
2 EL Butterschmalz, Kokosfett oder Öl
100 ml trockener Weißwein

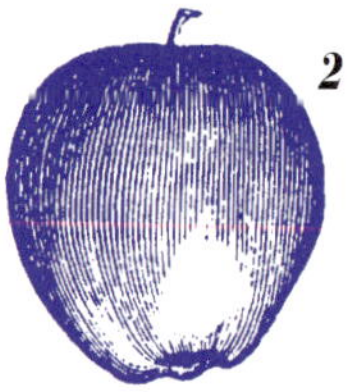

1

Zwiebel schälen und in dünne Ringe schneiden. Majoran fein hacken. Apfel achteln, schälen, Kerngehäuse herausschneiden. Schweinefilet in zwei Finger dicke Scheiben schneiden, mit Salz und Pfeffer würzen und auf einer Seite mit Senf bestreichen.

2

Fett in einer großen Pfanne erhitzen. Schweinefilets darin bei starker bis mittlerer Hitze auf jeder Seite zwei bis drei Minuten braten. Herausnehmen, auf eine vorgewärmte Platte legen und zugedeckt warm halten.

3

Zwiebel, Apfel und Majoran im Bratfett bei schwacher Hitze schmoren, bis Zwiebel und Apfel weich sind. Wein zugießen, den Bratfond damit lösen. Mit Salz und Pfeffer abschmecken. Auf dem Fleisch anrichten. Dazu passen Brot oder Kartoffelpuffer und Salat.

TIP: Majoran paßt zu allem, was Bayern gerne mögen: Schweinefleisch und Kraut, Leberknödel, Schmalz und Gänsebraten. Blut- und Leberwürste, Nürnberger Rostbratwürste und Münchner Schweinswürstl. Das Kraut stärkt den Magen und macht Fettes leichter verdaulich. Außerdem ist es unkompliziert. Majoran können Sie frisch essen, trocknen und mitkochen, ohne daß er sein Aroma verliert.

KRÄUTERWEIHE AM MARIENTAG

Zu Ehren der Jungfrau Maria werden am 15. August in Bayern Kräuter geweiht. Pflanzen, Getreide und Büsche besitzen nämlich zwischen diesen Tag der Himmelfahrt Mariens und dem 8. September, dem Geburtstag der Muttergottes, dreifache Kraft und Segen. Alter Überlieferung nach müßten 77 verschiedene Pflanzen zur Weihe getragen werden. Doch »die kriegt ma net zam«, erklärt eine Kräuter-Expertin aus Lengries, die alljährlich am frühen Morgen des 15. August mit anderen Frauen »in die Kräuter geht«, was in Bayern soviel heißt wie »sammeln«.

Was die Frauen »zamkriegn«, ist trotzdem sehr beachtlich: Johanniskraut, Schafgarbe, Königskerze, Rainfarn, Eberraute, Wermut, Kamille, Baldrian, Minze, Ringelblume, Wegwarte, Bergthymian, Melisse, Jakobsleiter, Bertram, Beinwell, Mohn, Frauenmantel, Frauenschuh, Schildkraut, Teufelswurz und Lavendel. Dazu kommen Ähren von Hafer, Gerste, Dinkel, Weizen und Roggen, die Zweige von Holunder, Haselnuß und Himbeere.

Die Frauen binden Kräutlein, Ähren, Blumen und Zweige zu einem Büschel oder legen alles in einen Korb. Nach der Prozession durch Dorf und Felder bringen sie die Kräuter in die Kirche und legen sie vor dem Marienaltar nieder. Dort weiht sie der Priester. Dann nimmt man sie wieder mit nach Hause, stellt sie in den Herrgottswinkel oder schmückt das Bild eines lieben Verstorbenen damit.

Weil Heil und Segen sich durch die Weihe noch verstärkt haben, verbrennen die Bayern bei schweren Gewittern eine Handvoll der Kräuter im Ofen. In den Rauhnächten legen sie ein paar unters Kopfkissen, damit die Wilde Jagd vorbeizieht. Kranke trinken Kräutertee und Gesunde dürfen frische Kräuter im guten bayerischen Essen genießen. Denn natürlich kochen bayerische Hausfrauen mit den segensreichen Augustkräutern auch feine Suppen und Saucen, füllen Fleisch und Fisch damit.

Altbayerische Fingernudeln

Für 4 Personen
besonders typisch

50 g Butter
100 g Semmelbrösel
100 g Mehl, Salz
100 ml Milch, 2 Eier
eventuell Butterschmalz zum Braten

1

Butter erhitzen, Semmelbrösel darin fünf Minuten bei schwacher Hitze rösten. Dabei immer wieder umrühren, damit sich Butter und Brösel gut verbinden. In eine Schüssel geben. Mehl, Salz, Milch und Eier untermischen. Teig zugedeckt zehn Minuten ruhen lassen, bis er beim Berühren nicht mehr am Finger klebt.

2

Mit einem Teelöffel walnußgroße Stücke abnehmen und zwischen den Händen zu fingerlangen Würstchen (Nudeln) rollen.

3

Reichlich Salzwasser zum Kochen bringen. Fingernudeln darin aufkochen, bis sie an der Oberfläche schwimmen. Bei mittlerer Hitze weitere fünf Minuten kochen lassen. Mit einem Schaumlöffel herausnehmen und sehr heiß servieren. Oder abkühlen lassen und in heißem Schmalz rundherum goldbraun braten.

BEILAGENTIP: Die Fingernudeln schmecken zu geschmortem Kalbsherz (Seite 136), Bifflamot (Seite 196), Wild- und Wildgeflügel, Kaninchen (Seite 137) und Rahmgulasch.

KÜCHENTIP: Fingernudeln oder Schupfnudeln bestehen in Schwaben und Baden-Württemberg aus Kartoffelteig. In Altbayern, dem Gebiet zwischen Donau und Alpen, Lech und Inn, haben die Hausfrauen sie aus Mehl und Bröseln geknetet.

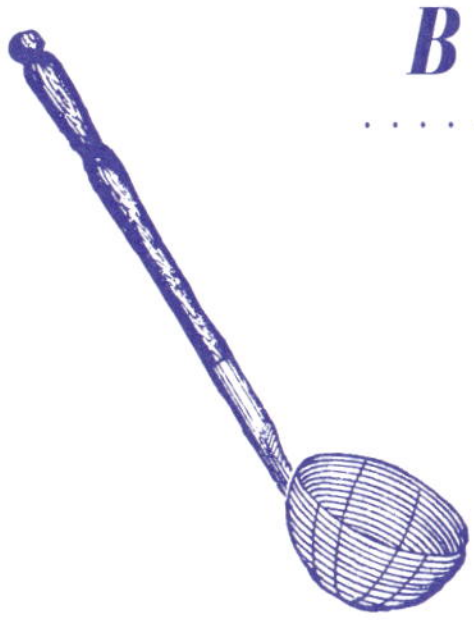

BAUERNKNÖDEL

Für 4 Personen
besonders typisch

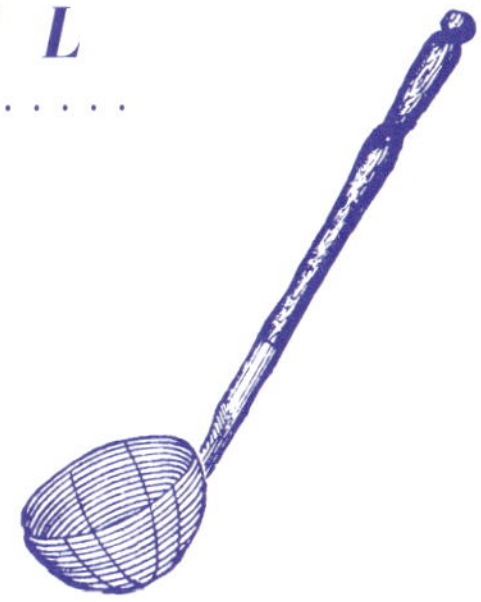

3 Semmeln (Weizenbrötchen)
2 EL Butterschmalz, 3 Eier
200 g Mehl, Salz, 3–4 EL Milch

1

Semmeln würfeln und im heißen Butterschmalz bei schwacher Hitze in etwa 15 Minuten goldbraun und knusprig braten. Eier trennen. Mehl, Salz, Milch und Eigelb verrühren. Den Teig zugedeckt bei Zimmertemperatur 30 Minuten stehen lassen.

2

Brötchenwürfel und steifgeschlagenes Eiweiß unter den Teig mischen. Mit einem Eßlöffel Knödel abstechen und in reichlich sprudelnd kochendem Salzwasser einmal aufkochen. Deckel halb auf den Topf legen, Knödel bei schwacher Hitze knapp unter dem Siedepunkt in etwa 15 Minuten gar ziehen lassen.

BEILAGENTIP: Bauernknödel passen zu Gansjung (Seite 266) und Bifflamot (Seite 196). Mit brauner Butter und Semmelbröseln schmecken sie auch zu Salat oder Sauerkraut.

EINE ALTE WASSERSUPPE

Die bayerische Schriftstellerin Lena Christ lebte vor rund 120 Jahren auf dem Bauernhof ihrer Großeltern in Glonn bei München. In ihren »Erinnerungen« erzählt sie von einer interessanten Resteverwertung: »Das Wasser, in dem die Knödel, die neben ihrer Schmackhaftigkeit auch noch den Vorzug der Billigkeit hatten, gesotten wurden, wurde bei uns nie weggeschüttet, sondern in einer großen bemalten Schüssel aufgetragen. Dazu stellte die Großmutter ein Pfännchen mit heißem Schmalz und braunen Zwiebeln und im Sommer auch ein Schüsselchen von Schnittlauch. Der Großvater langte dann den von der Mutter selbst gebackenen Brotlaib aus dem Wandschränklein und begann Schnittlein um Schnittlein in die Brüh zu schneiden. Danach goß er die Schmelz darüber, würzte gut mit Salz und Pfeffer und rührte mit seinem Löffel um.«

Blaubeerauflauf

Für 4 Personen
einfach

300 g Blaubeeren (Heidelbeeren)
80 g Butterschmalz
1/4 l Milch, 175 g Mehl
4 Eier, 1 Prise Salz
abgeriebene Zitronenschale
125 g saurer Rahm (saure Sahne)
2 EL Zucker

1

Blaubeeren verlesen, in einer Schüssel mit kaltem Wasser kurz waschen und sehr gut abtropfen lassen. Backofen auf 200 Grad (Umluft 180 Grad, Gas Stufe 3) vorheizen. Butterschmalz in eine ofenfeste Form mit niedrigem Rand geben und in den Ofen (mittlere Schiene) geben, damit es zerläuft.

2

Inzwischen Milch, Mehl, Eier, Salz und Zitronenschale verrühren. Teig in die Form gießen. Beeren darauf verteilen. Form wieder in den Backofen stellen.

3

Blaubeerauflauf 20 Minuten backen. Saure Sahne mit Zucker vermischen und über den Auflauf gießen. Weitere zehn Minuten backen, bis der Auflauf an der Oberfläche leicht gebräunt ist.

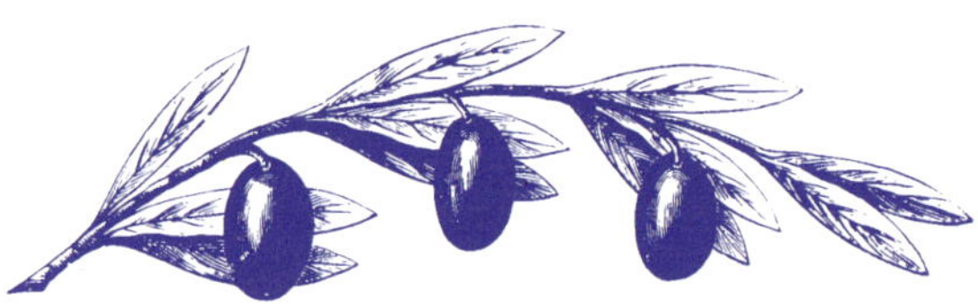

EINKAUFSTIP: ***Richtige aromatische Waldheidelbeeren mit erbsengroßen, dunkel- bis schwarzblauen Beeren werden noch heute vor allem im Bayerischen Wald und in der Oberpfalz gesammelt. Ihr stark färbender Saft macht Lippen und Zähne blau – ein Zeichen, daß Sie echte Waldheidelbeeren und nicht die faden Sumpf- oder Moosheidelbeeren gegessen haben.***

Erinnern Sie sich an den
Birnbaum vom Januar?
Jetzt trägt er die schönsten Früchte
für den saftigen Sommerkuchen.

Fränkische Nudeln mit Aprikosen

Für 4 Personen
Für Gäste

Für die Aprikosen:
250 g Aprikosen
2 EL trockener Weißwein oder Wasser
2 EL Zucker
Für die Nudeln:
60 g Butter, 1 Prise Salz, 150 g Mehl
4 Eier, 1 TL Backpulver
Fett und Mehl für die Backbleche
Puderzucker zum Bestäuben

1

Aprikosen waschen und halbieren, Steine entfernen. Früchte in einem Topf mit Wein und Zucker aufkochen und zugedeckt bei schwacher Hitze fünf Minuten dünsten. Die Aprikosenschalen, die sich nun abgelöst haben, entfernen. Aprikosen bei starker Hitze unter häufigem Umrühren kochen lassen, bis alle Flüssigkeit verdampft ist. Abkühlen lassen.

2

Für den Brandteig einen Viertelliter Wasser mit Butter und Salz aufkochen und kochen lassen, bis die Butter zerlaufen ist. Das Mehl unter Rühren hinzugeben. Bei schwächster Hitze mit dem Kochlöffel so lange weiterrühren, bis sich die Masse zu einem Kloß zusammenballt und sich auf dem Boden des Topfes eine weißliche Schicht bildet.

3

Teig in eine Schüssel geben. Ein Ei mit den Knethaken des Handrührgerätes unter den heißen Teig mischen, damit er geschmeidig bleibt. Den Teig lauwarm abkühlen lassen, dann erst die restlichen Eier und zum Schluß das Backpulver daruntermischen.

4

Backbleche fetten und mit Mehl bestäuben. Teig mit zwei Eßlöffeln als tischtennisballgroße Häufchen auf die Bleche setzen. Nudeln in der Mitte mit dem in Mehl getauchten Daumen eindrücken und mit den Aprikosen füllen.

5

Das erste Blech in den kalten Backofen (mittlere Schiene) schieben. Den Ofen auf 180 Grad (Umluft 160 Grad, Gas Stufe 3) schalten. Die Nudeln auf dem ersten Blech etwa 40 Minuten, die auf dem zweiten Blech etwa 35 Minuten backen. Während der ersten 20 Minuten den Ofen nicht öffnen, sonst gehen sie nicht richtig auf.

6

Nudeln sofort vom Blech lösen und auf einem Kuchengitter abkühlen lassen. Mit Puderzucker bestäuben und frisch servieren.

KÜCHENTIP: Lassen Sie zwischen den Teighäufchen mindestens handbreite Abstände, denn die Nudeln gehen beim Backen stark auf.

Die Nudel stammt vom Knödel ab

Denken Sie nicht an Spaghetti oder Makkaroni, wenn Sie in einem bayerischen Buch von Nudeln lesen. Denn bayerische Nudeln sind dicke Dinger, die an Knödel erinnern. Sogar die Wörter sind miteinander verwandt: aus dem alten Wort für »Knoten« wurde der »Knödel« zum essen. Die »Nudel« folgte erst im 16. Jahrhundert – erfunden vermutlich von einer vielbeschäftigten Frau. Bäuerinnen und Handwerkerfrauen arbeiteten ja auch früher gemeinsam mit ihrem Mann im Betrieb und mußten den Haushalt allein erledigen. Zum Kochen hatten sie nicht soviel Zeit, und Nudeln waren die Lösung des Problems. Sie sind auch für viele Leute recht einfach zu machen: einmal geformt, kommen sie ins Backrohr, und die Köchin muß sich nicht mehr darum kümmern. Wer keinen Backofen hatte, legte die Nudeln in einen Topf mit Deckel und garte sie auf dem Herd. »Gib auf den Deckel auch Kohlen, damit sich die Nudeln schön aufziehen«, heißt es in einem alten bayerischen Kochbuch.

Konsistenz des Teiges und Kochtemperatur müssen stimmen, damit die Knödel gut zusammenhalten und ausreichend garen. Zu lange dürfen sie nicht im Wasser liegen, sonst werden sie matschig. So deftig sie wirken – bayerische Knödel sind recht empfindliche Gebilde. Schließlich stammen sie von den edlen Fleisch- und Fischbällchen ab, die einst nur auf die Tische der Reichen gelangten.

Blauberrstrudel

Für 6 Personen
besonders fein

Für den Teig:
250 g Mehl, 1 Prise Salz
etwa 1/8 l lauwarmes Wasser
3 EL Öl, 1 Eigelb
Für die Füllung:
500 g Blaubeeren (Heidelbeeren)
1 Semmel (Weizenbrötchen)
4 EL heiße Milch
500 g Topfen (Magerquark)
100 g süßer Rahm (süße Sahne)
2 Eier, 150 g Zucker, 2 EL Vanillezucker
abgeriebene Schale von 1/2 unbehandelten Zitrone
1 Prise Salz, 2 EL Semmelbrösel
Mehl für die Arbeitsfläche
50 g Butter, 1/4 l Milch
50 g Puderzucker, 1 Ei

1

Für den Teig alle Zutaten vermischen und auf der Arbeitsfläche kräftig durchkneten, bis ein elastischer Teig entstanden ist. Zu einem Kloß formen, in Pergamentpapier wickeln und in einen mit heißem Wasser ausgespülten Topf legen. Zugedeckt ruhen lassen.

2

Beeren vorsichtig waschen und auf einem Sieb gut abtropfen lassen. Semmel in kleine Würfel schneiden und mit der Milch vermischen. Quark mit Sahne, Eiern, Zucker, Vanillezucker, Zitronenschale und Salz verrühren. Semmel untermischen. Ein Küchentuch auf der Arbeitsfläche ausbreiten und mit Mehl bestäuben.

3

Teig in zwei Stücke schneiden. Das erste Stück auf wenig Mehl zu einer Platte ausrollen. Teigplatte hochheben und wie ein Tuch über beide Handrücken legen. Nun die leicht gewölbten Hände auseinanderführen und so die Teigplatte vorsichtig und gleichmäßig dehnen. Teigplatte glatt auf dem Küchentuch ausbreiten. Den dicken Rand mit den Fingerspitzen beider Hände fassen und rundherum nach außen ziehen, bis der Teig hauchdünn ist.

4

Die Butter in eine ofenfeste Form mit niedrigem Rand geben. Form in den kalten Backofen (mittlere Schiene) stellen. Ofen auf 200 Grad (Umluft 180 Grad, Gas Stufe 4) schalten. Butter zerlaufen lassen.

5

Zuerst die Hälfte der Quarkmischung, dann die Hälfte der Blaubeeren auf dem Teig verteilen. Dabei rundherum am Rand etwa zwei Zentimeter frei lassen. Beeren mit einem Eßlöffel Semmelbröseln bestreuen. Teigplatte an den beiden Schmalseiten über der Füllung nach innen falten. Das Küchentuch am unteren Rand anheben und den Strudel so von Ihrem Körper weg aufrollen. Mit dem Tuch anheben und in die Form gleiten lassen.

6

Die zweite Teigportion ebenso füllen, aufrollen und neben dem ersten Strudel in die Form geben. Milch mit dem Puderzucker und dem Ei verquirlen. Die Hälfte davon über die Strudel gießen.

7

Die Strudel etwa 70 Minuten backen. Währenddessen die restliche Milchmischung zugießen und die Strudel zwei- bis dreimal mit der restlichen Butter und der Flüssigkeit bestreichen, die sich am Boden der Form sammelt. So werden die Strudel braun und knusprig.

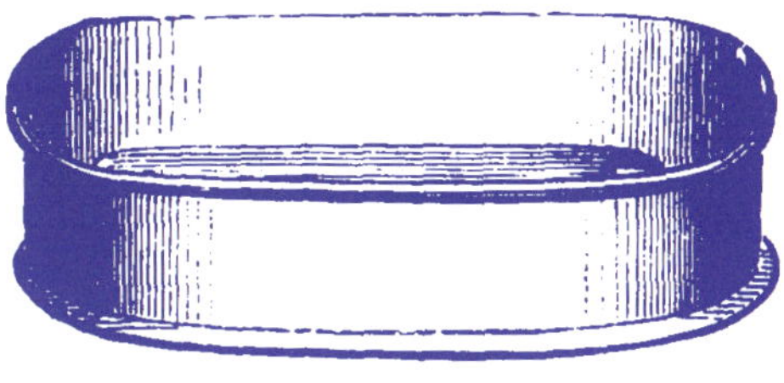

PERFEKTE STRUDEL

Kenner halten den Blaubeerstrudel für das Meisterstück der bayerischen Mehlspeisenküche. Und das nicht aus kulinarischem Lokalpatriotismus: Der zarte Teig, die aromatischen Beeren, die sahnige Topfencreme und die süße Milch bilden ein so harmonisches Ganzes, daß es eben keine Steigerung mehr gibt. Auch nicht in Wien. Übrigens: Kaum einer kennt das köstliche Ding. Die überraschten und entzückten Ausrufe Ihrer Familie sind Ihnen deshalb ebenso sicher wie blaue Zähne.

Johannisbeertorte

Für 12 Stücke
braucht Zeit

Für den Butterteig:
150 g Mehl, Salz
1/4 TL abgeriebene Zitronenschale
1 Ei, 1 Eigelb,
1 EL saurer Rahm (saure Sahne)
140 g kalte Butter
Für den Brandteig:
1/8 l Wasser, 30 g Butter
Salz, 75 g Mehl, 3 kleine Eier
1 Messerspitze Backpulver
Für den Belag:
500 g Johannisbeeren, 250 g Zucker
1 gestrichener EL Zimtpulver

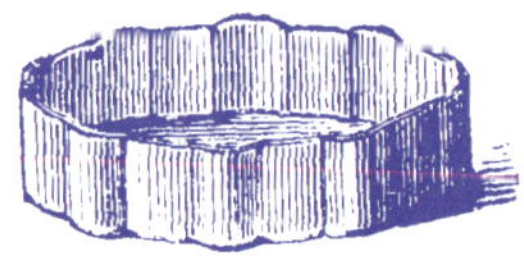

1

Etwas mehr als 100 Gramm Mehl, eine Prise Salz, Zitronenschale, Ei, Eigelb und saure Sahne mit den Knethaken des Handrührgerätes vermischen, bis sich alles verbunden hat. Mit den Händen zu einem glatten Teig kneten und zu einem etwa einen halben Zentimeter dicken Fladen ausrollen.

2

Das restliche Mehl auf die Arbeitsfläche geben. Butter in kleine Stücke schneiden und auf dem Mehl verteilen. Beides mit den Fingerspitzen verreiben, bis der Teig krümelig ist. Von außen nach innen einige Male zusammendrücken, bis der Teig glatt ist. Zu einem halb so großen Fladen wie den Eierteig auseinanderdrücken, in Folie wickeln und 30 Minuten kühl stellen.

3

Für den Brandteig Wasser mit Butter und einer Prise Salz in einem Topf aufkochen und kochen lassen, bis die Butter zerlaufen ist. Das gesamte Mehl unter Rühren hinzugeben. Bei schwächster Hitze weiterrühren, bis sich die Masse zu einem Kloß zusammenballt und sich am Boden des Topfes eine weißliche Schicht bildet. Heißen Teig in eine Schüssel geben und sofort ein Ei daruntermischen. Den Teig lauwarm abkühlen lassen, dann die restlichen Eier und das Backpulver untermischen.

4

Beeren waschen, mit einer Gabel von den Stielen streifen und abtropfen lassen. Die Hälfte des Zuckers mit Zimt mischen.

5

Den Butterteig in den Eierteig einpacken und etwa einen halben Zentimeter dick ausrollen. Die beiden Schmalseiten der Teigplatte so nach innen schlagen, daß sie sich in der Mitte berühren. Noch einmal zusammenfalten, so daß der Teig in vier Lagen übereinanderliegt. Teig so drehen, daß er mit der breiten Seite vor Ihnen liegt, erneut ausrollen, zusammenfalten, drehen und ausrollen. Das Ganze noch zweimal wiederholen.

6

Eine ungefettete Springform mit diesem Teig auslegen und dabei einen etwa drei Zentimeter hohen Rand formen. Johannisbeeren auf dem Teig verteilen und mit etwa 200 Gramm Zucker bestreuen. Brandteig über den Beeren glattstreichen.

7

Form in den kalten Backofen (mittlere Schiene) schieben. Ofen auf 180 Grad (Umluft 160 Grad, Gas Stufe 3) schalten. Torte etwa 45 Minuten backen. Herausnehmen, den restlichen Zucker mit Zimt mischen und darüberstreuen. Torte in der Form 15 Minuten ruhen lassen. Herauslösen und leicht abgekühlt servieren.

Menü des Monats

Marinierte Forellen

Gemüsetopf mit Butternockerln

Blaubeerstrudel

DIE KÜCHE

Der Sommer neigt sich, die Schwalben fliegen fort, aber die Sonne scheint trotzdem. Deshalb gibt es noch Gutes in Hülle und Fülle. Die Bayern legen Trauben von auswärts auf den heimischen Kuchenteig. Sie erinnern sich mit Rupfhauben an die alte Bauernküche. Und sie machen es sich mit Zwetschgendatschi und einem Haferl Kaffee so richtig gemütlich.

IM SEPTEMBER

Herbstzeit ist Erntezeit: Äpfel schmecken jetzt auf dem Kuchen und im Strudel ganz vorzüglich. Die Nachlese vom Obstbaum kochen bayerische Hausfrauen zu Gelee oder Saft. Manche legen Gemüse milchsauer ein.

Was es im September

Roggen

Früher haben die Leute in den kargen Regionen Bayerns viel Roggen angebaut. Die Frauen buken daraus normales Brot und Spezialitäten wie Schuchsen, Rupfhauben, Kletzenbrot und Fladenbrote. Dafür brauchen Sie Sauerteig, den es in Reformhäusern und Naturkostläden gibt.

Maroni

Leider wachsen Maroni nicht an den Kastanienbäumen, die Bayerns alte Biergärten so wunderbar beschatten. Denn edle Maronen, die herzförmigen Früchte eines Eßkastanienbaumes, sind im Süden Deutschlands sehr beliebt: im Blaukraut, als Fülle in der Gans und zum Wild.

Käse

Die bayerische Käsepalette ist heute so reichhaltig wie anderswo. Für Traditionsrezepte nehmen bayerische Hausfrauen ein paar Spezialitäten: Allgäuer Emmentaler für Käsespätzle, Bergkäse aus dem Allgäu zum Überbacken, bayerischen Camembert oder Weißlacker für »Obazda«.

ALLES GUTES GIBT...

ESSIGGURKEN

Essiggurken gehören zu den bayerischen Delikatessen wie Kronfleisch, Knöcherlsulz, Kälberfüßen in Essig und Öl und Kartoffelgemüse. Viele Hausfrauen machen sie selbst – Einlegegurken gibt es im Spätsommer auf den Märkten. Früher waren die kleinen Gürkchen eine letzte Nachlese im Gemüsegarten.

PREISELBEEREN

Alle Leute wissen, daß Preiselbeerkompott gut zu Wild schmeckt. Die Bayern wissen, daß es auch besonders fein zu Rinderbraten schmeckt. Deshalb gehen viele bayerische Frauen von Ende August bis Anfang Oktober in Bergwälder oder auf den Markt, um die Beeren fürs Kompott zu holen.

PRODUKT	**GERICHT**	**SEITE**
Roggen	*Oberpfälzer Fladenbrote*	*Seite 240*
Maroni	*Hasenkeulen mit Maroni*	*Seite 249*
Käse	*Allgäuer Käsespätzle*	*Seite 242*
Essiggurken	*Kälberfüße in Vinaigrette*	*Seite 236*
Preiselbeeren	*Wildente mit Preiselbeeren*	*Seite 248*

Bayerisches Griebenschmalz

Für 10 Personen
besonders typisch

1 kg fettes rohes Wammerl (Schweinebauch)
300 g Zwiebeln
1 säuerlicher Apfel
1 EL Salz
1 EL edelsüßes Paprikapulver
1 TL Beifuß

1

Wammerl mit der Schwarte in kleine Würfel schneiden. Die Zwiebeln schälen und fein hacken. Apfel vierteln, vom Kerngehäuse befreien, schälen und fein zerkleinern.

2

Wammerl in einer großen Pfanne bei mittlerer bis schwacher Hitze etwa 15 Minuten braten, bis die Stücke glasig sind. Zwiebeln, Apfel, Salz, Paprika und Beifuß untermischen. Weitere 15 Minuten braten, bis die Grieben knusprig sind. Schmalz abkühlen lassen. Mit Bauernbrot, Schnittlauch, Radieschen oder Rettich servieren.

Schmalz von Onkel Schorsch

Onkel Schorsch war Metzger und wir kauften unser Fleisch nur bei ihm. Als ich noch so klein war, daß ich nicht über die Ladentheke schauen konnte, reichte mir Onkel Schorsch immer ein Rädchen Hirnwurst runter. Die gelbe Haut faszinierte mich damals viel mehr als die Wurst. Als ich dann so groß war, daß ich meine erste Party feiern durfte, hat Onkel Schorsch mir sein Schmalzrezept verraten.

Das grösste Volksfest

In der letzten September- und der ersten Oktoberwoche ist in München »Wies'n«. Das größte Volksfest der Welt, das Oktoberfest, haben die Münchner ihrem König Ludwig I. zu verdanken. Der ließ nämlich am 17. Oktober 1810, anläßlich seiner Vermählung mit Therese von Sachsen-Hildburghausen, außerhalb der Stadt ein Volksfest und Pferderennen veranstalten. Der Ort wurde nach der Braut benannt: Theresienwiese. Und fortan feierten die Untertanen den königlichen Hochzeitstag Jahr für Jahr auf der Theresienwiese.

Das Oktoberfest ist heute größte Touristenattraktion und es ist ein Phänomen – vielleicht, weil alles so gewaltig ist: Die Menschenmassen, die sich aus der U-Bahn und den umliegenden Straßen in die Budenstadt ergießen. Die riesigen Bierzelte, die all diese Menschen schlucken – in Schichten, versteht sich. Die Kellnerinnen, die zehn Maßkrüge auf einmal stemmen und dabei oft immer noch freundlich sind. Die Musik in den Zelten, die selbst sangesfreudige und stimmgewaltige Wies'nbesucher mit der Zeit verstummen läßt. Denn keiner hat soviel Puste, beim ständigen »Prooosit der Gemüüüütlichkeit« mitzusingen.

Wenn Sie die wirklich gemütliche Wies'n erleben wollen, gehen Sie morgens um elf – Sie werden begeistert sein. Alles wirkt noch ein wenig verschlafen von der Nacht zuvor. Der wunderbare Duft des Steckerlfisches steigt Ihnen in die Nase. Sie haben Lust auf die Würstel, die auf dem Rost brutzeln. Sie genießen Ihre Maß, weil Ihnen die warme Sonne das Gold des Herbstes auf den Maßkrug malt, weil Sie genügend Platz am Tisch im Freien haben. Sie lernen vielleicht Leute kennen, weil Sie mit Ihrem Tischnachbarn ungezwungen reden können. Irgendwann gehen Sie bummeln. Dann finden Sie auch das alte Karussell, wo Ihnen – frei nach Rilke – »hie und da ein weißer Elefant« begegnet. Sie bleiben beim »Vogeljakob« stehen und hören fasziniert, wie man auf dem kleinen Pfeiferl, das zwischen Zunge und Gaumen geklemmt wird, wirklich pfeifen kann wie ein Vogel. Das Ding kaufen Sie und trillern so lange, bis der Spatz endlich stutzt, der bei der Brez'nfrau gerade die Brösel aufpickt. Jetzt haben Sie die richtige Wies'n kennengelernt und gehen fröhlich nach Hause. Um im nächsten Jahr wiederzukommen.

Kälberfüsse in Vinaigrette

Für 4 Personen
besonders typisch

1 Zwiebel, 1 Bund Suppengrün
1 Lorbeerblatt, 1 TL schwarze Pfefferkörner
1 1/2 l Wasser, Essig
4 Kälberfüße (ca. 1,5 kg), 2 EL Salz
Für die Vinaigrette:
2 kleine rote Zwiebeln, 1 Bund Schnittlauch
Saft und Schale von 1/2 Zitrone
3 EL milder Weißweinessig, 6 EL Öl
Salz, schwarzer Pfeffer aus der Mühle

1

Zwiebel schälen, Suppengrün putzen und waschen. Mit dem Lorbeerblatt, Pfefferkörnern, Wasser und Essig in einem Topf aufkochen. Kälberfüße darin zugedeckt bei schwacher Hitze zweieinhalb Stunden sanft kochen lassen, bis das Fleisch beim Anstechen mit einer Messerspitze ganz weich ist.

2

Kälberfüße herausnehmen und das Fleisch noch heiß von den Knochen lösen. Eine Kastenform mit Pergamentpapier auslegen. Fleischstücke in die Form legen, mit Pergament abdecken und beschweren, so daß beim Abkühlen ein Pressack-ähnliches Stück entsteht.

3

Fleischstück in Scheiben schneiden und auf eine tiefe Platte legen. Zwiebeln in feine Ringe schneiden. Schnittlauch und Zitronenschale fein zerkleinern. Alles über das Kalbfleisch geben.

4

Zitronensaft, Essig und Öl vermischen, mit Salz abschmecken und über das Fleisch gießen. Mit Pfeffer würzen. Eine Stunde zugedeckt an einem kühlen Ort, nicht im Kühlschrank, ziehen lassen. Dazu passen Essiggurken, Radieschen und Bauernbrot mit Butter.

KÜCHENTIP: Die Brühe der Haxe gibt feinen Saucen »Stand«. Deshalb portionsweise einfrieren und als Saucenfond verwenden.

Von Kopf und Füssen

Im Biß so kernig wie Pressack, im Geschmack so würzig wie Wurstsalat: Kälberfüße in Vinaigrette ist eine der ganz alten und typisch bayerischen Delikatessen. Heute kennt sie kaum mehr jemand.

Kälberfüße aßen die Bayern nicht nur in saurer Marinade. Sie wurden nach dem Pressen auch paniert und gebraten. Das war die Alltagsküche zu Gemüse und Salat, während die edle Haxe (Seite 163) und der noch edlere Kalbskopf am Sonntag auf dem Bürgertisch standen. Für den begehrten Kalbskopf ließen sich die Köchinnen am meisten einfallen: Es gab ihn mit Meerrettich, als Frikassée in weißer Sauce, mit Pilzen, abgebräunt wie die Haxe, kalt mit Kräutermarinade oder sogar gefüllt – eine Zubereitungsart, die heute kein Koch mehr wagen würde.

Ochsenmaulsalat ist die andere bayerische Spezialität und zwar eine, die Sie noch immer bei vielen bayerischen Metzgern und in manchen Gasthäusern bekommen. Es sind Stücke aus dem Kopffleisch, mariniert in reichlich Essig und Öl, die herrlich zu reschem Brot schmecken. Bis um 1800 war Ochsenmaul nur billiges Essen für Dienstboten und »kleine« Leute. Dann wurde es für die gute bürgerliche Küche entdeckt: Alte Kochbücher beschreiben genau, wie aufwendig das Ochsenmaul vorbereitet werden muß, bis es als feiner Salat serviert werden kann. Schweinsfüße haben erst sehr spät Karriere gemacht. Jahrhundertelang blieben sie in der bäuerlichen Küche. Die Frau kochte sie im Rüben- und im Sauerkraut, machte Sülz davon (Seite 294). Das Kopffleisch von der Sau kam ins Ragout oder in die Wurst. Erst seit ein paar Jahren fangen wir an, die regionale bäuerliche Kost zu entdecken. Und jetzt sind Knöcherlsulz und selbstgemachte Wurst bei Feinschmeckern richtig begehrt.

Geschnittene Nudelsuppe mit Huhn

Für 6 Personen
Für Gäste

Für die Nudeln:
250 g Mehl, Salz, 1 Ei
Für die Suppe:
2 entbeinte Hühnerbrüstchen
1 Gelbe Rübe (Möhre)
1 dünne Stange Lauch (Porree)
1/2 Bund Petersilie
1 1/2 l Hühnerbrühe, 2 EL Zitronensaft
etwas abgeriebene Zitronenschale
1/4 TL Safranfäden, weißer Pfeffer

1

Für die Nudeln Mehl mit einer kräftigen Prise Salz, Ei und vier Eßlöffel Wasser zu einem geschmeidigen Teig verkneten, der sich gut ausrollen läßt. Krümeligen Teig tropfenweise mit Wasser, klebrigen Teig teelöffelweise mit Mehl verkneten. In Pergamentpapier gewickelt eine Stunde ruhen lassen.

2

Teig in drei Portionen teilen und auf wenig Mehl zu messerrückendicken Platten ausrollen. 30 Minuten trocknen lassen. Teigplatten zusammenrollen und zu fingerbreiten Nudeln schneiden, aufrollen und auf einem Küchentuch ausgebreitet 30 Minuten trocknen lassen.

3

Hühnerbrüstchen in fingerbreite Streifen schneiden. Gelbe Rübe schälen und in dünne Stifte teilen. Lauch putzen, waschen und in dünne Ringe schneiden. Petersilie fein hacken.

4

Brühe mit Zitronensaft, Zitronenschale und Safran aufkochen. Fleisch, Gemüse und Nudeln zugeben, aufkochen und bei mittlerer Hitze etwa drei Minuten kochen lassen. Dabei immer wieder umrühren. Petersilie untermischen, Suppe mit Salz und Pfeffer abschmecken und anrichten.

Selbstgemachte Nudeln gehören in eine urbayerische Hühnersuppe, die es früher vor allem zur Hochzeit und an Kirchweih gab.

Oberpfälzer Fladenbrote

Für 10 Stück
Für Gäste

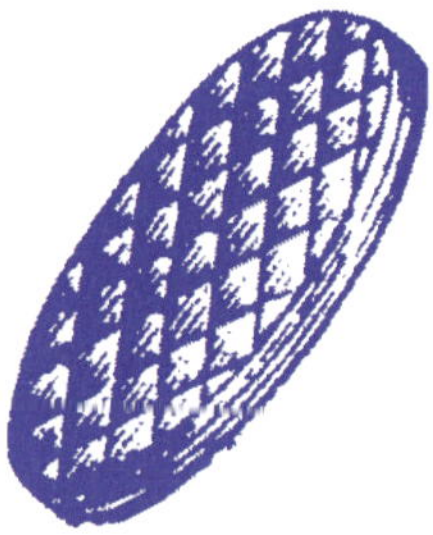

300 g Weizenvollkornmehl
200 g Roggenvollkornmehl
200 g Gerstenmehl
1 Päckchen Trockenhefe
2 TL gemahlener Koriander
1 Prise Zucker, 1/2 l lauwarmes Wasser
150 g flüssiger, zimmerwarmer Sauerteig
1 EL Salz, 100 g Butterschmalz
2 Zwiebeln

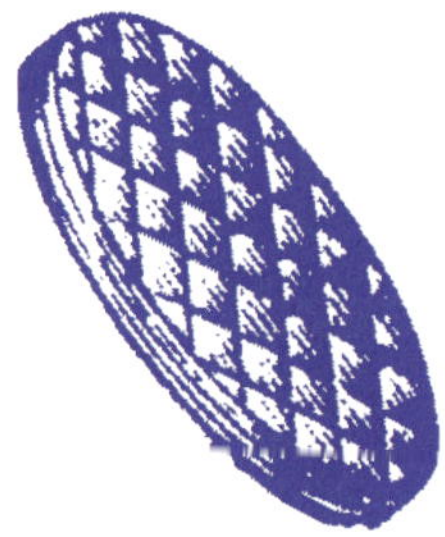

1

Mehle, Hefe, Koriander und Zucker in einer Schüssel mischen. Wasser, Sauerteig und Salz zugeben. Mit den Knethaken des Handrührgerätes etwa zehn Minuten rühren, bis der Teig Blasen wirft und sich vom Schüsselrand löst. Zugedeckt bei Zimmertemperatur etwa eine Stunde gehen lassen, bis sich das Teigvolumen verdoppelt hat.

2

Auf der bemehlten Arbeitsfläche mit den Händen kräftig durchkneten. In zehn Portionen teilen, jede Portion zu einem fingerdicken Fladen ausrollen.

3

Zwei Backbleche mit etwa einem Drittel des Butterschmalzes fetten. Fladenbrote auf die beiden Bleche legen und zugedeckt weitere 15 Minuten gehen lassen.

4

Das erste Blech in den kalten Backofen (mittlere Schiene) schieben. Ofen auf 180 Grad (Umluft 160 Grad, Gas Stufe 3) schalten. Brote auf dem ersten Blech etwa 30 Minuten, die auf dem zweiten Blech nur etwa 20 Minuten backen.

5

Fertige Brote vom Blech lösen und heiß mit Butterschmalz bestreichen. Zwiebeln hacken. Auf jedem Brot etwa einen gehäuften Teelöffel davon verteilen. Brote übereinanderlegen und in Küchentücher gewickelt auskühlen lassen.

Rupfhauben

Für 4 Personen
besonders typisch

125 g Roggenmehl, 125 g Weizenmehl
1/2 Päckchen Trockenhefe, Salz
1/2 TL Kümmelkörner
1/2 TL getrockneter Majoran
1/2 EL Zitronensaft oder Essig
1 zimmerwarmes Ei
1/8 l lauwarmes Wasser, 300 ml Milch
1 EL Butter, Schweineschmalz oder Kokosfett

1

Beide Mehlsorten mit Hefe, Salz, Kümmel und Majoran vermischen. Zitronensaft, Ei und Wasser zufügen. Mit den Knethaken des Handrührgerätes fünf Minuten rühren, bis sich der Teig vom Schüsselrand löst. Zugedeckt bei Zimmertemperatur etwa eine Stunde gehen lassen, bis sich sein Volumen verdoppelt hat.

2

Vom Teig mit einem in Mehl getauchten Eßlöffel eigroße Kugeln abstechen, auf die mit Mehl bestreute Arbeitsfläche legen und zugedeckt weitere 15 Minuten gehen lassen. Jede Kugel mit der Hand zu einem etwa halb fingerdicken Fladen auseinanderdrücken, der in der Mitte etwas dünner sein soll als am Rand.

3

Milch und Fett in einem weiten Topf mit halbhohem Rand aufkochen. Fladen möglichst rasch nebeneinander so in die siedende Milch setzen, daß sie auf den dickeren Rändern »stehen« und die dünnere Mitte nach oben gewölbt ist.

4

Topf schließen und die Rupfhauben bei mittlerer Hitze etwa 30 Minuten backen, bis sie unten braun sind. Mit einer Backschaufel aus dem Topf nehmen und auf heißen Tellern verteilen. Die braune Kruste aus dem Topf lösen und neben den Rupfhauben anrichten. Mit Sauerkraut, Schwammerln (Seite 212) oder Salat servieren.

Allgäuer Käsespätzle

Für 4 Personen
ohne Fleisch

350 g Mehl, Salz
1/4 l Milch
3 kleine Eier
200 g Allgäuer Emmentaler Käse
300 g Zwiebeln
75 g Butter, schwarzer Pfeffer

1

Mehl mit einer kräftigen Prise Salz und Milch verrühren. Eier zugeben und etwa drei Minuten kräftig rühren, bis der Teig Blasen wirft. Zugedeckt ruhen lassen, bis die Zwiebeln und der Käse vorbereitet sind.

2

Den Käse grob raspeln oder in kleine Würfel schneiden. Zwiebeln schälen, auf dem Gurkenhobel in feine Ringe hobeln und in der heißen Butter bei schwacher Hitze unter mehrmaligem Wenden weich und goldbraun braten. Das dauert etwa 20 Minuten.

3

In einem großen Topf reichlich Salzwasser zum Kochen bringen. Die Spätzle portionsweise vom Brett schaben oder durch einen Spätzlehobel in das sprudelnd kochende Wasser geben. Ein bis zwei Minuten kochen lassen, bis sie an die Oberfläche steigen.

4

Jede Portion Spätzle mit einem Schaumlöffel herausnehmen, gut abtropfen lassen und in eine vorgewärmte Schüssel geben. Mit Käse und Pfeffer bestreuen. Zugedeckt im Ofen bei 50 Grad heiß halten.

5

Zum Schluß die gebratenen Zwiebeln darüber verteilen. Dazu paßt gemischter Salat, Gurken- oder Tomatensalat.

KÜCHENTIP: Den Käse nicht fein reiben, sonst werden die Spätzle matschig.

Spätzle-Tips

Die Schwaben bereiten Spätzleteig mit Wasser zu, die Allgäuer mit Milch. Zum Spätzleformen gibt es in den Haushaltswarengeschäften Süddeutschlands einen Hobel oder eine Presse, durch die der Teig in das kochende Wasser gedrückt wird. Geübte Spätzleköchinnen schaben den Teig gleich vom Brett ins kochende Wasser. Das geht ziemlich einfach: Ein Holzbrett mit Griff und vorne abgeflachter Kante kalt abspülen. Zwei Eßlöffel Teig auf das vordere Drittel des Brettes streichen. Am Griff über den Topf mit sprudelnd kochendem Wasser halten. Den Teig mit einem langen Messer in schmalen Streifen abschneiden und dabei mit einer raschen Bewegung so vom Brett schaben, daß er ins Wasser fällt. Das Brett zwischendurch immer wieder naß machen, damit der Teig nicht klebenbleibt.

Spätzle-Leidenschaft

Der Allgäuer Pfarrer Joseph Schelbert hat 1873 vom Allgäuer Essen erzählt: »Die drei Hauptmahlzeiten, nämlich morgens, mittags und abends, bestehen im Allgäu nie, wie man sich städtisch ausdrücken würde, nur aus zwei Gängen, sondern es müssen früh und spät wenigstens drei, mittags wenigstens vier sein. Hauptsache ist den Allgäuern die Suppe – aber die Lieblingsspeise sind die Kässpatzen aus feinem Weißmehl gemacht, gesotten, und mit Kässchnittchen und Schmalz völlig durchmischt. Diese sind umso geschätzter, je mehr sie von Schmalz triefen und je höher sich die Käsefäden beim Essen ziehen lassen.« Diese üppig-fette Küche war Wohlstandsanzeiger: Den Allgäuer Bauern ging es gut – ob im Tal oder auf der Alm: »Wie Goldfischlein« schwimmen die Schmarrenbrocken in reichlich Butter, berichtet der Pfarrer, und »es ist ein stolzes Stück Arbeit der Allgäuer Sennen«, sie »noch warm und fett herauszufangen«. Pro Tag soll jeder Senn die gewaltige Menge von einem Pfund Butter verdrückt haben!

Aufgelaufenes Amulett mit Erdäpfeln

Für 4 Personen
ohne Fleisch

500 g mehligkochende Kartoffeln
50 g Mehl, Salz
1/8 Milch, 1 Ei
Butterschmalz, Kokosfett oder Öl zum Backen
1 EL Butter, 1 Bund Petersilie, 2 Eier
250 g saurer Rahm (saure Sahne), 5 EL Milch
geriebene Muskatnuß, weißer Pfeffer
50 g geriebener Bergkäse oder mittelalter Gouda

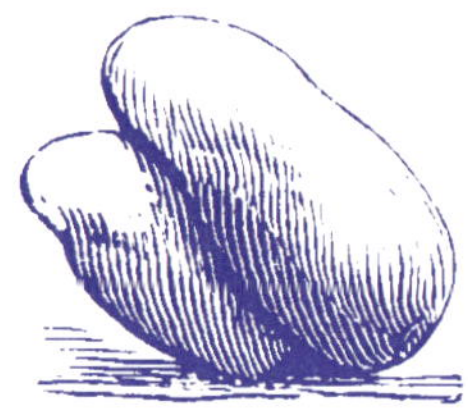

1

Kartoffeln waschen und mit der Schale in wenig Wasser gerade eben weich kochen. Abgießen, kalt abschrecken, schälen und lauwarm abkühlen lassen. Dann in dünne Scheiben schneiden und in eine ofenfeste Form mit halbhohem Rand geben.

2

Für den Teig Mehl mit Salz und Milch verrühren. Ei untermischen. Aus dem Teig dünne Eierkuchen backen und ebenfalls lauwarm abkühlen lassen. Zuerst in zwei Finger breite Streifen, dann in Stücke (Fleckerl) schneiden. Über den Kartoffelscheiben verteilen.

3

Butter zerlassen, Petersilie hacken. Eier trennen. Eigelb mit saurer Sahne, Butter, Petersilie und Milch verrühren. Mit Salz, Pfeffer und Muskatnuß kräftig würzen. Eiweiß steif schlagen, unter die Eigelbmischung ziehen und auf den Zutaten in der Form glattstreichen. Käse darüberstreuen.

4

Form in den kalten Backofen (mittlere Schiene) stellen. Ofen auf 200 Grad (Umluft 180 Grad, Gas Stufe 4) schalten. Amulett etwa 30 Minuten backen, bis es goldbraun ist.

TIP: Früher nannten bayerische Köchinnen ein Omelett »Amulett«. »Aufgelaufen« bedeutete, daß es nicht in der Pfanne, sondern im Ofen gebacken wurde.

Fleischknödel

Für 4 Personen
preiswert

5 altbackene Semmeln (Brötchen)
1/4 l lauwarme Milch, 1 Zwiebel
1 Bund Petersilie, 1 TL Butter
250 g gemischtes Hackfleisch
2 Eier, 1 EL Semmelbrösel
1 EL getrockneter Majoran, Salz
schwarzer Pfeffer
abgeriebene Schale von 1 kleinen Zitrone
geriebene Muskatnuß

1

Semmeln mit der Brotschneidemaschine in hauchfeine Scheibchen schneiden, mit Milch übergießen und zugedeckt so lange ziehen lassen, bis sie weich sind.

2

Inzwischen Zwiebel und Petersilie fein hacken und in der heißen Butter bei schwacher Hitze unter Rühren braten, bis die Zwiebel glasig ist. Lauwarm abgekühlt mit Hackfleisch, Eiern, Semmelbröseln, Majoran, Salz, Pfeffer aus der Mühle, Zitronenschale und Muskat zu den Semmeln geben. Alles mit den Händen vermischen, bis der Teig gut bindet.

3

Mit angefeuchteten Händen acht bis zwölf Knödel formen und in kochendes Salzwasser geben. Temperatur zurückschalten, Deckel halb auf den Topf legen. Knödel 30 Minuten garen. Mit Sauerkraut oder Salat und Bratkartoffeln servieren.

REZEPTTIP: Leberknödel werden wie Fleischknödel gemacht: Ersetzen Sie das Hackfleisch durch 150 bis 200 Gramm fein geschabte Rinderleber. Typisch bayerisch sind zusätzlich 50 Gramm fein geschabte Milz. Leberknödel sind eine beliebte bayerische Suppeneinlage und schmecken zu Sauerkraut.

Schweinsbraten auf Wildschweinart

Für 4 Personen
Für Gäste

1 kleine Zwiebel, 1 Knoblauchzehe
1 TL weiße Pfefferkörner, 3 Wacholderbeeren
abgeriebene Schale von 1/2 Zitrone
3 EL Zitronensaft
750 g Schweinefleisch (Kamm)
Salz, 3 EL Öl, 4 Lorbeerblätter
1 Stück Brotrinde (etwa 20 g)
1/8 l Wasser, 200 ml trockener Rotwein
150 g Schalotten oder kleine Zwiebeln
1 TL Tomatenmark, 50 g saurer Rahm (saure Sahne)

1

Zwiebel und Knoblauch fein hacken. Pfefferkörner und Wacholderbeeren zerdrücken. Alles mit Zitronenschale und -saft vermischen. Fleisch damit einreiben und zugedeckt im Kühlschrank über Nacht ziehen lassen.

2

Würzmischung auf einen Teller abstreifen. Fleisch salzen und in einem Bräter bei starker Hitze im heißen Öl braun anbraten. Würzmischung, Lorbeerblätter und Brotrinde zugeben. Die Hälfte Wasser und Wein zugießen.

3

Bräter zugedeckt in den kalten Backofen (untere Schiene) stellen. Ofen auf 160 Grad (Umluft 150 Grad, Gas Stufe 2) schalten. Fleisch eineinhalb Stunden schmoren. Dabei nach und nach den Rest von Wasser und Wein zugießen.

4

Schalotten schälen, zum Braten geben und weitere 30 Minuten schmoren. Braten herausnehmen, Brotrinde und Lorbeerblätter wegwerfen. Tomatenmark und sauren Rahm in die Schmorflüssigkeit rühren. Fleisch in dicke Scheiben schneiden.
Mit den Schalotten auf einer vorgewärmten Platte anrichten. Sauce darüber verteilen. Dazu passen Bauernknödel (Seite 221), Knödel aus gekochten Kartoffeln (Seite 272) und Gemüse.

NICHT GANZ WILD

In alten Kochbüchern finden Sie häufig den Zusatz »auf Wildbretart«: Schweine- oder Rindfleisch wird mit den typischen Wildgewürzen – Pfefferkörnern, Wacholderbeeren, Lorbeerblättern – geschmort, die dunkle Sauce mit Brotrinde und saurer Sahne gebunden. Die Bayern mochten das zahme »Wild« sehr gerne. Natürlich konnten sie auch Wildschwein, Hirsch, Reh und Wildgeflügel essen, wenn nicht gerade Schonzeit war. Das Privileg aus der Feudalzeit, daß nur Adel und hoher Klerus Wildgerichte bekamen und alle anderen sich mit einem Imitat oder mit den »niederen« Tieren wie Hase und Kaninchen begnügen mußten, gab es schon Ende des 18. Jahrhunderts nicht mehr.

SALZ MACHT REICH

Geschäftstüchtige Bürger entwickelten aus wirtschaftlicher Macht das Selbstbewußtsein, das ihnen schon im Mittelalter gegen (klerikale) Landesherrlichkeit half. Der »Goldene Steig«, die alte Straße, die das salzreiche Bayern mit dem salzlosen Böhmen verband, führte von Passau nach Prachatitz. Salz, jahrhundertelang als wichtiges Konservierungsmittel und Gewürz heiß begehrt, hat nicht nur die Passauer Bürger reich gemacht. Auch im Berchtesgadener Land und im Salzkammergut, wo das teure Gut abgebaut wurde, blühten Handel und Gewerbe.

Sogar kleine Siedlungen, die an den Straßen lagen, auf denen Salz transportiert wurde, profitierten gewaltig. Eine davon, an der Salzstraße nach Augsburg, durfte im Jahre 1157 endlich in die Geschichte eingehen: Bayern-Herzog Heinrich der Löwe zerstörte die Isar-Brücke des Freisinger Bischofs, ließ seine eigene etwas weiter flußaufwärts bauen und nahm nun den Zoll ein, den die Kaufleute zu entrichten hatten. Der Salzhandel spielte bei dieser »Gründung« Münchens gewiß eine große Rolle.

Wildente mit Preiselbeeren

Für 2–3 Personen
besonders fein

1 kleine feste Birne
250 g Preiselbeeren, 125 g Zucker
1 küchenfertige Wildente (ca. 600 g)
Salz, schwarzer Pfeffer
1 kleiner Apfel, 2 Zwiebeln
1 TL getrockneter Beifuß
2 EL Butter, 2 Lorbeerblätter
1/4 l Fleisch-, Geflügel- oder Gemüsebrühe
1/4 l trockener Rotwein oder ebenfalls Brühe

1

Birne vierteln, schälen, vom Kerngehäuse befreien und in kleine Stücke schneiden. Mit den gewaschenen Preiselbeeren und Zucker einmal aufkochen. Bei schwacher Hitze zugedeckt etwa zehn Minuten kochen, bis die Preiselbeeren weich sind. Abkühlen lassen.

2

Wildente kalt abspülen und mit einem Tuch trocknen. Innen und außen mit Salz und Pfeffer würzen. Apfel waschen und vierteln, eine Zwiebel schälen und grob zerkleinern. Beide Zutaten und den Beifuß in die Ente geben. Öffnung mit Zahnstochern zustecken.

3

Wildente mit der Brust nach unten in einen Bräter legen. Butter zerlassen und die Hälfte davon über die Ente geben. Zweite Zwiebel schälen, vierteln und mit Lorbeerblättern danebenlegen. Bräter zugedeckt in den kalten Backofen (mittlere Schiene) stellen. Ente bei 220 Grad (Umluft 200 Grad, Gas Stufe 5) 30 Minuten braten.

4

Etwa ein Viertel Brühe und Rotwein zugießen. Ente weitere 45 Minuten zugedeckt braten, dabei immer wieder mit dem Schmorsud begießen. Nach und nach restliche Brühe und Wein zugeben. Ente wenden und mit der Brust nach oben im offenen Bräter 15 Minuten braten. Dabei häufig mit dem Rest der Butter bestreichen. Die tranchierte Ente im Schmorsud anrichten. Dazu passen Bauernknödel (Seite 221) und Salat.

Hasenkeulen mit Maroni

Für 4 Personen
besonders fein

4 Hasenkeulen (ca. 900 g)
Salz, schwarzer Pfeffer
50 g durchwachsenes Wammerl (Räucherspeck)
2 Schalotten, 1 EL Butterschmalz
1/8 l trockener Rotwein
1/8 l Fleisch- oder Gemüsebrühe
6 Wacholderbeeren, 1 Lorbeerblatt
1 großes Stück Zitronenschale
300 g frische Maroni (Eßkastanien)
150 g saurer Rahm (saure Sahne)
1/2 EL Preiselbeerkompott

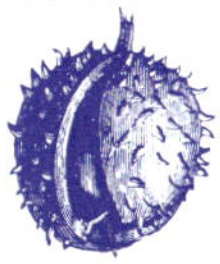

1

Hasenkeulen waschen, abtrocknen und mit Salz und Pfeffer einreiben. Speck klein würfeln, Schalotten fein hacken und im heißen Butterschmalz bei schwacher Hitze glasig braten.

2

Hasenkeulen zugeben und bei mittlerer Hitze rundherum braun anbraten. Wein, Brühe, Wacholderbeeren, Lorbeer und Zitronenschale zugeben. Hasenkeulen zugedeckt bei schwacher Hitze etwa 50 Minuten garen.

3

Maroni an der gewölbten Seite kreuzweise einschneiden. In eine gußeiserne Pfanne geben und zugedeckt bei starker bis mittlerer Hitze rösten, bis sie aufplatzen. Dabei die Pfanne häufig rütteln. Kurz abkühlen lassen und aus den Schalen lösen. Maroni mit kochendem Wasser übergießen, etwa zwei Minuten ziehen lassen, abgießen, kalt abschrecken und die Innenhäutchen entfernen.

4

Hasenkeulen herausnehmen und warm stellen. Maroni in der Sauce bei starker Hitze unter Rühren kochen, bis die Sauce dickflüssig ist. Rahm und Preiselbeeren untermischen. Mit Salz und Pfeffer abschmecken und über die Hasenkeulen geben.

TRAUBENKUCHEN

Für 12 Stücke
einfach

Für den Teig:
200 g Mehl, 50 g Zucker
abgeriebene Schale von 1/2 Zitrone
1 Prise Salz, 100 g weiche Butter
Für den Belag:
50 g Zucker
100 g gemahlene Mandeln, 1 TL Zimtpulver
600 g kleine blaue und weiße Trauben ohne Kerne
3 Eier, 200 g süßer Rahm (süße Sahne)
abgeriebene Schale von 1/2 unbehandelten Zitrone

1

Für den Teig Mehl, Zucker, Zitronenschale, Salz, drei Eßlöffel Wasser und die Butter in einer Schüssel vermischen, bis alles krümelig ist. Auf der Arbeitsfläche mit den Händen rasch zu einem glatten Teig kneten.

2

Eine Springform von 26 Zentimeter Durchmesser mit dem Teig auskleiden, dabei einen etwa drei Zentimeter hohen Rand formen. Den Teigboden mit einer Gabel mehrmals einstechen und 30 Minuten kühl stellen.

3

Form in den kalten Backofen (mittlere Schiene) stellen. Ofen auf 200 Grad (Umluft 180 Grad, Gas Stufe 4) schalten. Teigboden zehn Minuten vorbacken.

4

Zucker mit Mandeln und Zimt vermischen. Trauben waschen und abzupfen, Eier mit Sahne und Zitronenschale verrühren. Zuckermischung auf den Teigboden streuen, Trauben darauf verteilen und mit der Eiersahne übergießen. Kuchen wieder in den Ofen stellen und in etwa 40 Minuten fertig backen.

REZEPTTIP: Dieser »Alle-Jahreszeiten-Kuchen« schmeckt im Sommer, Herbst und Winter. Zuerst mit Rhabarber oder Kirschen, dann mit Aprikosen und Pfirsichen, schließlich mit Zwetschgen, Äpfeln oder Birnen.

Trauben legten die Bayern früher nicht nur auf den Kuchen: Noch im 17. Jahrhundert wuchsen Weinreben an Altmühl und Donau.

Authentische Küchensprache

Wenn Sie im bayerischen Wirtshaus eine Leberknödelsuppe essen, fragt Sie die Kellnerin beim Abräumen vielleicht: »Na, hat's Eana g'schmeckt, des Supperl?«. Oder Sie hören eine Frau beim Bäcker »a Knödlbrot von zehn Semmerl« verlangen. Und der Metzger versichert Ihnen, der Braten, den Sie sich ausgesucht haben, sei »a richtig guats Fleischerl«. All das ist Umgangssprache freundlicher Bayern.
Wenn Sie allerdings in einigen Büchern über bayerisches Leben und Kochen und auf manchen Speisekarten nur von Supperl, Nockerl, Knöderl, Kücherl, Nuderl, Schmankerl, Pflanzerl und Gangerl lesen, ist das allein sprachliche Volkstümelei. Entstanden sind diese Verniedlichungsformen handfesten bayerischen Essens erst in den vierziger und fünfziger Jahren. In keinem der wirklich alten, urbayerischen Kochbüchern finden Sie diese alberne Ansammlung angeblich bayerischer Wörter. Selbstverständlich werden kleine Sachen wie Pilze, Kekse oder Klößchen zu Schwammerl, Plätzerl und Nockerl. Doch sonst wird nichts verniedlicht. Bekanntlich neigt der Bayer keineswegs dazu, seine Welt zu verkleinern – nicht mal in der Küche.

In alten Kochbüchern können Sie aber die authentische Küchensprache finden, die sich bis heute erhalten hat: Denn für die Dinge des täglichen Lebens benutzen die meisten Menschen Wörter aus der vertrauten Alltagssprache, dem Dialekt. So heißen Kohlrüben in Bayern »Dotschen«, Blumenkohl »Karfiol«, Meerrettich »Kren«, Feldsalat »Nißlsalat«, Kartoffeln »Erdäpfel« und Rettich »Radi« – vom lateinischen Wort »radix« für Wurzel. Quark nennen die Bayern »Topfen«, Sahne »Rahm«, den Hefevorteig »Dampfl«. Brötchen, Porree und Kohl sind Semmeln, Lauch und Kraut – inzwischen auch Nichtbayern vertraut.

Bestimmte Gerichte wie aufgelaufenes Amulett (Seite 244), Schuchsen (Seite 140), Strauben (Seite 58), gebähte Schnittensuppe (Seite 125) – im richtigen Dialekt »bahde Schniddlsuppn« – oder Rupfhauben (Seite 241) kann man nicht ins Hochdeutsche übersetzen. Man muß schon erklären, was auf den Teller kommt. Ein wunderbares Ding an der Sprache ist ja, daß sie uns nicht nur Wörter zum Reden gibt, sondern auch Bilder zum Vorstellen. Die Rupfhauben sind ein Beispiel dafür: Da ist zuerst flaumiger Hefeteig. Die Stücke, die Sie davon »abrupfen« und über dem Handrücken zu Fladen formen, fühlen sich an wie weicher, warmer Stoff. Und wenn das Essen fertig ist, haben sich die Teigstücke aufgebläht, liegen wie kleine Hauben im Topf. Es duftet nach Roggen, Milch und Butter. Wie in der Bauernstube kommt die Reine auf den Tisch, und jeder kriegt eine Rupfhaube mit knusprig braunem Raumel auf den Teller.

Ein »Raumel«, »Rammerl« oder »Schmänkelein« ist eine Kruste: Dampfnudeln haben so eine Kruste, wenn die Temperatur beim Garen richtig war, so daß Zucker, Butter und Milch am Topfboden ein schöne Karamelschicht bilden. Brei oder Mus wurde früher so gekocht, daß sich am Topf eine Kruste ansetzte. Die schabte die Köchin dann wie »Locken« ab und richtete sie auf der Süßspeise als besondere Delikatesse an. So zum Beispiel bei »Gebackenes Schmankelmus«: Auf einen Mürbeteigboden kommen schichtweise dicke Vanillecreme, »Schmänkelein-Locken«, Zitronat und Mandeln. Das Ganze wird gebacken und zum Schluß mit einer Baiserhaube überkrustet.

Bayerische Wörter gibt es auch für viele Kochgeräte: Der Backofen ist das Bratrohr, daher das Wort »Rohrnudeln«. Denn diese Teigstücke werden im Backofen gebacken – anders als Dampfnudeln, die auf dem Herd in feuchter Hitze garen. Der Bräter heißt »Reine«, der Topf »Tiegel« oder »Hafen«.

Dieser Küchenkalender ist für alle geschrieben, die Bayerns Küche, Kultur und Eigenart kennenlernen und verstehen wollen. Deshalb ist die (Küchen-) Sprache hochdeutsch und die schönen alten Dialektwörter sind an Ort und Stelle übersetzt. Damit auch jeder, der nicht aus Bayern kommt, Rezepte und Geschichten gleich versteht.

Gebackene Zwetschgenknödel

Für 4 Personen
Für Gäste

500 g Topfen oder trockener Magerquark
abgeriebene Schale von 1/4 unbehandelten Zitrone
1 Messerspitze gemahlene Vanille
1 Prise Salz, 150 g Mehl
50 g Semmelbrösel, 1 Ei
12 reife Zwetschgen
100 g Butter, 75 g Zucker
1–2 TL Zimtpulver

1

Topfen mit Zitronenschale, Vanille, Salz, Mehl, Semmelbrösel und Ei zu einem glatten Teig verrühren. Der Teig soll mit den Händen formbar sein, ohne zu kleben.

2

Zwetschgen waschen, abtrocknen und halbieren, aber dabei nicht ganz durchschneiden. Die Steine entfernen. Ein etwa walnußgroßes Stück Teig auf dem Handballen flachdrücken. Je eine Zwetschge mit dem Teigstück umhüllen.

3

Butter in einem großen Bräter erhitzen. Knödel nebeneinander in die Butter legen. Bräter schließen und in den kalten Backofen (mittlere Schiene) schieben. Ofen auf 180 Grad (Umluft 160 Grad, Gas Stufe 3) schalten.

4

Knödel 20 Minuten backen. Dann im offenen Bräter weitere 30 Minuten backen, bis die Knödel leicht gebräunt sind. Zucker und Zimt mischen, die heißen Knödel damit bestreuen.

REZEPTTIP: Für die klassischen Zwetschgenknödel reichlich Wasser mit Salz aufkochen. Die geformten und gefüllten Knödel in das sprudelnd kochende Wasser geben, die Temperatur zurückschalten und die Klöße bei schwacher Hitze etwa 15 Minuten sanft kochen lassen. Dabei den Deckel nur halb auf den Topf legen.

Altbayerische Birnentorte

Für 12 Stücke
einfach

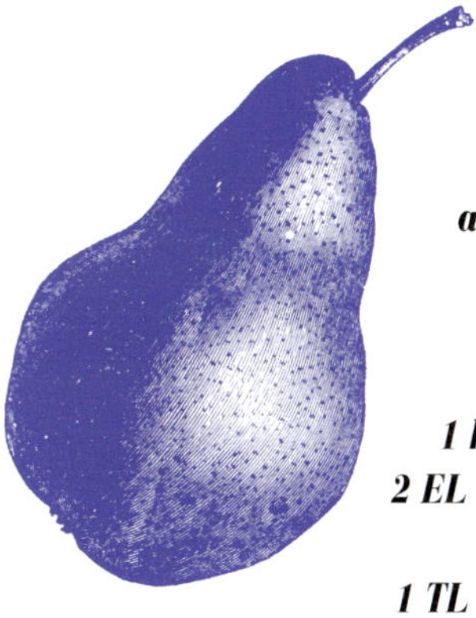

Für den Teig:
200 g Mehl, 50 g Zucker
abgeriebene Schale von 1/2 Zitrone
1 Prise Salz, 1 Ei
100 g weiche Butter
Für den Belag:
1 kg feste Birnen, 1 EL Butterschmalz
2 EL trockener Weißwein oder Zitronensaft
50 g Zucker, 1 TL Ingwerpulver
1 TL Zimtpulver, 1/2 TL gemahlene Nelken

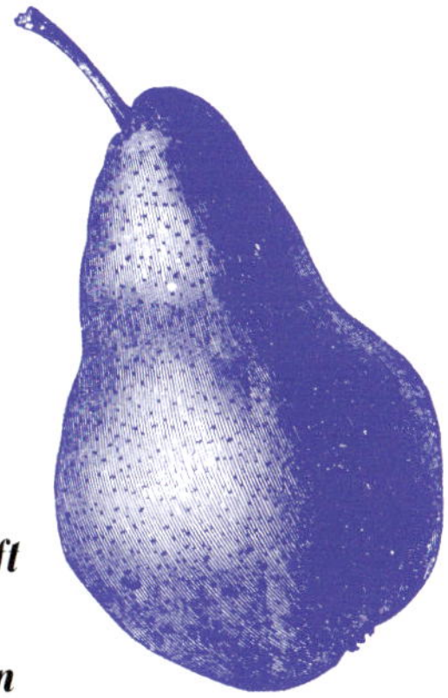

1

Für den Teig Mehl, Zucker, Zitronenschale, Salz, Ei und Butter in einer Schüssel mit den Knethaken des Handrührgerätes vermischen, bis die Masse krümelig ist. Auf der Arbeitsfläche mit den Händen zu einem glatten Teig kneten.

2

Eine Springform von 26 Zentimeter Druchmesser mit dem Teig auskleiden, dabei einen etwa drei Zentimeter hohen Rand formen. Teigboden mit einer Gabel mehrmals einstechen und kühl stellen, bis der Belag vorbereitet ist.

3

Birnen vierteln, schälen, vom Kerngehäuse befreien und in Stücke schneiden. Butterschmalz erhitzen. Birnen und Zucker zugeben. Alles bei mittlerer Hitze schmoren, bis die Birnen fast weich sind. Weißwein und Gewürze untermischen und die Birnen dick einkochen. Abkühlen lassen.

4

Form mit dem Teigboden in den kalten Backofen (mittlere Schiene) stellen. Ofen auf 200 Grad (Umluft 180 Grad, Gas Stufe 4) schalten. Teigboden zehn Minuten vorbacken. Birnen darauf verteilen und den Kuchen in etwa 30 Minuten fertig backen.

ZWETSCHGENDATSCHI

Für 20 Stücke
besonders typisch

Für den Teig:
300 g Mehl
1/2 Päckchen Trockenhefe
2 EL Zucker, Salz
200 ml lauwarme Milch
1 zimmerwarmes Ei
Für den Belag:
2 kg reife Zwetschgen
1 El flüssige Butter
2 EL Semmelbrösel
100 g Zucker zum Bestreuen

1

Mehl, Hefe und eine Prise Salz vermischen. Milch und Ei zugeben. Alles mit den Knethaken des Handrührgerätes etwa fünf Minuten durchrühren, bis der Teig Blasen bildet und sich vom Schüsselrand löst. Zugedeckt bei Zimmertemperatur eine Stunde gehen lassen.

2

Zwetschgen waschen, halbieren und entsteinen. Den Teig auf ein gefettetes Backblech streichen. Mit flüssiger Butter bestreichen, mit Semmelbröseln bestreuen. Zwetschgenhälften schuppenförmig auf den Teig legen.

3

Datschi zugedeckt bei Zimmertemperatur weitere 30 Minuten gehen lassen. Blech in den kalten Backofen (mittlere Schiene) schieben. Ofen auf 180 Grad (Umluft 160 Grad, Gas Stufe 3) schalten. Datschi etwa 40 Minuten backen. Heiß mit Zucker bestreuen und gerade eben abgekühlt servieren.

REZEPTTIP: Genauso beliebt wie der herbstliche Blechkuchen, der Datschi, sind in Bayern die Zwetschgennudeln: Hefeteig kneten und gehen lassen. Einen Viertelliter trockenen Rotwein, zwei Eßlöffel Orangenlikör, einen Teelöffel Zimtpulver und drei Eßlöffel Honig aufkochen. 500 Gramm halbierte Zwetschgen darin fünf Minuten ziehen lassen. Über einem Topf abgießen und abtropfen lassen. Sud wieder aufkochen und auf etwa die Hälfte einkochen. Hefeteig dünn ausrollen und in zwölf Stücke schneiden. Zwetschgen in die Teigstücke hüllen und nebeneinander in eine gefettete Springform setzen. Nochmal gehen lassen, mit zerlassener Butter bestreichen und bei 200 Grad (Umluft 180 Grad, Gas Stufe 4) 15 Minuten backen. Sud darübergießen, Nudeln mit zwei Eßlöffel braunem Zucker bestreuen und in etwa 20 Minuten fertig backen. Lauwarm servieren.

MENÜ DES MONATS

Geschnittene Nudelsuppe mit Huhn
Schweinsbraten auf Wildschweinart
Zwetschgendatschi

DIE KÜCHE

Kirchweih ist da, wenn es ausgezogene Küchel, Gans und ein Stück Kirchweih-Blatz gibt. Der Herbst kommt mit Kartoffeln, frisch eingelegtem Sauerkraut, Gerste, Meerrettich und Dotschen, die anderswo Steckrüben genannt werden. Alles bringt Freude auf Bayerns Tische. Denn nur im Oktober schmecken Herbst und Winter gleich gut.

Im Oktober

»Kartoffeln schmecken am besten, wenn die Sau sie gefressen hat«, hieß es einst südlich der Donau. Vor 150 Jahren änderten die Oberbayern ihre Meinung. Seither kochen sie Kartoffelgemüse und Surbratl mit Kartoffeln.

Was es im Oktober

Dotschen

Dotschen sind im Oktober und November reif zum Ernten und halten sich den ganzen Winter lang. Früher waren die großen Rüben mit dem schönen golbgelben Fruchtfleisch wichtige Energiespender für die armen Leute. Heute mögen alle Bayern sie – besonders mit Schweinefleisch und Kartoffeln.

Quitten

Aus Quitten kochen bayerische Hausfrauen Gelee, Likör und eine Paste, die – ausgestochen wie Weihnachtsplätzerl – auf den Bunten Teller am Heiligen Abend gehört. Eine schöne Augsburgerin, die wie im Märchen ihren Prinzen bekam, bereitete aus Quitten ein feines Dessert (Seite 280).

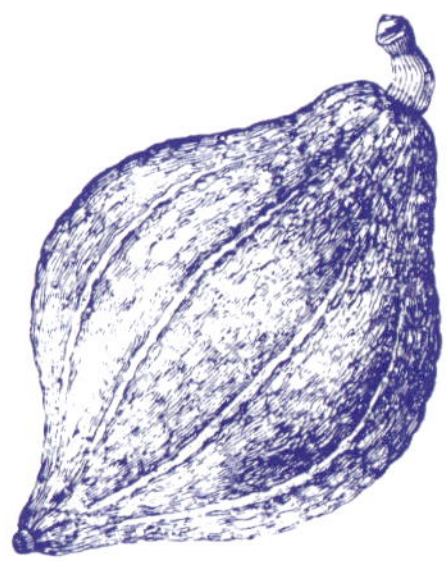

Beifuss

In ganz Europa wächst der Beifuß wild. In Bayern wird er fleißig geerntet und zum Trocknen aufgehängt, bevor er von Juli bis September blüht. Denn die Bitterstoffe in den noch geschlossenen Blütenknospen und die oberen zarten Blättchen machen alle Braten würzig und Fettes leichter verdaulich.

ALLES GUTES GIBT...

KNÖDEL

Reiberknödel machen die meisten bayerischen Hausfrauen nur noch selten selber. In den Kühltheken der bayerischen Supermärkte gibt es fertigen Kloßteig zu kaufen, der fast so gut schmeckt wie die »echten« Knödel. Die Zubereitung ist ganz einfach: Knödel beim Formen mit gerösteten Semmelwürfeln füllen und garen.

SAUERKRAUT

Sauerkraut ist typisch für eine bodenständige Küche. Viele Jahrhunderte lang war das milchsauer eingelegte Weißkraut die wichtigste Vitaminquelle, wenn es im Winter wenig Frisches gab. Bayerische Köchinnen und Köche haben wunderbare Sachen damit gemacht: Hechtenkraut zum Beispiel (Seite 26), Apfelsauerkraut (Seite 48) und Surbratl mit Kraut (Seite 274).

PRODUKT	GERICHT	SEITE
Dotschen	*Dotschen mit Schweinefleisch*	*Seite 276*
Quitten	*Quittenlikör*	*Seite 278*
Beifuß	*Kirchweihgans*	*Seite 270*
Knödel	*Reiberknödel*	*Seite 273*
Sauerkraut	*Surbratl mit Kraut*	*Seite 274*

Eingerührte

Für 4 Personen
besonders typisch

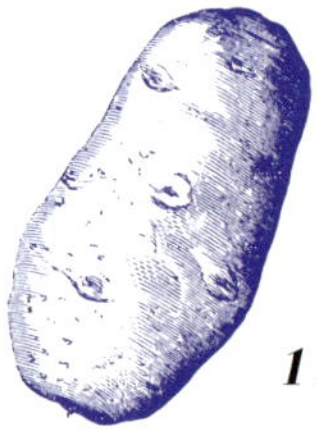

2 festkochende Kartoffeln, 2 Lauchzwiebeln
2 Scheiben Bauernbrot, 50 g Butterschmalz
500 g Buttermilch, 1/8 l süßer Rahm (süße Sahne)
40 g Mehl, 1 Eigelb, Salz
1 Messerspitze gemahlener Koriander, Cayennepfeffer

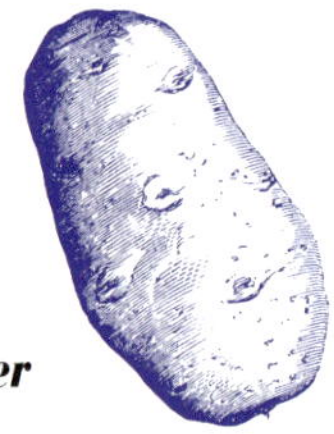

1

Kartoffeln schälen und in wenig Wasser weich kochen. Lauchzwiebeln putzen, waschen und in feine Ringe schneiden. Brot würfeln. Butterschmalz erhitzen. Zwiebeln und Brotwürfel darin bei schwacher Hitze rösten, bis die Suppe fertig ist. Dabei immer wieder umrühren.

2

Buttermilch, Sahne und Mehl in einem Topf verrühren, auf die Kochstelle setzen und unter Rühren aufkochen, bis die Mischung dickflüssig ist. Eigelb mit etwas Suppe verrühren und untermischen. Mit Salz, gemahlenem Koriander und Cayennepfeffer abschmecken.

3

Kartoffeln abgießen und in die Suppe geben. Eingerührte auf Suppentellern verteilen. Zwiebel-Brotmischung darauf anrichten.

Herbstmilchsuppe

Die Frühstückssuppe der niederbayerischen Bauern ist durch Anna Wimschneiders Lebenserinnerungen überall bekannt geworden: »Fleisch hat's fast nie gegeben. Herbstmilchsuppe oft. Die war billig und hat g'schmeckt«, erzählte die Bestsellerautorin. Die Suppe wurde aus »Hirgstmilli« gekocht: Im Herbst (»Hirgst«) sammelten die Bäuerinnen restliche Milch (»Milli«) vom Tage in einem Holzbottich. Diese Milch – kühl gelagert, gut zugedeckt und häufig umgerührt – wurde sauer und den ganzen Winter über haltbar. Sie kam als Suppe, Tunke für Knödel, Kartoffeln und Brot oder als Getränk auf den Tisch.

Leidenschaft für die Suppe

Mögen Sie Suppe zum Frühstück? Auf dem Land und in den Vororten der Städte haben die Bayern noch bis zum Ende des Zweiten Weltkriegs am Morgen häufig ihr Süppchen gekocht: Kaffee – nicht aus Tassen, sondern aus kleinen Schüsseln – tranken sie nur im Sommer, im Winter kam Brotsuppe mit gebratenen Kartoffeln auf den Tisch. Bis vor wenigen Generationen aßen die Bayern ihre Suppe sogar morgens, mittags und abends. Selbst wenn es zu Mittag außerdem noch Kraut, Fleisch und Knödel gab, hieß die ganze Mahlzeit »Mittagssuppn«. Ein flüssiges Medikament nannten die Bayern früher »Suppn«, und aus Kaffee bereiteten bayerische Köchinnen eine Suppe für die Fastenzeit. Sie kochten Kaffeepulver mit Wasser auf und gossen den Mokka durch ein Sieb in kochenden Rahm. Die Kaffeesuppe wurde mit Eigelb gebunden und auf geröstetem Weißbrot angerichtet. Für Leute, die »an Vollblütigkeit« – zu hohem Blutdruck – litten, empfahlen Köchinnen und Mediziner den »bayerischen Gesundheitskaffee« aus geröstetem gemahlenem Weizen, Eicheln, Haselnüssen oder Zichorien. »Muckefuck« aus Malz, Gerste, Roggen und Zichorien gibt es noch heute.

Kranke bekamen Traufsuppe (Seite 320) oder eine Suppe aus feinen Semmelschnittchen mit Brühe zur Kräftigung, Wöchnerinnen eine süße Suppe mit vielen Eiern. Ihre »Morgensuppe« kochten die Niederbayern meist aus Sauermilch wie die »Eingerührte« (Seite 262). Für die »Kassuppn« rührten die Frauen noch Quark in die Herbstmilch. Oberpfälzer und Franken aßen morgens Kartoffelsuppe (Seite 291), und südlich der Donau gab es Brennsuppe (Seite 66) oder Brotsuppe (Seite 206) zum Frühstück.

Erst im 19. Jahrhundert gewöhnten sich Adel und gehobenes Bürgertum allmählich an ein Frühstück ohne Suppe. Sehr langsam, aber doch gründlich zogen alle Bayern nach. So hat sich das alte bayerische Frühstück leider nicht erhalten.

Gerstensuppe mit Roten Rüben und Kren

Für 4 Personen
einfach

1 EL Butterschmalz oder Öl
50 g Gerstenschrot, 1 Zwiebel
1/2 l Gemüsebrühe, 300 g Rote Rüben
1 Stück Meerrettichwurzel (ca. 50 g)
1/4 l Milch, 3 EL süßer Rahm (süße Sahne)
2 EL Schnittlauchröllchen

1

Fett in einem Topf erhitzen. Gerstenschrot und fein gehackte Zwiebel darin bei schwacher Hitze rösten, bis die Zwiebel glasig ist. Brühe dazugießen, aufkochen und die Suppe zugedeckt bei schwacher Hitze 15 Minuten garen.

2

Rüben schälen und fein raspeln. In die Suppe geben, erneut aufkochen und zugedeckt bei schwacher Hitze zehn Minuten garen.

3

Meerrettich schälen, waschen und fein reiben.
Milch, Sahne und Meerrettich in die Suppe geben. Erhitzen, aber nicht mehr aufkochen. Suppe mit Schnittlauch bestreut anrichten.

Armes Bayern

Die Suppe stammt aus dem Norden Bayerns, wo die Frauen mit wenigen Lebensmitteln viel mehr Kunst beim kargen Kochen beweisen mußten als im reichen Süden. An der Landwirtschaft verdienten die Leute nichts im Bayerischen Wald – die mageren Ernten machten sie selbst kaum satt. Nur die Produktion von Glas warf etwas ab: Die Glashütten, die seit dem 13. Jahrhundert von Köln hierher umgezogen waren, exportierten Trinkgläser, Butzen- und Fensterscheiben bis nach Wien und Warschau. Viel besser ging es den »Waldlern« erst, als Eisenbahnlinien und befestigte Straßen gebaut wurden, als der Tourismus nicht im prächtigen Passau haltmachte, sondern das wildromantische Waldgebirge entdeckte.

PASTINAKENSUPPE

Für 3 Personen
einfach

250 g Pastinaken
1 große Zwiebel
1 großer Bund Petersilie
1 EL Butter, 2 TL Mehl
3/4 l Gemüsebrühe
1 EL Crème fraîche
Salz, weißer Pfeffer

1

Pastinaken dünn schälen, waschen und in dünne Scheiben schneiden. Zwiebel fein hacken. Petersilie fein zerkleinern.

2

Butter in einem Topf erhitzen. Pastinaken, Zwiebel und zwei Drittel der Petersilie darin bei schwacher Hitze unter häufigem Umrühren drei Minuten braten.

3

Mehl darüberstäuben und einige Male durchrühren. Brühe zugießen und aufkochen. Crème fraîche untermischen. Suppe mit Salz und Pfeffer abschmecken und mit der Petersilie bestreut servieren.

Gansjung

Für 4 Personen
besonders typisch

800 g frisches oder tiefgefrorenes Gänseklein
1 Zwiebel, 1 Bund Suppengrün
1/4 l Wasser, 1/4 l trockener Rotwein
1/8 l milder Rotweinessig
2 Gewürznelken, 3 Wacholderbeeren
1 TL schwarze Pfefferkörner
2 Lorbeerblätter, 1 Schalotte
60 g Butter, 30 g Mehl
100 g Crème fraîche, 2 EL Zitronensaft
abgeriebene Schale von 1/4 Zitrone
Salz, schwarzer Pfeffer aus der Mühle
2 EL gehackte Petersilie

1

Gansjung waschen und in eine Porzellanschüssel legen. Zwiebel und Suppengrün grob zerschneiden und zugeben. Wasser, Wein und Essig darübergießen. Nelken, Wacholderbeeren, Pfefferkörner und Lorbeerblätter zufügen. Gansjung zugedeckt drei Tage kühl stellen.

2

Gansjung mit der Marinade in einen Topf geben, einmal aufkochen und zugedeckt bei schwacher Hitze zweieinhalb Stunden garen. Aus dem Sud nehmen, Fleisch von den Knochen lösen, Magen und Herz klein würfeln. Kochbrühe für die Sauce durch ein Sieb gießen.

3

Schalotte fein hacken und in der Butter glasig braten. Mehl darin unter Rühren hellbraun anrösten. Kochbrühe unterrühren, aufkochen und zugedeckt bei schwacher Hitze zehn Minuten kochen.

4

Gansjung, Crème fraîche, Zitronensaft und Schale zugeben und erhitzen. Mit Salz und Pfeffer abschmecken. Auf heißen Tellern mit Petersilie bestreut anrichten.

EINKAUFSTIP: Gansjung bekommen Sie gewöhnlich, wenn Sie das Tier frisch geschlachtet beim Bauern oder auf dem Markt kaufen. Sonst fragen Sie beim Wildhändler oder Metzger. In manchen Supermärkten gibt es Gansjung auch tiefgefroren.

Zu Kirchweih gehören Gänsebraten, Knödl und Blaukraut. Am Tag zuvor gibt es in vielen Familien Gansjung in dunkler Sauce.

SAURES KARTOFFELGEMÜSE

Für 4 Personen
besonders typisch

1 kg Kartoffeln
1 Zwiebel, 1 EL Öl
1/4 l Fleischbrühe, 1 Lorbeerblatt
1 Gewürznelke, 2 Essiggurken
2 EL milder Weißwein- oder Obstessig
Salz, weißer Pfeffer
2 EL Crème fraîche, 1/2 Bund Schnittlauch

1

Geschälte Kartoffeln würfeln, Zwiebel hacken. Öl erhitzen, Zwiebel darin bei mittlerer Hitze glasig braten. Kartoffeln, Brühe, Lorbeerblatt und Nelke zugeben, aufkochen und zugedeckt bei schwacher Hitze etwa 20 Minuten garen, bis die Kartoffeln weich sind.

2

Inzwischen Essiggurken klein würfeln. Mit dem Essig, Salz und einer kräftigen Prise Pfeffer unter die Kartoffeln mischen. Zum Schluß die Crème fraîche unterrühren. Schnittlauch fein zerkleinern und unmittelbar vor dem Servieren über das Kartoffelgemüse streuen.

KÜCHENTIP: Das Gemüse gelingt am besten mit vorwiegend festkochenden Kartoffeln.

Gestutzte Nudeln

Für 4 Personen
ohne Fleisch

250 g Mehl, Salz
2 mittelgroße Eier
1 EL Öl, 3–5 EL Wasser
50 g Butter, 1/2 l Milch, 1 Ei
geriebene Muskatnuß, Cayennepfeffer

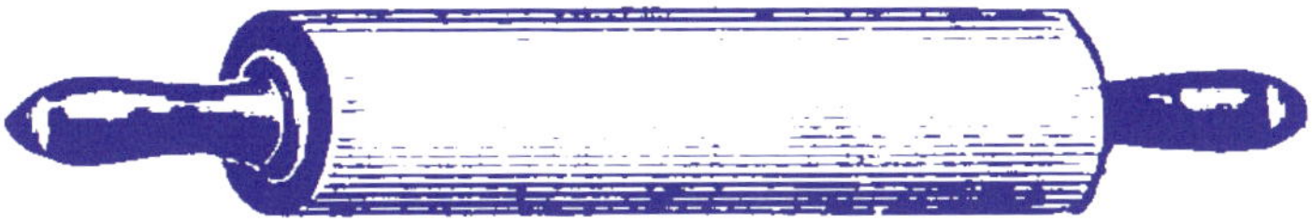

1

Mehl, Salz, Eier, Öl und zunächst drei Eßlöffel Wasser in einer Schüssel vermischen. Alles mit den Knethaken des Handrührgerätes zu einem bröckeligen Teig verrühren.

2

Den Teig auf der Arbeitsfläche mit den Händen durchkneten, bis er geschmeidig ist. Dabei nach Bedarf tropfenweise das restliche Wasser unterkneten. Der Teig soll so weich sein, daß Sie ihn gut ausrollen können, aber nicht am Finger kleben.
Teig in Folie gewickelt eine Stunde bei Zimmertemperatur ruhen lassen.

3

Teig in vier Portionen teilen und auf wenig Mehl etwa drei Millimeter dick ausrollen und 30 Minuten trocknen lassen. Die Teigplatten in zwei Finger breite Streifen schneiden. Jeweils einige dieser Streifen aufeinanderlegen und quer in einen halben Finger breite Streifen schneiden.

4

Butter in eine Gratinform geben und in den kalten Backofen stellen. Ofen auf 180 Grad (Umluft 160 Grad, Gas Stufe 3) schalten. Butter zerlaufen lassen. Die Nudeln darin wenden.

5

Milch mit Ei und je einer kräftigen Prise Salz, Muskat und Cayennepfeffer verrühren und über die Nudeln gießen. Nudeln etwa 30 Minuten backen, bis die Eiermilch fast aufgesogen ist. Dazu paßt Spinat oder Sauerkraut.

Kirchweihgans

Für 6 Personen
besonders typisch

1 junge Gans (ca. 4 kg)
2 EL Salz
1 1/2 EL schwarzer Pfeffer aus der Mühle
1 Zwiebel, 1 Gelbe Rübe (Möhre)
1/4 l Wasser
1 TL getrockneter Beifuß
1/8 l dunkles Bier oder Fleischbrühe

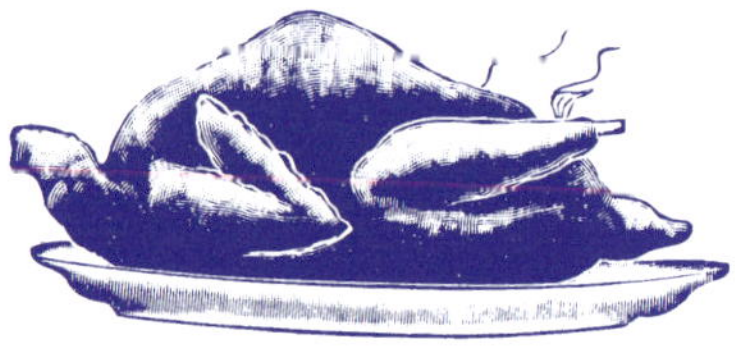

1

Gans innen und außen kalt abspülen und mit einem Küchentuch gründlich trocknen. Mit einer Pinzette alle Härchen und Federreste herauszupfen, die vor allem unter Keulen und Flügeln stecken.

2

Salz und reichlich Pfeffer aus der Mühle auf einem Teller mischen. Die Gans innen mit etwa einem Viertel dieser Mischung würzen, den Rest rundherum kräftig in die Haut reiben. Gans mit einem Küchentuch bedeckt über Nacht in den Kühlschrank legen.

3

Zwiebel und Möhre schälen und in große Stücke schneiden. Wasser aufkochen. Gans innen mit Beifuß ausstreuen, mit der Brust nach unten in einen Bräter legen, mit dem kochendheißen Wasser übergießen und mit den Zwiebel- und Möhrenstücken umlegen.

4

Den Bräter in den kalten Backofen (untere Schiene) stellen. Ofen auf 200 Grad (Umluft 180 Grad, Gas Stufe 4) schalten. Gans etwa eine Stunde braten, bis das Fett auszutreten beginnt. Die Gans drehen, so daß sie mit den Keulen nach oben im Bräter liegt. Haut seitlich unterhalb der Keulen und der Flügel mehrmals einstechen, damit das Fett unter der Haut ausbrät. Gans weitere 50 Minuten braten. Dabei das Fett im Bräter etwa alle zehn Minuten abschöpfen und die Gans mit dem Bratensaft begießen.

5

Ofen auf 240 Grad (Umluft 220 Grad, Gas Stufe 5) schalten. Gans aus dem Bräter nehmen, mit den Keulen nach oben auf den Rost legen, mit Bier bestreichen und wieder in den Backofen (untere Schiene) schieben. Die Fettpfanne darunter einschieben. Gans weitere 30 Minuten braten. Dabei häufig mit Bier einpinseln.

6

Herausnehmen, tranchieren und im abgeschalteten Backofen warm halten, bis die Sauce fertig ist. Dafür das Fett auf dem Bratfond so gut wie möglich abschöpfen. Fond durch ein Sieb in einen Topf umgießen, dabei den Satz am Boden des Bräters lösen. Fond einmal aufkochen und nach Wunsch bei starker Hitze unter Rühren etwas einkochen. Sauce gesondert zur Gans servieren.

BEILAGENTIP: Zur Kirchweihgans gehören Reiberknödel (Seite 273) oder altbayerische Kartoffelknödel (Seite 307), Kopfsalat oder Selleriesalat, Rosenkohl, Wirsing oder Blaukraut.

KÜCHENTIP: Beim Braten von Gänsen und Enten halten sich bayerische Hausfrauen an zwei Regeln: Erstens reiben sie die Vögel schon am Vorabend mit Salz und Pfeffer ein. Dann schmeckt das Fleisch besonders würzig. Zweitens begießen sie den Braten sehr häufig, damit das Fett richtig ausbrät und die Haut knusprig wird. Das ausgebratene Fett verwenden sie für Kraut- und Rübengerichte oder servieren es mit Pfeffer, Salz und schwarzem Winterrettich als Brotaufstrich.

Knödel aus gekochten Kartoffeln

Für 4 Personen
einfach

1 kg mehligkochende Kartoffeln
250 g Kartoffelstärke
Salz, 2 Semmeln (Brötchen)
20 g Butterschmalz
3/8 l Milch

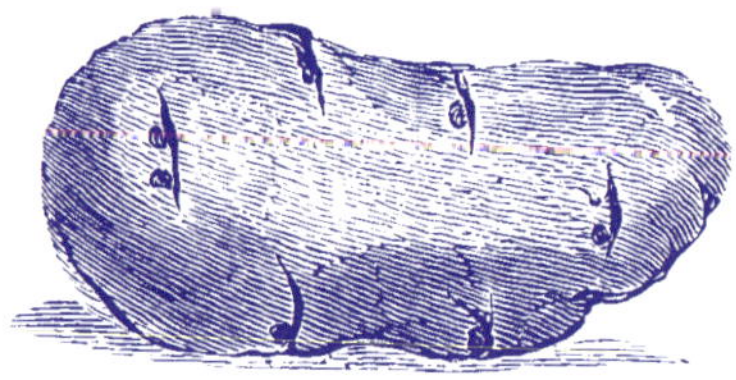

1

Die Kartoffeln waschen und in wenig Wasser mit der Schale weich kochen. Abgießen, kalt abschrecken, schälen und zweimal durch die Kartoffelpresse drücken.

2

Während die Kartoffeln kochen, die Semmeln würfeln und im Butterschmalz unter häufigem Wenden goldbraun braten.

3

Zerdrückte Kartoffeln in einer Schüssel mit dem Stärkemehl und einer kräftigen Prise Salz locker vermischen, so daß eine bröcklige Masse entsteht. Kochende Milch darübergießen. Alles mit den Händen zu einem glatten Teig verkneten. Der Teig sollte nicht an den Fingern kleben, gegebenenfalls noch etwas Stärkemehl untermischen.

4

Hände mit Kartoffelstärke einreiben und aus dem Teig zwölf Knödel formen. Dabei jeweils in die Mitte einige geröstete Semmelwürfel geben.

5

Reichlich Salzwasser zum Kochen bringen. Knödel darin einmal aufkochen und 20 Minuten gar ziehen lassen. Dabei den Deckel nur halb auf den Topf legen.

Reiberknödel

Für 4 Personen
besonders typisch

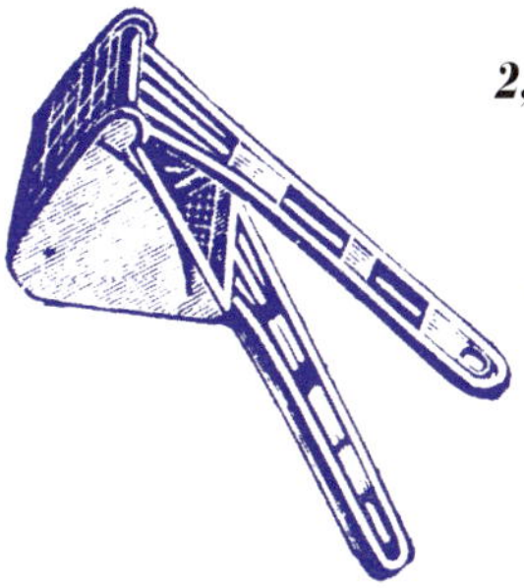

2,4 kg mehligkochende Kartoffeln
2 EL Zitronensaft
etwa 1/4 l Milch, 3 TL Salz
eventuell etwas Kartoffelmehl
1 Semmel (Brötchen)
30 g Butter

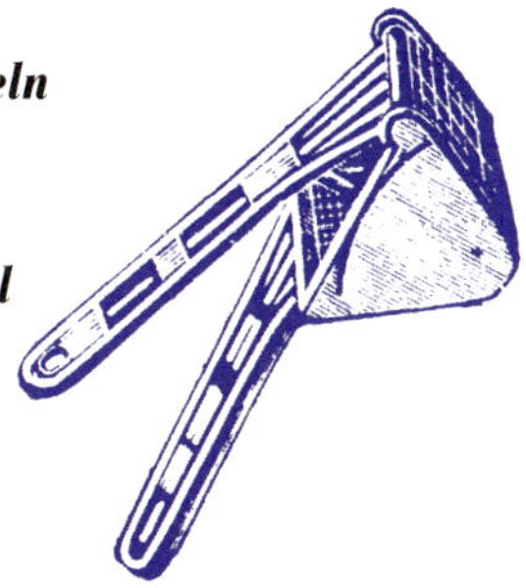

1

Kartoffeln schälen und waschen. 500 g davon als Salzkartoffeln kochen, den Rest fein reiben und mit Zitronensaft vermischen. Geriebene Kartoffeln portionsweise in ein Küchentuch geben, über einer Schüssel so fest wie möglich ausdrücken und dann in eine andere Schüssel geben.

2

Die aufgefangene Flüssigkeit stehen lassen, bis sich die Kartoffelstärke abgesetzt hat. Die Flüssigkeit so abgießen, daß nur noch die weiße Stärke am Boden der Schüssel zurückbleibt.

3

Salzkartoffeln ebenfalls abgießen und durch die Presse drücken. Mit den geriebenen rohen Kartoffeln, der kochendheißen Milch, der abgesetzten Stärke und Salz zu einem festen Teig vermischen.

4

Reichlich Salzwasser zum Kochen bringen. Mit kalt abgespülten Händen einen walnußgroßen Probeknödel formen und einmal aufkochen lassen. Im offenen Topf bei schwacher Hitze etwa 10 Minuten garen. Wenn er seine Form behält, ist der Teig gut. Sonst noch etwas Kartoffelmehl unter den Teig mischen.

5

Während der Probekloß gart, Semmel würfeln und in der Butter bei schwacher Hitze unter häufigem Wenden knusprig braten. Kartoffelteig zu Knödeln formen, dabei jeweils in die Mitte einige Semmelwürfel geben. Salzwasser erneut aufkochen. Knödel zufügen, einmal aufkochen und im offenen Topf bei schwacher Hitze 25 Minuten gar ziehen lassen.

Surbratl mit Kraut

Für 4 Personen
einfach

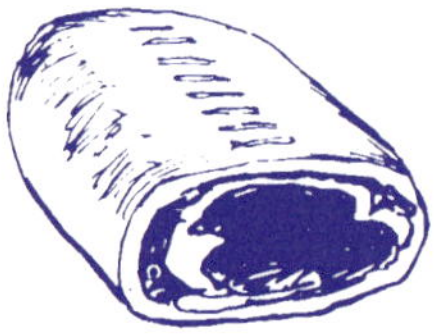

1 gepökelte Schweinshaxe (Surhaxe; ca. 1,2 kg)
750 g Sauerkraut, 2 große Zwiebeln
2 Gelbe Rüben (Möhren)
1 TL getrockneter Beifuß
schwarzer Pfeffer
1/2 l Wasser, 1 Bund Schnittlauch

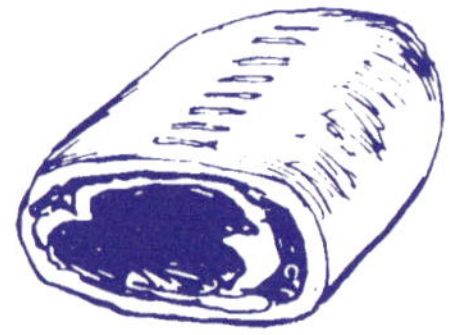

1

Schweinshaxe kalt abspülen. Sauerkraut abtropfen lassen. Zwiebeln schälen und grob hacken. Geschälte Möhren in etwa fingerdicke Scheiben schneiden. Kraut, Gemüse und Beifuß in einen Bräter geben. Mit Pfeffer aus der Mühle bestreuen. Schweinshaxe darauflegen, das Wasser an den Seiten dazugießen.

2

Bräter zugedeckt in den kalten Backofen (untere Schiene) stellen. Ofen auf 200 Grad (Umluft 180 Grad, Gas Stufe 4) schalten. Haxe eineinhalb Stunden garen. Dabei vier- oder fünfmal mit dem Schmorsud übergießen.

3

Fleisch von den Knochen schneiden und mit dem Kraut auf einer großen vorgewärmten Platte anrichten. Etwas Schmorsud darüberschöpfen. Mit dem fein zerkleinerten Schnittlauch bestreuen. Dazu passen Kartoffeln oder Knödel aus gekochten Kartoffeln (Seite 272).

KÜCHENTIP: Gepökeltes Fleisch enthält reichlich Salz. Deshalb den Surbratl nicht zusätzlich salzen.

Bayerisches Eisbein

Surbratl nennt man in Bayern das, was weiter im Norden Eisbein heißt – ein saftiges, würziges Stück Schweinshaxe, mild gepökelt, butterweich und dennoch kernig, wenn es aus dem Sud kommt. Mit Kraut ist es im Herbst und Winter ein deftiges Essen.

Sauerkraut

Die Bayern essen von allen Deutschen am meisten Sauerkraut. Das war schon immer so: Als noch niemand über Vitamine sprach, wußten die Leute schon aus Erfahrung, daß sie den Winter mit Sauerkraut besser überstehen konnten. Im Spätherbst, nach den ersten leichten Nachtfrösten, schließen sich die Krautköpfe und sind reif zum Ernten. Manche Bauern verkaufen das Kraut dann nicht an die Industrie, sondern legen es noch selber ein – fast so wie früher.

Damals zog der Krautschneider mit dem Krauthobel über der Schulter von Hof zu Hof, von Dorf zu Dorf. Er legte den Hobel über zwei Holzböcke oder Stühle. Darunter breitete die Bäuerin ein Leintuch für das fein geschnittene Kraut. Jede Lage wurde im Faß eingesalzen, mit Wacholderbeeren und Lorbeerblättern gewürzt. Ein Kind begann schließlich mit dem »Eintreten«, bis das Kraut Saft abgab. Zum Schluß deckte die Bäuerin ein frisch gewaschenes Tuch über das Faß, legte Bretter darüber und beschwerte das Kraut mit Steinen.

Ein speziell gesäuertes Kraut fürs Frühjahr haben die Bauern in der Rhön noch im 19. Jahrhundert zubereitet: In eine runde, gemauerte Grube, etwa ein Meter fünfzig tief, kam eine Lage Reisig. Darauf schichteten sie das Kraut, bedeckten es mit Reisig und beschwerten es mit Steinen. Im Winter fror das Kraut durch wie im Tiefkühlschrank. Die Feuchtigkeit von Schnee und Eis sickerte durch das Reisig – das Kraut gärte zwar, konnte aber nicht faulen. Im Frühjahr war es durch das salzhaltige Schneewasser mild gewürzt, blaßgelb und fast durchsichtig. Das »Lochkraut«, wie die Leute es nannten, hielt sich aber nicht so lange. Deshalb aß das ganze Dorf zusammen eine Grube leer, bevor die nächste geöffnet wurde.

Dotschen mit Schweinefleisch

Für 4 Personen
einfach

500 g Schweineschulter (ohne Knochen)
200 g Zwiebeln
1 Bund Majoran, 1 kg Dotschen
3/4 l Fleisch- oder Gemüsebrühe
750 g festkochende Kartoffeln
1 Stange Lauch (Porree), 100 g Crème fraîche,
Salz, schwarzer Pfeffer aus der Mühle
1 Bund Petersilie

1

Schwarte und Fettschicht vom Fleisch abschneiden und klein würfeln. Fleisch in gulaschgroße Würfel schneiden. Zwiebeln und Majoran fein hacken. Dotschen schälen, waschen und in etwa ein Zentimeter große Würfel schneiden.

2

Schwarten- und Fettwürfel in einen Topf geben und bei schwacher Hitze etwa zehn Minuten braten, bis reichlich flüssiges Fett ausgetreten ist. Fleischwürfel darin bei starker bis mittlerer Hitze rundherum kräftig anbraten. Zwiebeln und Majoran untermischen und etwa zwei Minuten mitbraten. Drei Eßlöffel Brühe zugießen. Fleisch zugedeckt bei schwacher Hitze zehn Minuten schmoren.

3

Rübenwürfel zum Fleisch geben, restliche Brühe bis auf drei Eßlöffel zugießen. Aufkochen und zugedeckt bei schwacher Hitze 30 Minuten garen. Kartoffeln schälen, waschen und würfeln. Lauch putzen, waschen und in fingerbreite Stücke schneiden.

4

Beide Zutaten mit der zurückbehaltenen Brühe in einem Topf aufkochen und zugedeckt bei schwacher Hitze etwa 15 Minuten garen, bis die Kartoffeln gerade eben weich sind.

5

Kartoffeln, Lauch und Crème fraîche unter Fleisch und Dotschen mischen. Mit Salz und Pfeffer abschmecken und mit der gehackten Petersilie bestreut servieren.

Die grossen Rüben

Dotschen sind Kohlrüben, anderswo Steckrüben oder Wruken genannt, die im Oktober und November geerntet und den Winter über eingelagert werden. Wegen des hohen Gehaltes an Traubenzucker waren die großen Rüben mit dem appetitlich goldgelben Fruchtfleisch wichtige Energiespender für die ärmere Bevölkerung. Wichtig für den guten Geschmack: immer kräftig würzen und nicht mit Fett sparen. Fleisch dazu ist zwar richtig bayerisch, aber gar nicht notwendig, denn Dotschen schmecken auch wunderbar in dicker Sahnesauce mit Knoblauch, Salbei oder Koriander, etwas Zitronensaft und reichlich Cayennepfeffer. Dazu passen wieder echt bayerische Reiberdatschi, also Kartoffelpuffer.

Übrigens sind Salbei, Knoblauch und Zitronensaft wichtige Zutaten der alten bayerischen Küche. Denn erstens legten die Köchinnen von früher viel Wert auf feine Würze. Und zweitens ist die bayerische Küche gottlob von der italienischen beeinflußt: Salat kommt von »insalata« und Nockerl von »gnocchi«. Und das sind nur die bekanntesten Beispiele bayerisch-italienischer Küchen-Allianz.

QUITTENLIKÖR

Für 1 1/2–2 Liter
besonders fein

5 große vollreife Quitten (ca. 1,2 kg)
250 g Zucker, 1/4 l Wasser
1 l Kornbranntwein

1

Quitten waschen, fein reiben und etwa zwölf Stunden stehen lassen, bis sich Saft gebildet hat.

2

Einen Stuhl oder Hocker mit den Beinen nach oben auf die Arbeitsfläche legen. Über die vier Beine ein Tuch legen und so festbinden, daß es etwas nach unten durchhängt. Ein Gefäß unter das Tuch stellen.

3

Quitten mit dem Saft in das Tuch geben und noch einmal zwölf Stunden stehen lassen, bis der Saft durch das Tuch gelaufen ist. Quitten mit Hilfe des Tuches kräftig ausdrücken.

4

Zucker mit Wasser aufkochen. Quittensaft zugeben und erneut aufkochen. Abgekühlt mit dem Branntwein vermischen und in helle Flaschen füllen. Mit einem Korken verschließen und vier Wochen auf eine sonnige Fensterbank stellen.

5

Quittenlikör durch eine Kaffeefiltertüte laufen lassen, wieder in die mit heißem Wasser (ohne Spülmittel) ausgewaschenen Flaschen füllen und verschließen.

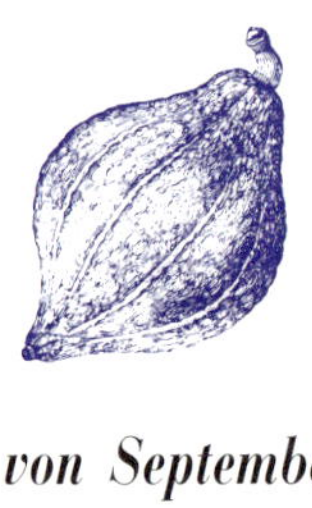

EINKAUFSTIP: Quitten gibt es von September bis November – besonders gute Früchte bekommen Sie von freundlichen Gartenbesitzern und alternativen Landwirten. Birnenquitten schmecken noch besser als Apfelquitten, enthalten mehr Zucker und genau die herbe Säure, die den Quittenlikör so aromatisch macht.

Nachdem der duftende Quittenlikör ausgetrunken ist, stehen die Flaschen in den letzten warmen Sonnenstrahlen des Herbstes.

Gebratene Quitten

Für 4 Personen
Für Gäste

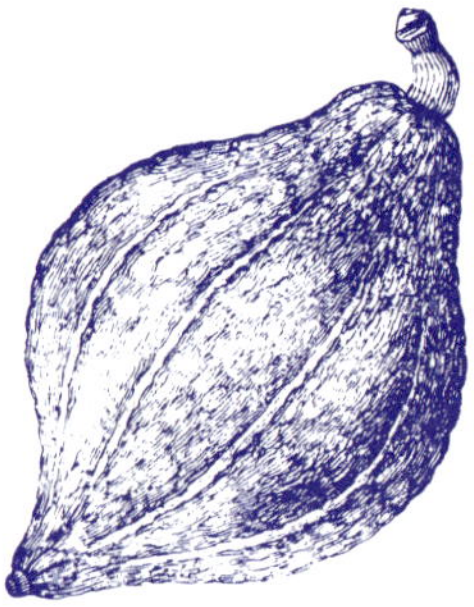

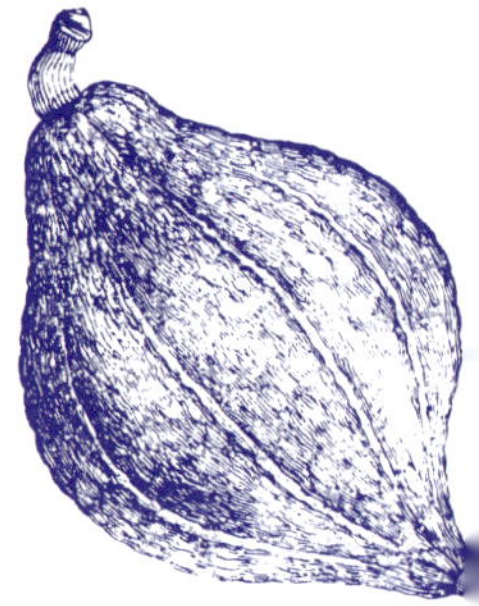

600 g Quitten
1 EL Butterschmalz
125 g Mehl, 1 TL Zucker, 1 Prise Salz
1 Messerspitze gemahlene Vanille
etwas abgeriebene Schale von 1 unbehandelten Zitrone
1/8 l dunkles Bier, 2 Eier
Butterschmalz, Kokosfett oder Öl zum Braten
2–3 EL brauner Zucker

1

Quitten wie Äpfel schälen, längs vierteln und das Kerngehäuse herausschneiden. Viertel in Spalten schneiden und im heißen Butterschmalz zugedeckt bei schwacher Hitze 15 Minuten dünsten.

2

Mehl mit Zucker, Salz, Vanille, Zitronenschale und Bier verrühren. Eier untermischen. Abgekühlte Quitten zugeben und die Schüssel etwas rütteln, damit die Quitten vom Teig überzogen sind.

3

Quittenspalten mit einer Gabel herausnehmen und portionsweise im heißen Fett bei mittlerer bis schwacher Hitze in etwa vier Minuten goldgelb braten. Auf Küchenpapier abtropfen lassen und mit Zucker bestreut heiß anrichten.

Rezept der Gräfin

Ein kräftiges Dessert aus dem Kochbuch der Philippine Welser, das um 1545 in Augsburg aufgeschrieben wurde. Die 20jährige legte es zu ihrer Aussteuer, als sie 1557 den Erzherzog Ferdinand von Österreich, Statthalter in Böhmen, heiratete. Die Heirat blieb vorerst geheim. Als Ferdinand von Habsburg senior, Philippines Schwiegervater, 1564 den Kaiserthron bestieg, hat er von der »Mesalliance« seines Sohnes erfahren und entsprechend getobt. Doch die Romanze zwischen Augsburg und Habsburg fand ein Happy-End: Im Jahr 1567 erkannte der Kaiser die Heirat an und machte Philippine zur Gräfin.

APFELKÜCHERL

Für 4 Personen
besonders typisch

1 EL Butterschmalz
100 g Mehl, 1 Prise Salz
2 Eier, 1/8 l Weißbier
4 säuerliche Äpfel
(Boskoop oder Ingrid Marie)
50 g Zucker, 1 TL Zimtpulver
Butterschmalz,
Kokosfett oder Öl zum Backen

1

Butterschmalz zerlassen, Mehl damit vermischen. Salz, Eier und Bier zugeben und alles zu einem dickflüssigen Teig verrühren.

2

Äpfel schälen, Kerngehäuse mit einem Apfelausstecher entfernen. Äpfel in etwa einen halben Finger dicke Scheiben schneiden. Zucker und Zimt mischen. Fett zum Fritieren erhitzen.

3

Apfelscheiben portionsweise in den Teig tauchen und im heißen Fett bei mittlerer bis schwacher Hitze etwa fünf Minuten goldbraun backen. Dabei einmal wenden.

4

Herausnehmen, auf Küchenpapier abtropfen lassen und im Backofen bei 50 Grad warm halten, bis alle Kücherl gebacken sind. Mit Zucker und Zimt bestreut anrichten.

GEWUSST WIE

Fritiertes direkt aus dem Schmalztopf zu essen, fanden die Bayern trotz ihrer Vorliebe für deftige Küche immer schon viel zu fett: Die Köchinnen ließen Fisch und Fleisch, Gemüse und süße Küchel vor dem Servieren deshalb abtropfen. Als es dafür noch kein Küchenpapier gab, legten sie das Ausgebackene auf dünne Brotscheiben, die das überschüssige Fett aufsogen. Aus dem Brot kochten sie Suppe fürs Personal.

Ausgezogene Kirchweihnudeln

Für 12 Stück
besonders typisch

500 g Mehl, 20 g Hefe
300 ml Milch
20 g Zucker, 75 g Butter
1 Prise Salz
abgeriebene Schale von 1/2 Zitrone
1 Ei, Mehl und Butter zum Formen
750 g Butterschmalz zum Fritieren
50 g Zucker oder Puderzucker zum Bestreuen

1

Mehl in eine Schüssel geben. In die Mitte eine Mulde drücken. Hefe hineinbröckeln und mit zwei Eßlöffel lauwarmer Milch, einem Teelöffel Zucker und Mehl vom Rand auflösen. Vorteig zugedeckt bei Zimmertemperatur 15 Minuten ruhen lassen.

2

50 Gramm Butter in der restlichen Milch zerlaufen lassen. Vorteig mit dem Mehl verrühren. Milch-Butter-Mischung, restlichen Zucker, Salz, Zitronenschale und zimmerwarmes Ei zufügen. Mit den Knethaken des Handrührgerätes etwa fünf Minuten rühren, bis der Teig Blasen wirft. Zugedeckt etwa 45 Minuten ruhen lassen, bis sich das Volumen des Teiges verdoppelt hat.

3

Arbeitsfläche mit Mehl bestäuben. Vom Teig mit zwei Eßlöffeln zwölf Stücke abstechen, dabei die Löffel immer wieder in Mehl tauchen. Stücke mit bemehlten Händen zu Kugeln formen, auf die Arbeitsfläche legen, mit der restlichen zerlassenen Butter bestreichen und zugedeckt 15 Minuten ruhen lassen.

4

Fett zum Fritieren erhitzen. Die Fingerspitzen mit etwas Butter einfetten. Jede Teigkugel mit beiden Händen fassen, in der Mitte eindrücken und am Rand rundherum auseinanderziehen. Dabei bildet sich in der Mitte der »Ausgezogenen« eine dünne Stelle, das »Fenster«, das von einem Teigwulst umgeben ist.

5

Eine Kirchweihnudel vorsichtig in das heiße Fett gleiten lassen. Mit einer Schöpfkelle ein- bis zweimal heißes Fett über die Nudel gießen, damit sich der Teig aufbläht und das »Fenster« einige Blasen bildet. Nudel mit zwei Löffeln wenden, dabei das Fett aus der Mitte laufen lassen.

6

Die Nudeln nacheinander backen, bis sie schön braun sind. Herausnehmen, auf Küchenpapier abtropfen lassen und heiß mit Zucker bestreuen. Die restlichen Kirchweihnudeln ebenso backen. Am besten gerade eben abgekühlt servieren.

KÜCHENTIP: Beim Kirchweihnudeln-Backen gibt es vier Tricks: Erstens darf das »Fenster« beim Ausziehen keinen Riß bekommen, sonst bläht es sich nicht auf. Zweitens müssen Sie heißes Fett über die Nudel schöpfen, damit sich das Fenster nach oben bläht. Drittens müssen Sie das Fett beim Umdrehen aus der Nudel laufen lassen, damit das Fenster schön hell bleibt. Viertens soll das Fett immer richtig heiß sein, sonst saugen sich die Nudeln voll und backen nicht richtig knusprig. Prüfen Sie zwischendurch lieber mal mit einem Holzlöffelstiel, den Sie ins Fett halten: Wenn kleine Bläschen aufsteigen, stimmt die Temperatur.

Kirchweihblatz aus Franken

Für 8 Personen
Für Gäste

Für den Teig:
300 g Roggenmehl, 200 g Weizenmehl
1 Päckchen Trockenhefe, Salz
1 EL Zitronensaft, 2 zimmerwarme Eier
1/4 l lauwarmes Wasser
1 EL Kümmelkörner
Für den Belag:
1,5 kg Zwiebeln
200 g geräuchertes Wammerl
(durchwachsener Räucherspeck)
1 EL Öl, 2 Bund Petersilie
1 Ei, 200 g saurer Rahm (saure Sahne)
Salz, schwarzer Pfeffer
1 TL getrockneter Majoran
Fett für das Blech

1

Die beiden Mehlsorten mit Hefe und Salz vermischen. Zitronensaft, zwei Eier, Wasser und Kümmel zugeben. Alles mit den Knethaken des Handrührgerätes fünf Minuten durchrühren, bis der Teig Blasen wirft und sich vom Schüsselrand löst. Zugedeckt bei Zimmertemperatur etwa eine Stunde gehen lassen, bis sich sein Volumen verdoppelt hat.

2

Zwiebeln in feine Ringe hobeln. Wammerl in kleine Würfel schneiden. Beide Zutaten im Öl bei schwacher bis mittlerer Hitze glasig braten. Abgekühlt mit gehackter Petersilie, Ei und saurem Rahm mischen, mit Salz, Pfeffer aus der Mühle und getrocknetem Majoran kräftig würzen.

3

Auf einem gefetteten Backblech zu einem großen Fladen ausrollen. Rundherum einen Wulst als Rand hochdrücken. Zwiebelmischung auf dem Fladen verteilen. Kirchweihblatz in den kalten Backofen (untere Schiene) schieben. Ofen auf 180 Grad (Umluft 160 Grad, Gas Stufe 3) schalten. Blatz etwa 40 Minuten backen, bis die Füllung gerade eben fest und die Teigränder schön gebräunt sind.

Essen an Kirchweih

Große Feste feiern die Bayern mit Gottes Segen und gutem Essen: Kirchweihgans mit Blaukraut und Knödel zu Mittag, Schmalzküchel und Datschi zum Kaffee bekommen Sie am Kirchweihsonntag in jedem Wirtshaus. Bei den Bauern gab es früher ein opulentes Mahl: Außer Gans- oder Entenbraten mit Knödel auch Rindfleisch mit Blaukraut, Gockerl, gebackenen Fisch und Salat, Leberknödel in der Suppe und gebähte Schnittensuppe (Seite 125).

Noch heute sind viele Bäuerinnen tagelang vor Kirchweih mit Backen beschäftigt: Runde und viereckige Schmalzküchel, Zwetschgendatschi, Guglhupf, Apfelküchel, Zwetschgenbavesen, Hefezopf und Kirchweihblatz stapeln sich in der Küche. Oberpfälzer Frauen backen einen Käsekuchen aus Hefeteig und einem Belag aus Grießbrei, Topfen, Eiern, Butter, Weinbeeren, Mandeln und tüchtig Zucker. Kuchen und Küchel sind sehr wichtig für Kirchweih: In Franken beschenken die Leute einander mit einem »Kirchweihbündel« voller Gebäck. Früher mußte nach dem gemeinsamen Essen noch soviel übrig sein, daß die Gäste ihr »B'schoad-Essen« mit nach Hause nehmen konnten (Seite 25). Außerdem bekamen Dienstboten zu Kirchweih eine Zusatzportion Küchel. Und sie durften soviel essen wie sie wollten – was früher keineswegs selbstverständlich war.

Menü des Monats

Pastinakensuppe
Kirchweihgans mit Reiberknödel
Gebratene Quitten

Die Küche

Jetzt quellen die Märkte über. Die Bayern holen sich zur Ernte das Rübenkraut und machen daraus ein Gericht, das nur um diese Zeit so gut schmeckt. Zu den Rohrnudeln kochen sie das Winterkraut in Milch. Früher wurde Ende November auch geschlachtet. Dann war's kalt genug, daß sich Fleisch und Würste bis zum nächsten Schlachttag im Februar hielten.

IM NOVEMBER

Die Tage werden immer kürzer, draußen pfeift der Wind ums Haus, und in der Küche drinnen ist es »bacherl« warm – also richtig gemütlich. Früher begann nun die Arbeit im Haus: Geräte ausbessern, Dreschen und Spinnen.

Was es im November

Kartoffeln

Kartoffeln mögen die Bayern am liebsten, wenn sie gleichsam ihre Form verloren haben: gerieben oder zerdrückt als Knödel, Reiberdatschi, Nudeln oder Nockerl. In Scheibchen geschnitten und bunt gemischt im Salat. Salzkartoffeln kriegen Sie nur zum blaugekochten Fisch – mit viel brauner Butter. Pellkartoffeln aber halten viele Bayern für eine kulinarische Notlosung.

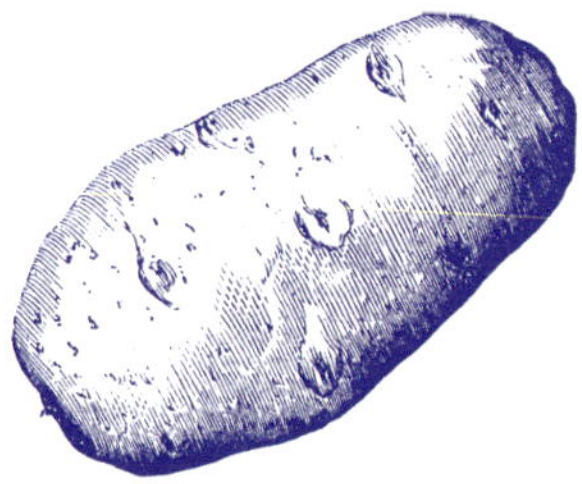

Rübenkraut

Das Rübenkraut ist wie Sauerkraut eine winterliche Vitaminbombe, die den Bayern wunderbar schmeckt – am besten mit geschmorter Ente, gesottenen Schweinsfüßen oder einem tüchtigen Stück G'selchtem. Wobei es selbstverständlich nicht auf die Vitamine ankommt, sondern auf den bombigen Geschmack.

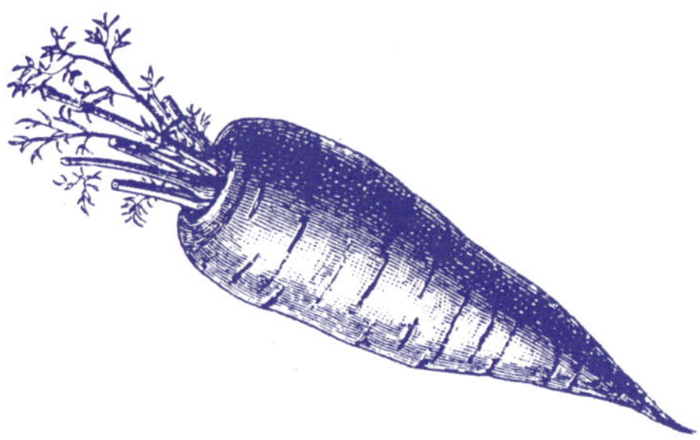

Graupen

So richtig urbayerisch sind Graupen nicht. Die Leute im Bayerischen Wald, in der Rhön und in anderen armen Regionen haben eher Gerste, das Ausgangsprodukt für Graupen, gegessen. Doch eine der berühmtesten Suppen Bayerns geht ohne Graupen nicht: die Rumfordsuppe, Erfindung des Grafen aus Amerika.

ALLES GUTES GIBT...

KÜMMEL

Kümmel könnte das älteste Gewürz sein, das die Menschen verwendet haben: vielleicht schon seit 8000 vor unserer Zeitrechnung. Die Bayern gab es damals noch nicht. Doch als sie 8500 Jahre später den Kümmel entdeckten, haben sie kräftig aufgeholt und Kraut und Rüben, Schweinefleisch und Brot damit gewürzt.

KNÖDELBROT

Weil die Bayern so gerne Semmelknödel essen, machen es ihnen die bayerischen Bäcker ganz leicht: Sie verkaufen Semmeln vom Vortag, hauchfein geschnitten, als »Knödelbrot«. Wer nicht in Bayern wohnt, muß die Semmeln selber schneiden – am besten mit der Brotschneidemaschine.

PRODUKT	**GERICHT**	**SEITE**
Kartoffeln	*Altbayerische Kartoffelknödel*	*Seite 307*
Rübenkraut	*Ente mit Rübenkraut*	*Seite 300*
Graupen	*Rumfordsuppe*	*Seite 292*
Kümmel	*Schweinsbraten mit Krautnockerl*	*Seite 304*
Knödelbrot	*Semmelknödel*	*Seite 306*

KÜRBISSUPPE

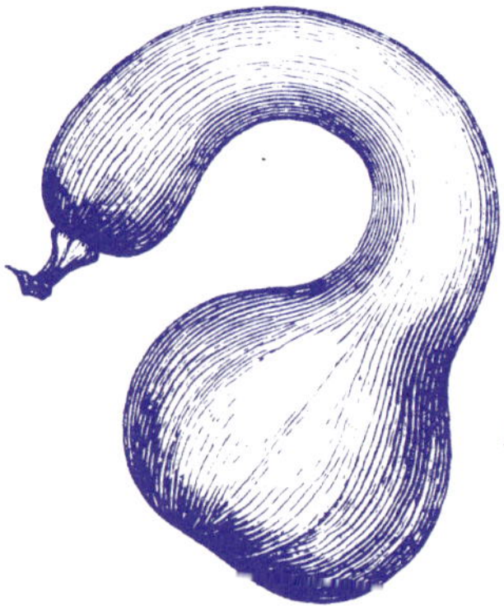

Für 4 Personen
ohne Fleisch

400 g Kürbis, 1 große Zwiebel
1 EL Butter, 1/2 EL Mehl
1 l Hühner- oder Gemüsebrühe
Salz, weißer Pfeffer
1 Messerspitze gemahlene Muskatblüte (Macis)
4 EL süßer Rahm (süße Sahne)
1 TL Zitronensaft, 1 EL Schnittlauchröllchen

1

Kürbis schälen, Kerne entfernen, Fruchtfleisch in kleine Würfel schneiden. Zwiebel fein hacken. Butter zerlassen, Kürbis und Zwiebel darin bei schwacher Hitze glasig braten. Mehl unterrühren.

2

Brühe unter Rühren zugießen. Mit Salz, Pfeffer und Muskatblüte würzen, aufkochen und zugedeckt bei schwacher Hitze zehn Minuten garen.

3

Kürbis mit einem Kartoffelstampfer zerdrücken, Rahm und Zitronensaft untermischen. Die Suppe noch einmal erhitzen und mit Schnittlauch bestreuen.

EINKAUFSTIP: Wenn Sie Kürbis auf den bayerischen Märkten sehen, ist es richtig Herbst. Zwar beginnt die Ernte heutzutage schon im September, doch erst im November, wenn die Blätter der Pflanze vom ersten Frost lasch und unansehnlich geworden sind, ist es wirklich Zeit für die Früchte: die einen sattgelb mit glatter Haut, die anderen rötlich-orangefarben mit grünen Sprenkeln und dickem Netz auf der Schale. Riesenkürbisse wiegen bis zu 50 Kilogramm. Ein ganzer Kürbis eignet sich gut zum Lagern – kühl und trocken können Sie ihn monatelang aufbewahren.

Nürnberger Kartoffelsuppe

Für 4–5 Personen
besonders typisch

2 mittelgroße mehligkochende Kartoffeln
1 Stück Knollensellerie (ca. 100 g)
1 dünne Stange Lauch (Porree)
1 l Gemüse- oder Fleischbrühe
1 große Zwiebel, 1 EL Butterschmalz
2 dünne Scheiben dunkles Roggenbrot
1 EL Zitronensaft, 1 EL Crème fraîche
Salz, schwarzer Pfeffer

1

Kartoffeln und Sellerie schälen, waschen und in kleine Würfel schneiden. Lauch putzen, längs halbieren, waschen und mit allen saftigen grünen Blättern fein zerkleinern. Alles mit der Brühe aufkochen und zugedeckt bei schwacher Hitze etwa 20 Minuten garen, bis Kartoffeln und Gemüse sehr weich sind.

2

Inzwischen Zwiebel schälen und in dünne Ringe schneiden. Im heißen Butterschmalz bei schwacher Hitze weich und goldgelb braten. Die Roggenbrotscheiben braun toasten, halbieren und in vier Suppenteller legen.

3

Suppe pürieren, Zitronensaft und Crème fraîche untermischen. Mit Salz und Pfeffer abschmecken und über das Brot gießen. Gebratene Zwiebelringe auf der Suppe verteilen.

Frühstückssuppe

Etwas weiter östlich von Nürnberg machen die Oberpfälzer ihre Kartoffelsuppe ohne Gemüse: Rohe Kartoffelwürfel werden mit Brot gekocht, püriert und gewürzt. Bauern haben diese »Erpflsuppn« zum Frühstück gegessen. »Erpfl« ist die Abkürzung von »Erdäpfel«, dem süddeutschen und österreichischen Wort für Kartoffeln.

Rumfordsuppe

Für 4 Personen
preiswert

150 g geschälte grüne Trockenerbsen
1 1/4 l Fleisch- oder Gemüsebrühe
1 kleine grüne Pfefferschote
40 g Graupen
1 kleine festkochende Kartoffel
50 g gekochter Schinken in dünnen Scheiben
1 große Zwiebel, 1 Knoblauchzehe
1 Bund Suppengrün, 1 EL Öl
1–2 EL Zitronensaft
Salz, schwarzer Pfeffer
1 kleiner Bund Petersilie

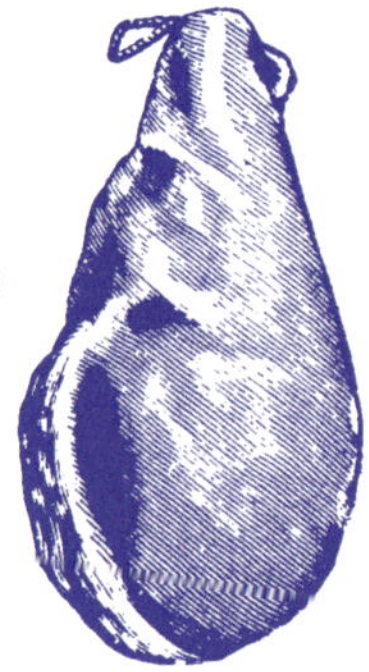

1

Die Trockenerbsen mit Brühe aufkochen und zugedeckt bei schwacher Hitze 30 Minuten garen.

2

Pfefferschote längs halbieren, Stielansatz und Kerne entfernen. Die Schotenhälften waschen, in Streifen schneiden und mit den Graupen zu den Erbsen geben. Erneut aufkochen und zugedeckt weitere zehn Minuten garen. Kartoffelwürfel zugeben und noch einmal 15 Minuten garen.

3

Schinken in Streifen schneiden. Zwiebel und Knoblauch hacken. Suppengrün putzen, waschen und fein zerkleinern. Alles im heißen Öl bei mittlerer bis schwacher Hitze unter häufigem Umrühren fünf Minuten braten. In die Suppe rühren.

4

Die Rumfordsuppe mit Zitronensaft, Salz und Pfeffer abschmecken, auf vier heißen Tellern verteilen und mit der gehackten Petersilie bestreut servieren.

TIP: Die moderne Rumfordsuppe ist doch ein bißchen raffinierter als das Original. Heute essen sie auch nicht mehr die Armen, sondern alle, die nach einem Winterspaziergang Lust auf eine heiße Suppe haben.

Ein Amerikaner in München

Benjamin Thompson, 1753 als Farmersohn im Staat Massachusetts geboren, hat den größten Teil seines Lebens damit verbracht, anderen Leuten das Leben leichter zu machen. Dafür wurde er vom englischen König Georg III. zum Ritter geschlagen, vom bayerischen Kurfürsten Karl Theodor 1787 zum Geheimen Rat ernannt und 1791 zum Grafen geadelt – »Rumford« hieß er dann nach dem Ort in Amerika, wo er bereits als Zwanzigjähriger eine Elementarschule gegründet hatte.

Graf Rumford hat Orden und Ehren wahrlich verdient. Für die Armen und Obdachlosen Münchens erfand er eine Suppe, die sie satt und zufrieden machte: Hülsenfrüchte wurden mit Kartoffeln und Graupen gekocht, mit Salz und Weinessig gewürzt. In den Teller kam eine dicke Brotscheibe, darüber die heiße Suppe. Das schmeckte den Münchnern, und die Residenzstadt blieb fortan verschont von Meutereien wegen der miserablen Kost, die der Staat den bedürftigen Bürgern damals zumutete.

Dann kümmerte sich Thompson um die vielen Köche und Köchinnen, die tagtäglich Schwerstarbeit in Ruß, Rauch und Hitze leisteten: Er, Physiker mit Sinn fürs praktische Leben, erfand den Küchenherd, der nicht qualmte und konstruierte den Energiespar-Herd mit Schiebern, um die Kochhitze zu regulieren. Schließlich sorgte er dafür, daß der bayerische Kurfürst eine gute Presse bekam. Karl Theodor, der Wittelsbacher aus der Pfälzer Linie, war gewiß fähiger als seine Vorgänger. Nur: Die Münchner konnten den Mann nicht besonders gut leiden. Nach Max III. Josef, dem »Vielgeliebten«, war er ihnen einfach zu trocken, humorlos und autoritär – zu »grantig«, wie man in Bayern sagt. Thompson schlug dem Fürsten vor, seinen Untertanen das hochherrschaftliche Hirschgehege und Jagdrevier nördlich der Residenz zu schenken. Karl Theodor stimmte zu. Aus dem »Carl-Theodor-Park«, 1792 für die Öffentlichkeit freigegeben, entstand dann im Laufe der Jahrzehnte der »Englische Garten«. Als Graf Rumford 1814 starb, hatte er die Armenfürsorge neu organisiert, Hospital-, Volks-, Militär- und Adelsküchen eingerichtet, den Kochtopf mit gut schließendem Deckel erfunden und bereits zu Lebzeiten ein Denkmal in »seinem« Garten bekommen. Der grantige Kurfürst, der seinen Bayern wirklich viel Gutes getan hat, wartet bis heute auf sein Standbild aus Stein.

Knöcherlsülz

Für 4 Personen
besonders typisch

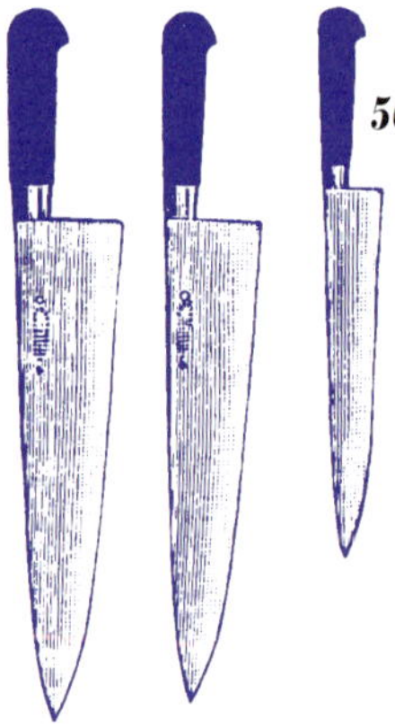

500 g Schweinefüße und 500 g Schweineschwanz
2 Bund Suppengrün, 2 Zwiebeln
2 Knoblauchzehen, 2 Lorbeerblätter
2 Gewürznelken, 1 TL Pfefferkörner
1 großes Stück Zitronenschale, Salz
2–4 EL Essig, 1 Eiweiß
weißer Pfeffer, 3 Essiggurken
1 gekochte Gelbe Rübe (Möhre)

1

Schweinefüße und Schwänze vom Metzger in etwa fünf Zentimeter lange Stücke teilen lassen. In einen großen Topf legen und soviel kaltes Wasser zugießen, daß es etwa zwei Finger hoch über den »Knöcherln« steht. Grob zerkleinertes Suppengrün, geviertelte Zwiebeln, Lorbeerblätter, Gewürznelken, Pfefferkörner, Zitronenschale, einen Eßlöffel Salz und zwei Eßlöffel Essig zugeben.

2

Langsam zum Kochen bringen und zugedeckt bei schwacher Hitze eine bis eineinhalb Stunden garen, bis die Knöcherl ganz weich sind. Herausnehmen, nebeneinander auf eine Platte legen und zudecken, damit die Knöcherl saftig bleiben.

3

Brühe durch ein Sieb in einen Topf gießen und aufkochen. Eiweiß mit einem Eßlöffel Wasser verrühren und in die Brühe rühren, bis das Eiweiß flockig ist. Über Nacht kühlen.

4

Am nächsten Tag die weiße Schicht aus Fett und Eiweiß von der gelierten Brühe nehmen. Brühe aufkochen und sehr kräftig mit Salz, weiterem Essig und fein gemahlenem Pfeffer abschmecken.

5

Knöcherl, Essiggurken- und Gelbe-Rübe-Scheiben hübsch bunt in einer Gratinform anordnen. Ein Sieb mit einem Mulltuch auslegen. Heiße Brühe durch das Sieb über die Knöcherl gießen. Über Nacht kühlen, bis die Sülz erstarrt ist.

Die Sülz in Bayern

Nur die fein gewürzte Knöcherlsülz mit ein paar Scheibchen Gelber Rüben, Essiggurken und vielleicht Eiern ist authentisch, alt, urig und höchst delikat. Bratensülz dagegen ist eher »neumodisch« und im Wirtshaus meist Resteverwertung der langweiligeren Art. Zwar ist jede Sülz nur ein »Deckel« aus gesäuerter Brühe über Fleisch oder Fisch, doch ist sie überall und schon seit Generationen als Konservierungsmethode bekannt. So versiegelt halten sich die Lebensmittel auch ohne Kühlung einige Tage. Allein die Knöcherlsülz ist das richtig alte bayerische Bauernessen (wie Karpfensülz der feinen Leute in der Stadt): Zum Festessen nach dem Schlachten gehörten außer Kesselsuppe eben auch Ohren, Rüssel, Schwänzchen und Füße des Schweines, als Sülz zubereitet. Das kostbare Muskelfleisch aber wurde für den Vorrat geräuchert oder eingesalzen. Niemand hätte sich den Luxus geleistet, es zu braten und dann auch noch zu sülzen.

Martini am 11. November

Martini war in Bayern traditionell Zahltag nach der Sommersaison: Die Arbeiter/innen bei der Getreide-, Kartoffel- und Weinernte, Hütebuben und Frauen, die der Bäuerin beim Einkochen, beim Rüben- und Krautschneiden geholfen hatten, bekamen ihren Lohn und selbstverständlich Küchel als Wegzehrung. Bauern, die es sich leisten konnten, schlachteten ein paar Gänse oder Enten für das gemeinsame Abschiedsessen. Lichterumzüge an St. Martin gibt es noch nicht allzu lange. Die Bayern haben den heiligen Bischof von Tours durch die Norddeutschen kennengelernt. Doch da sie jeden Heiligen – egal ob fremd oder vertraut – mit soviel Inbrunst feiern, wirken die Martinsumzüge heute echt bayerisch.

Rohrnudeln mit Milchkraut

Für 4 Personen
ohne Fleisch

Für die Rohrnudeln:
300 g Weizenmehl Type 1050
1/2 Päckchen Trockenhefe
1 TL Zucker, 1 Prise Salz
abgeriebene Schale von 1/2 unbehandelten Zitrone
100 ml Wasser, 50 g weiche Butter
2 zimmerwarme Eier, 1 zimmerwarmes Eigelb
1 EL zerlassene Butter zum Bestreichen
Für das Kraut:
1 Kopf Weißkraut (ca. 1 kg)
1 Zwiebel, 1 großer Bund Schnittlauch
1 EL Öl, Butterschmalz oder Schweineschmalz
1 TL getrocknetes Bohnenkraut
1 TL Mehl, 1/8 l Brühe, Salz, weißer Pfeffer
1 EL Zitronensaft, 125 g süßer Rahm (süße Sahne)

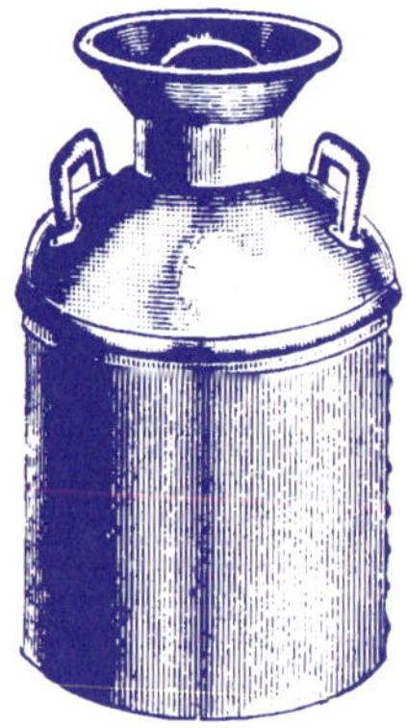

1

Mehl, Hefe, Zucker, Salz und Zitronenschale in einer Schüssel mischen. Wasser und Butter in einem Topf erwärmen, bis die Butter zerlaufen ist. Mit Eiern und Eigelb zum Mehl geben.

2

Alles mit den Knethaken des Handrührgerätes fünf Minuten durchrühren, bis der Teig Blasen wirft und sich vom Schüsselrand löst. Zugedeckt bei Zimmertemperatur etwa 45 Minuten gehen lassen, bis sich das Volumen des Teiges verdoppelt hat.

3

Mit einem Eßlöffel etwa walnußgroße Stücke vom Teig abstechen, mit bemehlten Händen zu Kugeln formen und auf die mit Mehl bestäubte Arbeitsfläche legen. Zugedeckt 15 Minuten gehen lassen.

4

Eine Springform von 26 Zentimeter Durchmesser fetten und mit Mehl ausstreuen. Die Teigkugeln nebeneinander hineinsetzen und mit der zerlassenen Butter bestreichen.

5

Form in den kalten Backofen (untere Schiene) stellen. Ofen auf 200 Grad (Umluft 180 Grad, Gas Stufe 4) schalten. Rohrnudeln etwa 30 Minuten backen. Herausnehmen, in der Form zehn Minuten stehen lassen, auf ein Kuchengitter stürzen und lauwarm abkühlen lassen.

6

Den Krautkopf vierteln, welke Blätter und Strunk entfernen. Kraut in fingerbreite Streifen schneiden und waschen. Zwiebel hacken, Schnittlauch fein zerkleinern und beiseite stellen. Fett erhitzen. Zwiebel darin bei schwacher Hitze glasig braten. Kraut zugeben und bei mittlerer Hitze zwei Minuten unter Rühren rösten.

7

Mehl und Bohnenkraut untermischen, Brühe zugießen, Kraut mit Salz, Pfeffer und Zitronensaft würzen. Einmal aufkochen und zugedeckt bei mittlerer bis schwacher Hitze etwa 25 Minuten garen. Rahm und Schnittlauch untermischen und erhitzen, aber nicht mehr aufkochen.

Einfach und gut

Rohrnudeln mit Milchkraut sind ein typisches Bauernessen aus dem Bayerischen Wald, der größten geschlossenen Waldlandschaft Europas. Die langen Winter mit den kalten Winden aus dem Böhmerwald – heute gut für den Skitourismus – ließen nur Gerste, Roggen, Kartoffeln, Kraut und Rüben gedeihen. Die Frauen machten das Beste daraus.

SAURES LÜNGERL

Für 4 Personen
besonders typisch

500 g Kalbslunge
2 Bund Suppengrün, 2 Zwiebeln
1 unbehandelte Zitrone
1 1/2 l Wasser, 4 Lorbeerblätter
1 TL Pfefferkörner
1/2 TL Korianderkörner
3 Gewürznelken, Salz
1/8 l milder Rotwein- oder Himbeeressig
1 Zwiebel, 50 g Butter
40 g Mehl, 1/2 Bund Petersilie
125 g süßer Rahm (süße Sahne)
Salz, weißer Pfeffer aus der Mühle
eventuell 1 EL Zitronensaft

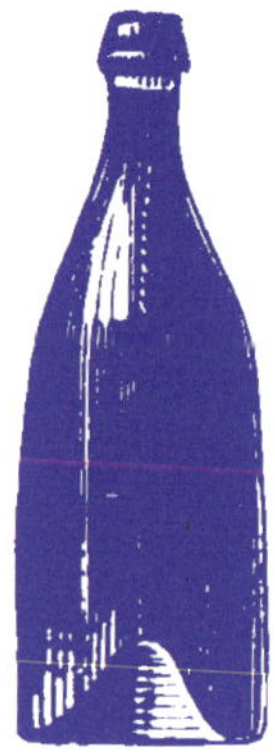

1

Lunge kalt abspülen. Suppengrün putzen, waschen und grob zerkleinern. Zwiebeln schälen und vierteln. Zwei Zitronenscheiben abschneiden.

2

Wasser mit Suppengrün, Zwiebelvierteln, Lorbeerblättern, Pfefferkörnern, Koriander und Nelken in einem großen Topf zum Kochen bringen. Lunge darin einmal aufkochen. Zugedeckt bei schwacher Hitze 45 Minuten garen. Die Kalbslunge verdoppelt dabei etwa ihr Volumen.

3

Lunge herausnehmen und auf einen Teller legen. Mit einem zweiten Teller abdecken. Auf diesen Teller einen schweren Gegenstand legen. Die Lunge so gepreßt erkalten lassen.

4

Kalte Lunge zuerst in dünne Scheiben, dann in feine Streifen schneiden. In eine Porzellan- oder Glasschüssel geben. Sud durch ein Sieb darübergießen. Essig zugeben und alles mischen. Lunge zugedeckt etwa acht Stunden im Kühlschrank marinieren.

5

Lunge abgießen, Marinade dabei auffangen und einen Dreiviertelliter abmessen. Zwiebel fein hacken und in der heißen Butter bei schwacher Hitze glasig braten. Mehl zugeben und unter Rühren hellbraun anrösten. Marinade langsam zugießen und weiterrühren, bis die Sauce glatt ist.

6

Lungenstreifen und reichlich abgeriebene Zitronenschale untermischen. Einmal aufkochen und zugedeckt bei schwacher Hitze zehn Minuten kochen lassen.

7

Petersilie fein hacken. Rahm unter die Lunge mischen, mit Salz, Pfeffer und eventuell mit Zitronensaft abschmecken und auf vorgewärmten tiefen Tellern verteilen. Mit gehackter Petersilie bestreut ganz heiß servieren.

Kulinarische Karrieren

Das Rezept stammt von einer Bayerin, die schon weit in den Achtzigern ist und sich noch genau erinnern kann, wie es damals war: Das saure Lüngerl kam in einen Suppenteller, der Semmelknödel (Seite 306) dazu mußte genau in der Mitte liegen. Lunge aßen nur die einfachen Leute – meist als Schnellgericht im Wirtshaus während der Mittagspause. Noch heute ist Lunge im Gasthaus auf dem Land eines der preiswertesten Gerichte – falls es überhaupt auf der Speisekarte steht. In Touristenzentren und in den neuen bayerischen Eßtempeln allerdings hat das Lüngerl inzwischen kulinarische Karriere gemacht. Die Preise, die dafür dann verlangt werden, sind jedoch oft ein wenig hoch: Wer Lunge beim Metzger kauft, fühlt sich bei dem Preis, die sie kostet, in längst vergangene Zeiten versetzt.

Ente mit Rübenkraut

Für 4 Personen
besonders typisch

1 junge Ente (ca. 1,8 kg)
Salz, schwarzer Pfeffer
250 g Zwiebeln
500 g Rübenkraut oder Sauerkraut
1 EL Öl, 2 Lorbeerblätter
3 Wacholderbeeren, 2 Gewürznelken
1/8 l trockener Weißwein
1/8 l ungesüßter Apfelsaft, 1/8 l Wasser
1 TL getrockneter Majoran

1

Ente innen und außen kalt abspülen und gründlich trocknen. Salz und Pfeffer auf einem Teller mischen. Ente innen und außen damit würzen. Das Fleisch mit einem Küchentuch bedeckt über Nacht in den Kühlschrank legen.

2

Zwiebeln in feine Ringe schneiden. Rübenkraut mit einer Gabel zerpflücken. Öl in einem Bräter erhitzen. Ente darin rundherum bei starker bis mittlerer Hitze etwa 15 Minuten anbraten, bis die Haut leicht gebräunt ist. Herausnehmen und das Fett bis auf etwa einen Eßlöffel abgießen.

3

Zwiebel im Bräter glasig braten. Rübenkraut zugeben und etwa zehn Minuten bei schwacher Hitze schmoren. Lorbeer, Wacholderbeeren und Nelken zugeben. Wein, Saft und Wasser zugießen. Majoran darüberstreuen.

4

Die Ente mit der Brust nach unten auf das Gemüse legen und zugedeckt in den kalten Backofen auf die untere Schiene stellen. Ofen auf 200 Grad (Umluft 180 Grad, Gas Stufe 4) schalten. Ente 45 Minuten braten.

5

Ente wenden, so daß sie mit den Keulen nach oben im Bräter liegt. Haut seitlich unterhalb der Keulen und der Flügel mehrmals einstechen, damit das Fett unter der Haut ausbrät. Ente ohne Deckel weitere 30 Minuten braten. Dabei etwa alle zehn Minuten mit dem Fett beschöpfen, das sich im Bräter sammelt.

6

Aus dem Bräter nehmen, mit den Keulen nach oben auf den Rost legen und mit der Fettpfanne darunter wieder in den Backofen auf die untere Schiene schieben. In 20 bis 30 Minuten knusprig werden lassen. Herausnehmen, tranchieren, auf das Rübenkraut legen und servieren. Dazu passen Knödel aus gekochten Kartoffeln (Seite 272), Reiberknödel (Seite 273) oder Kartoffelknödel (Seite 307).

RÜBENKRAUT

Es sieht aus wie geraspeltes Weißkraut, schmeckt etwas milder als Sauerkraut und wird genauso gemacht: Weiße Rüben, Herbstrüben oder Stoppelrüben werden grob geschnitten oder geraspelt, milchsauer eingelegt und so den Winter über haltbar gemacht. Erfinder dieser Konservierungsmethode waren die Slawen. Bayern, Österreicher und Schweizer haben sie schon vor vielen Jahrhunderten übernommen. Die Menschen wußten nämlich aus Erfahrung, daß Milchsaures gesund ist, obwohl sie die genauen Zusammenhänge nicht kannten. Sauerkraut bewahrte Schiffsbesatzungen vor Skorbut, lange bevor Zitrusfrüchte auf die Fahrt mitgenommen wurden. Milchsauer eingelegtes Gemüse lieferte wichtige Vitamine für Bauern und Städter, wenn es in der kalten Jahreszeit kaum Frisches gab.

Rübenkraut wurde mit Schweinsfüßen, Räucherspeck oder einfach viel Gänse- oder Bratenfett gekocht. Die Version mit Ente war bis vor etwa 50 Jahren richtig feine Bürgerküche für den Herbst, wenn es fleischige, fette Enten und Gänse gab. Heute bekommen Sie Rübenkraut schwer: Selbst auf dem Münchner Viktualienmarkt gibt es dafür nur noch einen einzigen Stand.

Saure Schweinshaxen mit Kren

Für 6 Personen
einfach

1 1/2 l Wasser
7 schwarze Pfefferkörner
1 Lorbeerblatt, Salz
2 Schweinehinterhaxen (ca. 1,2 kg)
1 große Zwiebel
100 g Knollensellerie
1 große Gelbe Rübe (Möhre)
1 Stange Lauch (Porree)
2–3 EL Weißweinessig
1/2 Stange frischer Kren (Meerrettich)

1

Wasser mit Pfefferkörnern, Lorbeerblatt und Salz aufkochen. Schweinshaxen zugeben, bei starker Hitze bis knapp unter den Siedepunkt erhitzen. Temperatur zurückschalten. Die Schweinshaxen bei schwacher bis mittlerer Hitze etwa eine Stunde und 45 Minuten zugedeckt garen.

2

Zwiebel, Sellerie und Möhre schälen, Lauch putzen. Alles unzerkleinert zu den Haxen geben. Essig zugießen, Brühe aufkochen und noch einmal etwa 15 Minuten garen, bis Fleisch und Gemüse weich sind. Inzwischen den frischen Kren schälen, waschen und reiben.

3

Fleisch in Stücken vom Knochen lösen und in eine vorgewärmte Terrine legen. Gemüse aus dem Sud nehmen, in Scheiben oder Stücke schneiden und zum Fleisch geben. Kochendheiße Brühe darübergießen, Kren darüberstreuen. Dazu passen Pellkartoffeln und Wintergemüse.

KÜCHENTIP: Den Stempel auf dem Fleisch können Sie ruhig mitessen, denn die Farbe ist konzentrierter Blaubeersaft.

Meerrettich von den sandigen Böden um Nürnberg kommt im Spätherbst frisch auf den Markt – stapelweise!

Schweinsbraten mit Krautnockerln

Für 6 Personen
Für Gäste

1,5 kg Schweinefleisch mit Fettschicht
und Schwarte (Bug, siehe Seite 325)
Salz, schwarzer Pfeffer
1 TL Kümmelkörner
1/4 l heißes Wasser, 1/4 l kaltes Wasser
1 Bund Suppengrün
4 Semmeln (Brötchen) vom Vortag
1/8 l lauwarme Milch
300 g Weißkohlblätter
1 große Zwiebel
1 Knoblauchzehe, 2 Eier
1 TL getrockneter Majoran

1

Schwarte und Fettschicht des Bratens vom Metzger rautenförmig einschneiden lassen. Backofen auf 220 Grad (Umluft 200 Grad, Gas Stufe 5) vorheizen. Fleisch mit Salz, Pfeffer und Kümmel einreiben und mit der Schwartenseite nach unten in einen Bräter legen. Heißes Wasser darübergießen. Bräter ohne Deckel auf dem Rost in den heißen Ofen stellen. Fleisch etwa 45 Minuten garen, bis das Wasser verdampft ist.

2

Suppengrün putzen, waschen, grob zerkleinern und neben das Fleisch geben. Etwa die Hälfte des kalten Wassers zugießen. Temperatur auf 180 Grad (Umluft 160 Grad, Gas Stufe 3) zurückschalten. Das Fleisch weitere 45 Minuten braten. Dabei nach und nach das restliche Wasser zugießen und den Braten häufig mit dem Saft im Bräter begießen.

3

Während das Fleisch im Ofen ist, Semmeln in dünne Scheiben schneiden, in einer Schüssel mit der Milch übergießen und ziehen lassen, bis die Milch aufgesogen ist. Die dicken Rippen der Weißkrautblätter herausschneiden, Kraut waschen, trockentupfen und fein zerkleinern. Zwiebel und Knoblauch fein hacken.

4

Semmeln, Weißkohl, Zwiebel, Knoblauch, Eiern, Salz, Pfeffer und Majoran mit den Händen verkneten, bis der Teig gut bindet. Zu walnußgroßen Nockerln (Klößchen) formen.

5

Ofen wieder auf 220 Grad (Umluft 200 Grad, Gas Stufe 5) schalten. Fleisch herausnehmen und auf den Rost des Backofen legen. Gemüse an die Seiten des Bräters schieben. Nockerl nebeneinander in die Bratensauce legen. Wieder genau unter den Braten in den Ofen schieben und 30 bis 40 Minuten garen, bis die Schwarte des Bratens braun und knusprig ist und die Nockerl im abtropfenden Saft gegart sind.

6

Braten in Scheiben schneiden und mit den Nockerln auf Tellern anrichten. Dazu passen außerdem die typischen bayerischen Salate: Kartoffelsalat mit Endiviensteifen oder Gurkenscheibchen gemischt (Seite 12), Rote-Rüben-Salat (Seite 318) oder Krautsalat (Seite 319).

KÜCHENTIP: Jeden Teig aus eingeweichten Semmelschnittchen müssen Sie kräftig mit den Händen durchkneten, damit er bindet und die Nockerl oder Knödel beim Garen gut zusammenhalten.

Herbstliches Festessen

Den wunderbar lockeren Krautnockerln, im abtropfenden Fleischsaft und Fett des Bratens so würzig geschmort, merken Sie die Herkunft aus der Alltagsküche nicht mehr an. Und der Braten ist ein herbstliches Festessen! Im alten Bayern gehörte Kraut wie überall zum täglichen Speisezettel – im Kloster und im Bürgerhaus, bei Bauern und Gutsherren, bei Dienstboten und Tagelöhnern. Selbst diejenigen »Herren«, die von hoher Geburt waren, aber ein niedriges Einkommen hatten, ernährten sich in der kalten Jahreszeit davon.

Semmelknödel

Für 4 Personen
besonders typisch

10 altbackene Semmeln (Brötchen)
2 TL Salz, 3/8 l Milch
1 Bund Petersilie
1 Zwiebel
3 Eier, 1 EL Zitronensaft
1/2 Bund Petersilie

1

Semmeln in sehr dünne Scheiben schneiden, in eine Schüssel geben und mit dem Salz bestreuen. Lauwarme Milch darübergießen. Zugedeckt etwa 20 Minuten ziehen lassen, bis die Milch aufgesogen ist.

2

Petersilie und Zwiebel sehr fein hacken. Mit den Eiern zu den Semmeln geben und alles mit den Händen verkneten, bis der Teig richtig bindet. Mit angefeuchteten Händen zwölf Knödel formen.

3

In einem großen Topf reichlich Salzwasser zum Kochen bringen. Semmelknödel ins sprudelnd kochende Wasser geben und zugedeckt bei starker Hitze zum Kochen bringen.

4

Temperatur zurückschalten, Knödel zugedeckt bei schwacher bis mittlerer Hitze in etwa 20 Minuten gar ziehen lassen. Dabei den Deckel nur halb auf den Topf legen.

BEILAGENTIP: Semmelknödel passen zu Schwammerlsuppe (Seite 208), saurem Lüngerl (Seite 298) und Gansjung (Seite 266).

Altbayerische Kartoffelknödel

Für 4 Personen
besonders typisch

3 altbackene Semmeln (Brötchen)
2 TL Salz, 1/8 l Milch
1,5 kg mehligkochende Kartoffeln
1 EL Zitronensaft, 1 Ei

1

Semmeln in dünne Scheiben schneiden und in einer Schüssel mit dem Salz bestreuen. Lauwarme Milch darübergießen. Zugedeckt 20 Minuten ziehen lassen, bis die Milch aufgesogen ist.

2

Kartoffeln schälen, waschen, fein reiben und mit dem Zitronensaft vermischen. Portionsweise in ein Küchentuch geben und so fest wie möglich ausdrücken.

3

Mit dem Ei zu den Semmeln geben und alles mit den Händen verkneten. Mit kalt abgespülten Händen zwölf Knödel formen.

4

In einem großen Topf reichlich Salzwasser zum Kochen bringen. Knödel ins sprudelnd kochende Wasser geben und im offenen Topf bei starker Hitze zum Kochen bringen. Temperatur zurückschalten, Knödel in etwa 20 Minuten gar ziehen lassen.

BEILAGENTIP: Altbayerische Kartoffelknödel sind typisch zu Ente mit Rübenkraut (Seite 300) und Schweinsbraten mit Bier (Seite 324).

Die Knödelallianz

Ein Knödel als richtige Kuriosität: Bis zum 1. Weltkrieg waren Semmelknödel in Norden Festtagsgericht, im Süden Alltagsessen. Bei Kartoffelknödeln war es genau umgekehrt. Im Altbayerischen Knödel haben sich endlich die Semmelknödel aus dem Süden mit den Kartoffelknödeln aus dem Norden zu einer lockeren Mischung verbunden.

Apfelschmarren

Für 4–6 Personen
einfach

250 g säuerliche Äpfel (z. B. Jonathan)
1 EL Zitronensaft
150 g Mehl, Salz, 1/4 l Milch
3 Eier, 75 g Butterschmalz, 100 g Zucker

1

Äpfel schälen, entkernen und in Schnitze teilen. Mit Zitronensaft mischen. Mehl mit Salz, Milch und Eiern verrühren.

2

Butterschmalz in einer Pfanne zerlassen. Einen Eßlöffel davon unter den Teig mischen. Apfelschnitze in die Pfanne geben. Die Hälfte des Zuckers darüberstreuen. Äpfel bei mittlerer Hitze etwa fünf Minuten braten, bis sie gerade eben weich und goldgelb sind.

3

Den Teig über die Äpfel gießen und zugedeckt bei mittlerer Hitze fünf Minuten backen, bis er an der Unterseite fest ist. Wenden und etwa eine Minute auf der zweiten Seite backen. Jetzt mit zwei Gabeln in Stücke teilen und bei starker bis mittlerer Hitze unter ständigem Wenden etwa drei Minuten rösten.

4

Pfanne von der Kochstelle nehmen. Schmarren mit dem restlichen Zucker bestreuen. Zugedeckt etwa drei Minuten ziehen lassen.

Vom Baaz in Bayern

Der Schmarren ist wunderbar saftig. Deshalb nannte ihn die Bayerin, die mir das Rezept verraten hat, wohl auch »Apfelbaaz«. Denn das typisch lautmalerische bayerische »Baaz«, breit und eher hell gesprochen, bedeutet die richtige Mischung aus Trockenem und Nassem. Hier sind es Semmeln, Milch und Äpfel. Baaz gibt es aber nicht nur in der Küche: Als der Bauer noch nicht mit dem Traktor, sondern mit dem Pferdefuhrwerk unterwegs war, konnte er nach einem heftigen Herbstregen ohne weiteres im Baaz – im Schlamm – stecken bleiben.

Ulmer Brot

Für 30 Stücke
einfach

500 g Mehl
1 Päckchen Trockenhefe
125 g Zucker
Salz, 1/4 l lauwarme Milch
50 g zerlassene Butter
2 zimmerwarme Eier
Schale von 1/2 Orange und 1 kleinen Zitrone
2–3 EL Anissamen
Fett und Mehl für das Blech

1

Mehl mit Hefe, Zucker und einer Prise Salz in einer Schüssel mischen. Milch zugießen, Butter und Eier zugeben. Alles mit den Knethaken des Handrührgerätes fünf Minuten durchrühren, bis der Teig Blasen wirft und sich vom Schüsselrand löst. Zugedeckt bei Zimmertemperatur etwa 45 Minuten gehen lassen, bis sich sein Volumen verdoppelt hat.

2

Orangen- und Zitronenschale ganz dünn abschneiden und sehr fein hacken. Arbeitsfläche mit Mehl bestäuben. Teig daraufgeben, mit den Händen kräftig durchkneten, dabei Zitrusschalen und Anissamen unterkneten. Teig in zwei Portionen teilen. Jede Portion zu einem langen, dünnen Wecken formen.

3

Wecken auf ein gefettetes, mit Mehl bestäubtes Blech legen und zugedeckt weitere 15 Minuten gehen lassen. Blech in den kalten Backofen (mittlere Schiene) schieben und auf 180 Grad (Umluft 160 Grad, Gas Stufe 3) schalten. Etwa 50 Minuten backen.

4

Herausnehmen und fünf Minuten abkühlen lassen. Wecken in etwa fingerdicke Scheiben schneiden und dicht nebeneinander auf den Backrost legen. Wieder in den Ofen schieben und weitere zehn Minuten rösten, bis die Scheiben gelb sind. Auf einem Kuchengitter abkühlen lassen und in Blechdosen aufbewahren.

Zopfgebäck hat schon immer die Fantasie von Gelehrten und Laien beschäftigt. Manche glauben, daß das kunstvoll geformte Gebäck früher eine Grabbeigabe war, die Verstorbene anstelle von echten Zöpfen auf ihre lange Reise mitbekommen haben. Denn Flechten, Weben, Spinnen und Knüpfen erinnerte die Menschen an Geheimnis und Magie – denken Sie an die drei Parzen, die altgriechischen Schicksalsgöttinnen, die den Lebensfaden des Menschen weben, bewahren und abschneiden. Im Mittelalter war Flechtwerk das künstlerische Symbol für Wachstum.

Unsere Haare sind im Volksglauben ebenfalls etwas ganz Besonderes: In ihnen soll die Lebenskraft des Menschen sitzen, die sexuelle Potenz des Mannes und die erotische Anziehungskraft der Frau. Das Alte Testament erzählt von Samson, der seine übermenschliche Kraft verlor, als Delila ihm die Haare abgeschnitten hatte. Das Kahlscheren des Kopfes galt entweder als schreckliche Demütigung oder als Zeichen selbst gewählter Askese.

Aber mal ganz abgesehen von Mythen und Märchen: Vielleicht drücken Zopfbrote einfach die Freude des Menschen an der kunstvollen Form aus. Und da haben wir uns im Laufe der Jahrtausende vieles einfallen lassen: Unsere ältesten Vorfahren konnten nur runde flache Brote backen. Die Kerben darin sollten das Brechen der harten Fladen erleichtern. Ringförmige Brote waren sicher vor Mäusen und Ratten, weil man sie an einer Stange an die Decke hängen konnte. Als die Frauen den Sauerteig und die Hefe entdeckt hatten und lockeres Gebäck herstellen konnten, fingen sie gewiß bald mit dem Formen an. Modelle fanden sie genug: die gedrehte Gürtelschnalle, die sie so gerne trugen und den verzierten Schwertknauf ihres Mannes, die eigenen Haarschnecken über den Ohren und den Zopf der Nachbarin.

***T**oskanische Impression mitten in Oberbayern: Eine wunderschöne alte Haustüre, gesehen bei Wasserburg am Inn.*

Münchner Seelenzopf

Für 20 Stücke
besonders typisch

500 g Mehl, 1/8 l Milch
20 g Hefe, 75 g Zucker
100 g weiche Butter, 1 Prise Salz
abgeriebene Schale von 1 kleinen Zitrone
1 Ei, 2 Eigelb
Fett für das Blech
50 g zerlassene Butter
2 EL Honig, 50 g gehackte Mandeln

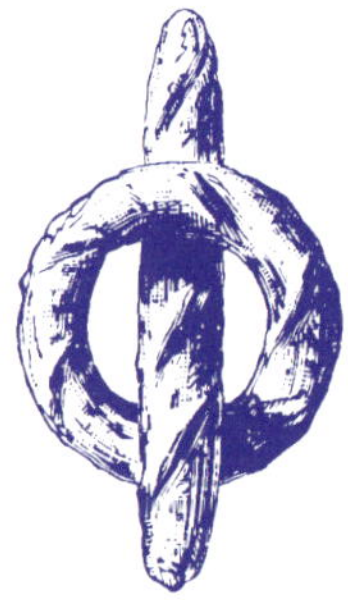

1

Mehl in eine Schüssel geben. In die Mitte eine Mulde drücken. Die Milch lauwarm erhitzen. Hefe zerbröckeln und in der Mulde mit zwei Eßlöffel Milch, einem Teelöffel Zucker und etwas Mehl vom Rand verrühren. Den Vorteig zugedeckt bei Zimmertemperatur 15 Minuten ruhen lassen, bis er sichtbar aufgegangen ist.

2

Inzwischen Butter und den restlichen Zucker schaumig rühren. Nacheinander Ei und Eigelb unterrühren, bis die Butter gleichmäßig gelb ist.

3

Vorteig mit dem gesamten Mehl verrühren. Restliche Milch, Buttermischung, Salz und Zitronenschale zugeben. Alles mit den Knethaken des Handrührgerätes fünf Minuten durchrühren, bis der Teig Blasen wirft und sich vom Schüsselrand löst. Zugedeckt bei Zimmertemperatur etwa 45 Minuten gehen lassen, bis sich sein Volumen verdoppelt hat.

4

Teig auf der mit Mehl bestäubten Arbeitsfläche mit den Händen noch einmal kräftig durchkneten und in drei Portionen teilen. Jede Portion zu einem Strang von 50 Zentimeter Länge rollen, dessen eines Ende spitz zuläuft. Zwei Stränge kreuzweise übereinander auf die Arbeitsfläche legen. Den dritten Strang in einem spitzen Winkel darüberlegen.

5

Den Zopf flechten und dabei die Stränge etwas dehnen. Stränge an beiden Enden zusammendrücken. Den Zopf behutsam mit beiden Händen auf die Länge des Backblechs zusammenschieben, auf das Blech legen und zugedeckt 15 Minuten gehen lassen.

6

Mit einem Teil der zerlassenen Butter bestreichen und in den kalten Backofen (mittlere Schiene) schieben. Ofen auf 180 Grad (Umluft 160 Grad, Gas Stufe 3) schalten und etwa 50 Minuten backen. Nach der halben Zeit erneut mit etwas Butter bestreichen.

7

Honig in der restlichen Butter auflösen. Den heißen Seelenzopf damit bestreichen und mit den Mandeln bestreuen. Auf einem Kuchengitter erkalten lassen und sehr frisch essen.

Gebäck für den 2. November

Wie Honiglebkuchen an Ostern, ist auch der kunstvoll geflochtene Seelenzopf ein besonderes Geschenk: Zum Allerseelen-Tag bekamen ihn arme Leute von ihren wohlhabenden Mitbürgern, Dienstboten von ihrer »Herrschaft« und Kinder von ihren Taufpaten. Allen war die Botschaft klar: An Allerseelen sollten sie nicht nur an die armen Seelen im Fegefeuer, sondern auch ans eigene Seelenheil denken. Das taten sie schnell, bevor sie sich den süßen Kuchen schmecken ließen.

Menü des Monats

Nürnberger Kartoffelsuppe
Ente mit Rübenkraut
Apfelschmarren

DIE KÜCHE

»Alle Freuden sind bloße Zurüstungen zur Freude«, fand der Bayer Jean Paul. Er irrte natürlich. Denn Rote Rüben und Kraut einmachen, Plätzerl backen, ein Hirschragout kochen – all das schafft Vorfreude aufs Fest. Wenn es dann an Weihnachten Karpfen, Rehpastete und Schweinsbraten mit Bier gibt, freuen sich die Bayern immer noch gewaltig.

IM DEZEMBER

Die Stille Zeit beginnt, wenn das erste Adventslicht brennt. Väter holen Holz für den Kachelofen, Mütter backen Kletzenbrot für Weihnachten, Kinder sammeln weiches Moos, schöne Steine und Zweige für die Krippe.

WAS ES IM DEZEMBER

PLÄTZERLGEWÜRZE

Alles, was die Bayern für würzige Plätzerl brauchen, stammt von auswärts: Zitronat und Orangeat von bestimmten Zitrusfrüchten mit dicken Schalen. Nelken, Vanille, Zimt und Anis aus den Gewürzgärten Asiens. Nur die getrockneten Birnen fürs Kletzenbrot können die Bayern selber machen.

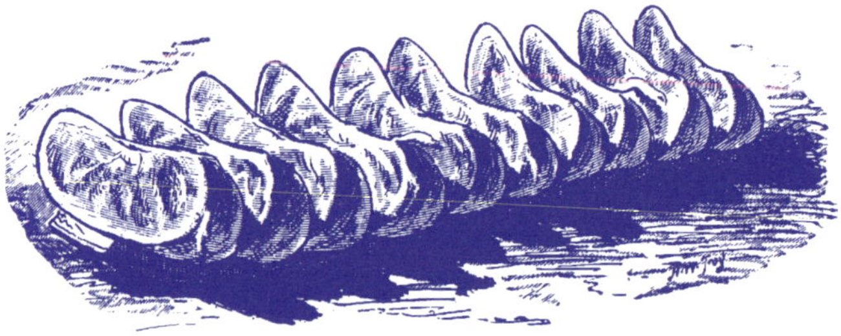

BLAUKRAUT

Blaukraut mögen die Bayern zu Rind, Wild und Wildgeflügel – am liebsten richtig weich gekocht, mit Zucker und Essig abgeschmeckt. Experimente der neuen Küche, die das fein gehobelte Kraut ganz köstlich mit Vinaigrette, ein paar Nüssen und vielen Kräutern anrichtet, schätzen nur ganz »neumodische« Leute in Bayern.

KREN

Falls Sie Kren bisher nur als Hauch auf dem Räucherlachs kannten, wird Ihnen der bayerische Griff »in die Vollen« erstmal eine Tränenflut entlocken. Denn hier begnügt man sich nicht mit dem Löffelchen aus dem Glas, sondern reibt frisch. Wenn's sein muß, auch die ganze Wurzel: für Rote-Rüben-Salat, zu gesottenem Rindfleisch oder Sauren Schweinshaxen.

ALLES GUTES GIBT...

SAFRAN

Früher sind bayerische Köchinnen recht verschwenderisch mit Safran, dem teuersten Gewürz der Welt, umgegangen. Sie kochten es in der Suppe und machten den Kuchen damit »gel«. Heute ist Safran fast vergessen. Damit sich das wieder ändert, finden Sie ein paar alte Safran-Gerichte in diesem Küchenkalender.

PIMENT

Zuerst haben die Azteken ihre Trink-Schokolade mit Piment gewürzt. Das machten ihnen die Spanier nach, sobald sie die Neue Welt entdeckt hatten. Schließlich waren die Bayern dran: Sie mischten das pfeffrige Gewürz in Lebkuchen und Weihnachtsplätzchen, gaben auch mal einen Hauch an die dunkle Wildsauce.

PRODUKT	GERICHT	SEITE
Plätzerlgewürze	*Elisenlebkuchen*	*Seite 329*
Blaukraut	*Bayerisches Blaukraut*	*Seite 328*
Kren	*Rote-Rüben-Salat mit Kren*	*Seite 318*
Safran	*Nürnberger Eiergerstlsuppe*	*Seite 321*
Piment	*Kletzenbrot*	*Seite 330*

Rote-Rüben-Salat

Für 8 Personen
besonders typisch

1,5kg Rote Rüben (Bete)
1 große Stange Kren (Meerrettich)
Salz, schwarzer Pfeffer
1/2 l Rotweinessig, 1/2 l Wasser
1 EL Zucker, 2 TL Kümmel
Öl, 1 großer Bund Schnittlauch

1

Rote Rüben waschen und mit wenig Wasser in etwa 50 Minuten weich kochen. Inzwischen Kren schälen, waschen und grob raspeln.

2

Rote Rüben kalt abschrecken, schälen und in dünne Scheiben schneiden. Schichtweise in ein hohes Glas- oder Steingutgefäß geben. Jede Schicht mit Kren, Salz und Pfeffer bestreuen.

3

Essig mit Wasser, Zucker und Kümmel aufkochen und über die Rüben gießen. Zugedeckt im Kühlschrank drei Tage ziehen lassen.

4

Salat zum Servieren auf Tellern verteilen, mit Öl beträufeln und mit fein zerkleinertem Schnittlauch bestreuen.

EINKAUFSTIP: Rote Rüben gibt es fast das ganze Jahr über. Große Knollen stammen im Winter und Frühling aus Lagerbeständen. Kleine Rüben im Bund kommen im Sommer und Herbst auf den Markt.

Kraut und Rüben

Eine Mischung aus Kraut- und Rübensalat habe ich in einem Kochbuch von 1802 gefunden: Ein Steingutgefäß mit Salz ausstreuen und jeweils drei Finger hoch fein geschnittenes Kraut und Salz einfüllen. Festdrücken, beschweren und sechs Tage stehen lassen. Den Rote-Rüben-Salat wie oben zubereiten. Dann das Kraut ausdrücken und auseinanderzupfen. Kraut und Rüben in ein sauberes Gefäß schichten. Marinade der Roten Rüben und soviel Essig darübergießen, daß alles gerade eben bedeckt ist. Zugedeckt und kühl gestellt sollte sich der Salat den ganzen Winter über halten.

Krautsalat mit Speck

Für 4 Personen
besonders typisch

1 Kopf Weißkraut (ca. 750 g), 1 TL Salz
100 g durchwachsenes Wammerl (Räucherspeck)
1 kleine Zwiebel, 1 Knoblauchzehe
3 EL Weißweinessig, 1/8 l Wasser
1 TL Fleisch- oder Gemüsebrühe (Instant)
1/2 EL Kümmelkörner, 1 TL scharfer Senf
4 EL Öl, schwarzer Pfeffer
1 Bund Petersilie

1

Krautkopf vierteln, putzen, waschen und in feine Streifen hobeln. Mit Salz vermischt zugedeckt ziehen lassen.

2

Wammerl in kleine Würfel schneiden, Zwiebel und Knoblauchzehe fein hacken. Wammerl bei schwacher Hitze unter häufigem Wenden braten, bis das Fett austritt. Zwiebel und Knoblauch zugeben und glasig braten. Essig und Wasser zugießen und aufkochen. Brühe untermischen und rühren, bis sich der Bratensatz gelöst hat.

3

Kümmel, Senf und Öl mit einem Schneebesen unterrühren. Das Kraut mit dieser Marinade vermischen und zugedeckt bei Zimmertemperatur drei Stunden ziehen lassen.

4

Petersilie hacken und untermischen. Krautsalat mit reichlich Pfeffer aus der Mühle würzen und noch einmal mit Salz abschmecken.

KÜCHENTIP: Schneiden Sie das Kraut möglichst fein – in Bayern gibt es dafür einen eigenen Hobel – damit es viel Salatsauce aufnimmt und beim Ziehen schön mürbe wird. Übrigens taucht Krautsalat schon in einem Text aus dem Jahr 1633 auf. Damals wie heute haben ihn bayerische Hausfrauen immer mit frischem Weißkraut zubereitet, nicht mit Sauerkraut oder Blaukraut.

Bayerische Traufsuppe

Für 4 Personen
einfach

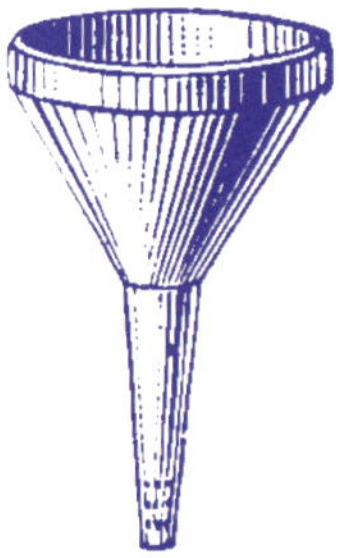

1 großer Bund Schnittlauch
1 l Fleischbrühe
geriebene Muskatnuß
2 Eier, Salz
2 gestrichene EL Mehl

1

Schnittlauch waschen, trockentupfen, fein zerkleinern und zum Bestreuen der Suppe beseite stellen. Brühe mit einer kräftigen Prise Muskat aufkochen und heiß halten.

2

Eier mit Salz und Mehl kräftig zu einem dünnen Teig verrühren. In einem Topf reichlich Salzwasser aufkochen.

3

Teig entweder durch einen kleinen Trichter oder aus einem Kännchen mit Ausgießer langsam in die kochende Brühe laufen lassen: Der Strahl soll stricknadeldick sein. »Trauf« aufkochen.

4

Heiße Brühe auf Suppentellern verteilen. »Trauf« mit einem Schaumlöffel aus dem Wasser nehmen und auf die Brühe geben. Mit dem Schnittlauch bestreut servieren.

KÜCHENTIP: Für eine richtige bayerische »Trauf« brauchen Sie einen weiten Topf: Der Teig soll nämlich als etwa fingerdicke Spirale auf der Oberfläche des Kochwassers schwimmen. Früher gab es für den Teig ein eigenes »Traufsieb« mit drei stricknadeldünnen Röhrchen. Das kennt heute niemand mehr – ich habe mich in mehreren Haushaltswarengeschäften danach erkundigt. Nehmen Sie statt dessen ein Milchkännchen oder einen kleinen Trichter.

Nürnberger Eiergerstlsuppe

Für 4 Personen
besonders fein

1 großer Bund Schnittlauch
2 kleine Eier
1 EL feine Semmelbrösel
1 TL Mehl, Salz
geriebene Muskatnuß
1/2 l kräftige Fleischbrühe
1/4 TL Safranfäden

1

Schnittlauch waschen, trockentupfen und fein zerkleinern. Eier mit Semmelbrösel, Mehl, Salz, Muskat und vier Eßlöffel kalter Fleischbrühe verrühren.

2

Restliche Brühe mit zerriebenem Safran aufkochen. Die Eiermischung langsam in die Suppe rühren, einmal aufkochen und im offenen Topf bei schwacher Hitze fünf Minuten kochen.

3

Eiergerstlsuppe auf heißen Tellern verteilen und mit dem Schnittlauch bestreut servieren.

Feine Klümpchen in der Suppe

Gerstl oder Riebele sagen Bayern, Österreicher und Schwaben zu kleinen Teigklümpchen als Suppeneinlage. Die Eiergerstl sind besonders fein: flaumig zwar, doch durch die Semmelbrösel viel kerniger als reine Eierflöckchen.

Rehpastete

Für 8 Personen
besonders fein

450 g Mehl, 1 TL Salz
180 g weiche Butter
600 g Rehragout (ohne Knochen)
150 g fetter Speck in dünnen Scheiben
1 Zwiebel, 1 Bund Suppengrün
1 EL getrockneter Thymian
1/8 l Rotwein, 400 ml Wildfond (Glas)
1 Semmel (Weizenbrötchen)
1 unbehandelte Zitrone
150 g Austernpilze, 1 Schalotte
160 g Rehfilet, 2 EL Butterschmalz
2 Eier, 100 g Crème fraîche, Salz
weißer Pfeffer, 1/2 TL gemahlener Koriander
Butter für die Form
1/2 EL Milch zum Bestreichen

1

Mehl, Salz, Butter und acht Eßlöffel Wasser vermischen, bis der Teig krümelig ist. Mit den Händen rasch zusammenkneten. Dabei tropfenweise noch einen Eßlöffel Wasser hinzufügen.

2

Kastenform von 30 Zentimeter Länge fetten. Den Teig etwa vier Millimeter dick ausrollen. Mit der Form die Maße von Form und Deckel markieren und ausschneiden. In der Mitte des Deckels eine Öffnung herausstechen, damit beim Backen der Dampf entweichen kann. Aus den Teigresten Formen als Verzierung ausstechen.

3

Teig in der Form kühlen, bis die Farce zubereitet ist. Deckel und ausgestochene Teigreste in Haushaltsfolie einschlagen und ebenfalls kühlen. Teigdeckel nicht zusammenfalten; er könnte sonst brechen.

4

Sehnen und Fett vom Rehragout abschneiden. Speck in feine Streifen schneiden. Zwiebel und Suppengrün grob zerkleinern.

Speck in einem Topf bei schwacher bis mittlerer Hitze glasig braten. Rehragout zugeben und bei starker Hitze etwa zehn Minuten mitbraten, dabei häufig wenden. Zwiebel, Suppengrün, Thymian, Rotwein und Wildfond zugeben.
Einmal aufkochen, Ragout mit Salz würzen und zugedeckt bei schwacher Hitze etwa 45 Minuten garen, bis das Fleisch weich ist. Abkühlen lassen und auf ein Sieb abgießen. Reh, Speck und Gemüse brauchen Sie für die Farce. Fond für eine Wildsauce verwenden.

5

Semmel in lauwarmem Wasser einweichen und ausdrücken. Zitronenschale zu etwa einem Drittel dünn abschneiden. Saft auspressen. Austernpilze putzen und in dünne Streifen schneiden. Schalotte fein hacken. Rehfilets trockentupfen.

6

Einen Eßlöffel Butterschmalz in einer Pfanne erhitzen. Rehfilets darin bei mittlerer Hitze pro Seite etwa eine Minute braten und herausnehmen. Restliches Schmalz in die Pfanne geben. Pilze und Schalotte darin unter ständigem Rühren bei starker bis mittlerer Hitze etwa drei Minuten kräftig rösten. Abkühlen lassen.

7

Rehragout mit Zitronenschale und eingeweichter Semmel portionsweise im Blitzhacker pürieren. Püree mit der Hälfte des Zitronensafts, Eiern und Crème fraîche verrühren. Mit Salz, Pfeffer und Koriander kräftig würzen.

8

Die Hälfte dieser Farce in der Teighülle glattstreichen. Pilzmischung darauf verteilen und mit dem Rest des Zitronensaftes, Salz und einer kräftigen Prise Pfeffer würzen.
Rehfilets ebenfalls mit Salz und Pfeffer würzen und auf die Pilze legen. Restliche Farce einfüllen. Den Teigdeckel darauflegen, rundherum an den Seiten leicht festdrücken und mit Milch bestreichen. Mit den ausgestochenen Teigresten verzieren.

9

Die Form in den kalten Backofen (untere Schiene) stellen. Ofen auf 180 Grad (Umluft 160 Grad, Gas Stufe 3) schalten. Pastete eine Stunde und 20 Minuten backen, bis sie oben leicht gebräunt ist. In der Kuchenform etwa zwölf Stunden abkühlen lassen.

Schweinsbraten mit Bier

Für 6 Personen
besonders typisch

1,5 kg Schweinefleisch ohne Knochen (Kamm)
Salz, schwarzer Pfeffer
1 TL getrockneter Majoran
1/8 l heißes Wasser
1 große Zwiebel, 1 Knoblauchzehe
1 Bund Suppengrün, 1 Tomate
1 Stück Rinde von altbackenem Roggenbrot (ca. 50 g)
3/8 l dunkles Bier

1

Backofen auf 220 Grad (Umluft 200 Grad, Gas Stufe 5) vorheizen. Fleisch rundherum mit Salz, Pfeffer und Majoran einreiben und in einen Bräter legen.

2

Heißes Wasser über das Fleisch gießen. Bräter ohne Deckel auf dem Rost in den heißen Ofen (untere Schiene) stellen. Fleisch etwa 30 Minuten garen, bis das Wasser gerade eben verdampft ist.

3

Inzwischen Zwiebel und Knoblauch schälen und halbieren. Suppengrün putzen, waschen und grob zerkleinern. Alles mit der gewaschenen Tomate und dem Brot neben dem Fleisch verteilen. Etwa ein Drittel des Bieres zugießen.

4

Temperatur auf 200 Grad (Umluft 180 Grad, Gas Stufe 4) zurückschalten. Fleisch weitere 45 Minuten braten, dann wenden und noch einmal 30 Minuten braten. Dabei nach und nach das restliche Bier zugießen und den Braten immer wieder mit der Schmorflüssigkeit im Bräter begießen.

5

Fleisch aus der Sauce nehmen und auf den Rost legen. Mit der Fettpfanne darunter wieder in den Ofen schieben und 15 Minuten braten, bis die Oberseite des Bratens braun und knusprig ist.

6

Sauce durch ein Sieb gießen, Gemüse und Brot mit einem Löffelrücken leicht ausdrücken und wegwerfen. Sauce entfetten und wieder in den Bräter gießen. Bräter auf die Kochstelle setzen und die Sauce aufkochen. Dabei den Bratensatz unter Rühren lösen. Fleisch in Scheiben schneiden und mit Sauce überziehen.

BEILAGENTIP: Zum Schweinsbraten schmecken Kartoffelknödel, Semmelknödel oder altbayerische Knödel. Außerdem ißt man zum Schweinsbraten Kartoffelsalat und Endiviensalat, oft beides gemischt (Seite 12), Krautsalat (Seite 319) oder Rote-Rüben-Salat (Seite 318).

Welches Stück vom Schwein?

Die Bayern nehmen für Schweinebraten drei Stücke vom Schwein: Den Kamm oder Nacken – ohne Fettschicht und Schwarte, aber mit feinen Fettadern durchzogen und deshalb schön saftig. Für den Bierbraten (Rezept links), bei dem es hauptsächlich auf die Sauce ankommt, also genau richtig.

Das zweite Stück, die hintere Haxe, anderswo Eisbein genannt, ist rundum von Schwarte mit Fettschicht umgeben, die wunderbar knusprig wird. Eine solche Haxe reicht für zwei Personen.

Der bayerische Schweinsbraten mit Kruste stammt aus dem Bug, einem Stück Schweineschulter, das an der Oberseite mit Schwarte bedeckt ist. Dieser Braten kostet etwas weniger als die Haxe, schmeckt aber genauso fein und ist für Leute geeignet, die mehr Fleisch essen als Schwarte knuspern wollen. Dieses Stück brauchen Sie auch, wenn Sie die Beilage gleich mit dem Braten im Ofen garen wie Rezept auf Seite 304 »Schweinsbraten mit Krautnockerln«. Die Nockerl werden nämlich durch abtropfenden Bratensaft und Fett so richtig aromatisch. Die Schwarte von Schweinshaxe und Bug muß vor dem Braten rautenförmig eingeschnitten werden. Dazu brauchen Sie ein großes scharfes Messer und – als ungeübter Schweinebrater – auch recht viel Zeit. Lassen Sie dies deshalb am besten gleich beim Einkauf vom Metzger erledigen. Die Rauten sollen übrigens nur etwa daumennagelgroß sein. Größere Stücke fordern kräftige Kaumuskeln, so daß nur wenige Leute die knusprige Schwarte wirklich genießen könnten.

Gefüllter Hecht

Für 3 Personen
besonders fein

150 g Forellenfilet, 1/2 Bund Petersilie
1 Knoblauchzehe, 2 EL Zitronensaft
abgeriebene Schale von 1/4 Zitrone
Salz, weißer Pfeffer
1 Bund Suppengrün, 50 g Butter
1/2 TL Safranfäden
1 küchenfertiger Hecht (ca. 1 kg), 1 EL Mehl
4 EL Fischfond (Glas) oder Gemüsebrühe

1

Für die Füllung Forellenfilet entgräten und ganz fein hacken. Petersilie und Knoblauch ebenfalls fein zerkleinern. Mit den gehackten Forellen vermischen, mit Zitronensaft, Zitronenschale, Salz und Pfeffer kräftig würzen. Suppengrün fein zerkleinern.

2

Den Backofen auf 200 Grad (Umluft 180 Grad, Gas Stufe 4) vorheizen. Butter und Safran in die Fettpfanne geben. Fettpfanne in den Ofen schieben, damit die Butter zerläuft.

3

Fisch auseinanderklappen und innen und außen salzen und pfeffern. Füllung in den Hecht geben. Fisch mit Küchengarn umwickeln, damit er beim Anbraten zusammenhält, und im Mehl wenden.

4

Hecht in die Fettpfanne legen, wieder in den Ofen (mittlere Schiene) schieben und auf jeder Seite etwa drei Minuten braten. Suppengrün um den Hecht geben. Fischfond oder Brühe zugießen. Fettpfanne mit Alufolie schließen. Hecht bei mittlerer Hitze 20 Minuten dämpfen. Dazu passen Salzkartoffeln und Salat.

KÜCHENTIP: Der richtige Hecht für dieses Festessen mißt von Kopf bis zum Schwanz etwa 50 Zentimeter. Wer einen so großen Bräter mit Deckel hat, gart den Fisch am besten darin. Das ist viel einfacher, als die Fettpfanne mit Alufolie zu verschließen.

Hirschragout mit Steinpilzen

Für 4 Personen
besonders fein

2 Päckchen getrocknete Steinpilze (ca. 30 g)
1/8 l Wasser
750 g Hirschfleisch aus der Schulter (ohne Knochen)
50 g fetter Speck
1 kleine Zwiebel, 2 EL Butterschmalz oder Öl
Salz, weißer Pfeffer
1/4 TL gemahlener Koriander
200 ml Kalbsfond (Glas), 1/8 l trockener Rotwein
1 EL Zitronensaft, 1 EL Hagebuttenmark
1/8 l süßer Rahm (süße Sahne)

1

Steinpilze im Wasser drei Stunden einweichen. Herausnehmen und auf einem Sieb kalt abspülen. Einweichwasser durch eine Kaffeefiltertüte gießen. Das Fleisch von Fett, Sehnen und Häuten befreien und in gulaschgroße Würfel schneiden. Speck fein würfeln, Zwiebel schälen und hacken.

2

Butterschmalz erhitzen. Fleisch im heißen Fett bei starker bis mittlerer Hitze rundherum anbraten. Ebenfalls herausnehmen. Speck und Zwiebel bei schwacher Hitze glasig braten.

3

Fleisch und den Speck wieder zugeben, mit Salz, Pfeffer und Koriander würzen. Einweichwasser der Pilze, Kalbsfond und Rotwein zugießen, aufkochen und zugedeckt 45 Minuten schmoren.

4

Pilze und Zitronensaft zum Ragout geben und weitere 15 Minuten schmoren. Hagebuttenmark und Rahm untermischen und erhitzen. Mit Salz und Pfeffer abschmecken.

BEILAGENTIP: Zum Hirschragout passen Spätzle (Seite 242, Käse und Zwiebeln weglassen) oder Bauernknödel (Seite 221), Bayerisches Blaukraut (Seite 328) oder Rosenkohl.

BAYERISCHES BLAUKRAUT

Für 4 Personen
besonders typisch

1 kg Blaukraut (Rotkohl)
1 Zwiebel, 3 Zweige Petersilie
30 g Butterschmalz oder Kokosfett
1–2 TL Zucker, 1–2 TL Kümmelkörner
Salz, schwarzer Pfeffer
2 EL Zitronensaft
1/4 l Fleisch- oder Gemüsebrühe

1

Den Krautkopf vierteln, die äußeren welken Blätter und den Strunk entfernen. Blaukraut waschen und fein hobeln. Zwiebel und Petersilie getrennt fein hacken.

2

Fett erhitzen. Zucker darin bei starker bis mittlerer Hitze unter Rühren leicht bräunen. Kraut, Zwiebel, Kümmel, Salz und Pfeffer aus der Mühle zugeben und einige Sekunden rösten.

3

Brühe zugießen, einmal aufkochen und das Kraut zugedeckt bei mittlerer bis schwacher Hitze in etwa 15 Minuten gerade eben weich garen. Mit Zitronensaft abschmecken und mit der Petersilie vermischt servieren.

BEILAGENTIP: Paßt zu Gans (Seite 270), Schweinsbraten mit Bier (Seite 324) und Spätzle (Seite 242, Käse und Zwiebeln weglassen).

MIT ZUCKER GEWÜRZT

In einem Punkt ist die bayerische Küche echt mittelalterlich geblieben: Gemüse und Salat werden mit Zucker gewürzt – wie vor 500 Jahren, als Zucker noch kein Allerweltsgewürz, sondern kostbare Spezerei war. Damals haben die großen Köche der Reichen und Schönen ihn so verschwenderisch verstreut wie ihre Kollegen von heute es mit Kaviarkörnchen und Trüffelscheibchen tun.

Elisenlebkuchen

Für 25 Stück
besonders fein

150 g Zitronat, 125 g Orangeat
4 Eier, 140 g Puderzucker
abgeriebene Schale von 1 Zitrone
1 Prise Salz
je 1 TL Zimtpulver und Lebkuchengewürz
175 g ungeschälte gemahlene Mandeln
175 g gemahlene Haselnußkerne
25 Backoblaten, 200 g Schokoladenglasur

1

Zitronat und Orangeat ganz fein zerkleinern. Eier und Puderzucker in einer Schüssel mit den Quirlen des Handrührgerätes zu einer dicken Creme aufschlagen.

2

Zitronenschale, Salz, Zimt, Lebkuchengewürz, Zitronat, Orangeat, Mandeln und Nüsse daruntermischen. 30 Minuten ruhen lassen.

3

Teig auf Backoblaten streichen und auf zwei Backbleche legen. Das erste Blech in den kalten Backofen (mittlere Schiene) schieben. Den Ofen auf 160 Grad (Umluft 150 Grad, Gas Stufe 2) schalten.

4

Lebkuchen auf dem ersten Blech 30 Minuten, die auf dem zweiten etwa 20 Minuten backen. Abkühlen lassen und mit der Schokoladenglasur überziehen.

TIP: Die Lebkuchen schmecken am besten nach einer Woche Ruhezeit.

Für Elise

Nürnberger Lebkuchen gelten seit Jahrhunderten als Deutschlands beste. König der Nürnberger Lebkuchen ist der Elisenlebkuchen, nach der Überlieferung aus einem Trauerfall entstanden: Ein Lebzelter soll ihn zum Gedenken an seine verstorbene Tochter Elise erfunden haben. Das Rezept hier ist natürlich nicht das Original – das wird so gehütet wie Wiens Sachertorte und Englands Worcestershiresauce.

Kletzenbrot

Für 40 Stücke
besonders typisch

Für die Füllung:
1 kg gemischtes Trockenobst (Pflaumen, Feigen, Äpfel, Birnen, Aprikosen), 2 l Wasser
100 g frische Datteln, 250 g Haselnußkerne
je 125 g gehacktes Zitronat und Orangeat
50 g Rosinen, 1/8 l Kirschwasser oder Orangensaft
1 EL Zimtpulver, 2 TL Piment
2 TL Anissamen
Für den Teig:
500 g Roggenvollkornmehl
500 g Weizenvollkornmehl
1 Würfel Hefe (42 g), 250 g Zucker
150 g Sauerteig
2 TL Vanillezucker, 1 Prise Salz
25 g abgezogene ganze Mandelkerne zum Belegen
Mehl für die Arbeitsfläche
Fett und Mehl für das Blech
Milch zum Bestreichen

1

Das Trockenobst im Wasser etwa acht Stunden zugedeckt einweichen. Mit dem Einweichwasser aufkochen und zugedeckt bei schwacher Hitze 20 Minuten kochen. Auf ein Sieb abgießen und abtropfen lassen. Die Kochbrühe auffangen und 600 Milliliter für den Teig abmessen. Den Rest in den Kühlschrank stellen.

2

Beide Mehlsorten in einer Schüssel mischen. Eine Mulde in das Mehl drücken. Aus zerbröckelter Hefe, einem Eßlöffel Zucker, drei Eßlöffel Obst-Kochbrühe und etwas Mehl einen Vorteig rühren. 15 Minuten gehen lassen, dann mit dem Mehl vermischen.

3

Die restliche abgemessene Kochbrühe, Sauerteig, Vanillezucker und Salz mit einem Kochlöffel untermischen. Teig etwa zehn Minuten mit den Knethaken des Handrührgerätes durcharbeiten, bis er Blasen wirft. Zugedeckt in einem kühlen Raum acht Stunden gehen lassen.

4

Das gekochte Obst nicht zu fein zerkleinern. Entkernte Datteln in Streifen schneiden, die Nüsse grob, Zitronat und Orangeat fein hacken. Alles mit dem Obst, Rosinen, Kirschwasser oder Saft, Zimt, Piment und Anis mischen und ziehen lassen.

5

Den Teig auf der Arbeitsfläche etwa fünf Minuten kräftig durchkneten. Restlichen Zucker mit dem Obst mischen. Zwei Drittel des Teiges in kleine Stückchen teilen und nach und nach mit dem Obst verkneten, bis eine gebundene Masse entstanden ist.

6

Den restlichen Teig in zwei Portionen teilen. Eine Portion auf Mehl dünn ausrollen und auf ein gefettetes, mit Mehl bestäubtes Backblech legen. Die Hälfte der Obstmasse auf diese Teigplatte geben, zu einem Wecken formen und mit dem Teig umhüllen.

7

Das Kletzenbrot 30 Minuten gehen lassen. Die Hälfte der Mandeln hineindrücken, Brot mit Milch bestreichen. Blech in den kalten Backofen (untere Schiene) schieben. Ofen auf 180 Grad (Umluft 160 Grad, Gas Stufe 3) schalten. Kletzenbrot etwa eineinhalb Stunden backen. Nach der Hälfte der Backzeit mehrmals mit der Kochbrühe bestreichen.

8

Den Rest des Teiges ausrollen und mit der restlichen Füllung wie oben verarbeiten, gehen lassen und backen.

KÜCHENTIP: Nach dem Backen muß das Brot noch mindestens zwei Wochen in Alufolie gewickelt ruhen, damit sich sein voller, aromatischer Geschmack entfalten kann. Schwarzbrotteig können Sie auch beim Bäcker kaufen oder mit einer Backmischung schneller als im Rezept zubereiten.

Rezeptregister

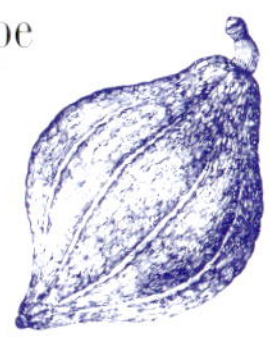

FSC
Mix
Produktgruppe aus vorbildlich bewirtschafteten Wäldern, kontrollierten Herkünften und Recyclingholz oder -fasern
Zert.-Nr. SGS-COC-003210
www.fsc.org

Das für dieses Buch verwendete FSC-zertifizierte Papier *Profibulk*
wurde produziert von Sappi Alfeld und geliefert durch die IGEPA

ISBN 978-3-8094-2256-3

Umschlaggestaltung: Therese und Horst Rothe, Niedernhausen
Redaktion dieser Ausgabe: Anja Halveland

Satz dieser Auflage: Filmsatz Schröter, München
Druck: Westermann Druck, Zwickau

Printed in Germany

458/090330199X817 2635 4453 6271